인문도시

도시의 또 다른 미래

김창수 칼럼집

인문도시
도시의 또 다른 미래

도서출판 다인아트

추천의 글

　김창수 박사는 인하대로 옮아오고 만난 첫 학생 중 하나다. 40년 가까이 나와 동반한 드문 제자로서 이젠 함께 늙어가는 친구나 다름없다. 김박사가 정년을 한다? 감개무량하다. 그는 무엇보다 문학도다. 소설도 잘 썼고 작품 보는 눈도 섬세해 문학으로 일가를 이룰 좋은 재목이었다. 시절이 웬수다. 정의감이 남달라 불의를 참지 못하고 운동에 투신했다. 소련의 붕괴에 이은 문민정부의 출범이라는 안팎의 격변 속에서 운동이 위기에 함몰한 1990년대에 그는 '지역'에서 새로운 돌파구를 탐색했다. 인천문화를 열어가는 시민 모임에서 활동하는 한편 인천문화정책연구소를 설립하여 인천과 인천문화를 깊이 천착하기 시작한 것이다. 인천학연구원과 인천연구원에 봉직하면서 연구는 더욱 조직적이고 체계적으로 진전된 바, '인문도시'라는 필생의 화두에 이르렀다. 정년을 기념하여 출판되는 이 칼럼집 『인문도시: 또 다른 도시의 미래』는 그 집대성이다. 생태주의와 제휴한 신인문주의의 이상 아래 오늘의 인천이 직면한 문제점들을 매의 눈으로 파악하고 창조적 대안까지 사고한 김박사의 노고가 고맙다. 새로운 출발에 선 김창수 박사의 단정한 정년을 축하한다.

2019년 12월
최원식

책머리에

이 책은 필자가 인천 연구를 시작한 이래 경인일보를 비롯한 인천의 언론과 매체에 발표한 칼럼을 묶은 것입니다. 민간문화연구단체인 인천문화정책연구소를 설립한 1999년부터 인천문화를 열어가는 시민 모임의 일원으로 문화운동에 참여하던 시기, 2003년부터 인천대 인천학연구원에서 인천 근대 문화사를 연구하던 기간, 2011년 인천연구원으로 자리를 옮겨 문화정책연구를 담당하던 시기의 문제의식이 담겨 있습니다. 인천과 우리 사회의 현안들에 대해 그때그때의 입장인데 다시 보니 함량 미달이거나 중언부언이 많아 덜어내기를 거듭했습니다. 남은 글들도 에세이 특유의 참신함이나 속도감을 갖추지 못해 직장의 동료들과 인천의 지인들에게 입은 은혜에 작은 보답이라도 하려던 애초의 생각은 궁색해지고 말았습니다.

우리의 도시가 시민의 도시, 사람 사는 도시, 인본주의가 구현되는 인문도시(humane city)가 되어야 한다고 생각해왔습니다. 그러나 현실은 환경파괴로, 공동체의 해체로, 주택난이나 젠트리피케이션 등으로 시민들이 도시로부터 소외되는 역설에 직면하고 있습니다. 이 역설을 극복하기 위한 환경운동과 생태주의 운동, 문화 민주주의 운동, 여성주의 운동, 소수자 운동 등 다양한 대안적 실천이 펼쳐지고 있습니다. 정부도 도시 내부의 심각한 불균등과 도심 쇠퇴를 완화하기 위해 마을공동체 회복 운동, 협동조합과 마을기업 육성 사업 등에 재정 투자를 늘리고 있습니다.

이 과정에서 새로운 시각이 필요합니다. 당장의 성과에 급급한 개발주의적 관점도 문제이지만 방문자의 시각으로 보는 관광만능주의도 극복해야 합니다. 도시를 기능적 공간이 아니라 사람 사는 온전한 장소로 바꾸어 나가기 위해서는 도시의 주체인 도시인의 관점에서 총체적으로 바라볼 필요가 있습니다. 이런 관점은 인문주의적 관점이라 할 수 있습니다.

인문도시는 인문주의적 시각으로 재구성한 도시 비전입니다. 인문도시는 문화도시라는 개념과 내포가 크게 다르지 않지만, 유럽의 문화도시나 우리 정부에서 추진하는 문화도시 사업이 문화도시라는 말이 지닌 본래의 문제의식을 제한하는 결과를 초래하여 이상적 도시에 대한 재명명이 불가피하다고 보았기 때문입니다. 그렇다고 인문도시가 체계를 갖춘 이념이라 할 수는 없습니다. 현재로는 기존의 창조도시론이나 문화도시론의 합리적 핵심에 예술교육과 생활문화예술 정책의 목표를 온전히 포괄하려는 일종의 가설입니다. 즉 인문도시는 도시가 보유한 역사와 문화를 장소 가치로 온전히 체현하여 이를 새로운 도시의 활력으로 삼는 창조도시, 시민들이 예술교육을 비롯한 다양한 인문 교양 교육을 받을 수 있는 시설과 프로그램을 갖춘 학습도시이며, 시민들이 예술 활동에 자유롭게 참여하는 시민예술 도시입니다. 이 같은 인문도시를 구상하고 실현하는 과정에 도시를 인본주의의 시각으로 총체적으로 바라보는 시각이 절실합니다.

최원식 선생님을 비롯한 인천 문화계의 원로들과 현장의 문화 활동가들, 시민사회의 선배들과 벗들이 베풀어 주신 사랑을 갚을 길이 막

막합니다. 독자 여러분이 이 책에서 혹 공감하는 대목이 있다면 나의 동료 연구자들이나 지역의 선후배들이 일깨워준 지혜일 것입니다. 나를 길러준 도시, 인천에 보은하기 위해 인천 공부 길에 나섰다고 내심 자부해왔는데 갚아야 할 은혜는 더 깊어지고 말았습니다.

경인일보사 이영재 사장님과 정진오 편집국장님을 비롯한 기자 여러분들께 감사드립니다. 돌이켜보면 경인일보는 필자를 2002년 「시침분침」의 필진으로, 2011년부터는 「경인칼럼」의 필진으로 위촉하여 지역 현실에 대한 관심과 발언을 꾸준히 촉구하였는데 그 결과가 이번에 펴낸 칼럼집이라 할 수 있습니다.

인천연구원의 이용식 원장님을 비롯한 동료 연구자들, 그리고 직원 여러분의 두터운 배려를 오래 기억하겠습니다. 교열과 편집에 도움을 준 인천연구원 도시정보센터의 김혜영 연구원과 홍승연 연구원, 그리고 여러 오류를 바로잡아 준 인천문화재단 손동혁 팀장과 정지은 평론가의 노고도 잊지 않겠습니다. 끝으로 어려운 사정에 아랑곳하지 않고 칼럼집 출판을 허락하고 근사한 책으로 꾸며준 도서출판 다인아트의 윤미경 대표와 장윤미 실장에게 감사를 표합니다.

2019. 12.
원적산록 서재에서
김창수

차 례

		5	추천의 글
		6	책머리에

1 인문도시의 논리

- 17 문화생태계의 조건
- 20 문화 양극화 현상과 접근성
- 23 문화분권을 의제화해야
- 26 문화권(權)과 평가제도
- 29 환대와 관용의 도시
- 32 시민의 권리로서의 문화예술
- 35 유네스코 책의 수도 인천
- 40 도시인문학자들의 과제
- 43 문화의 공공성과 문화기본법
- 46 문화유산 정책의 재정립
- 49 창조적 시민과 미래도시

2 쟁점과 대안

- 55 생활문화의 개념과 문화예술교육
- 58 문화자치로 가는 길
- 61 네트워크형 국립한국문학관을 고민하자
- 64 문화영향평가제의 제도화
- 67 19대 국회와 지역문화진흥법
- 70 개항장 젠트리피케이션
- 73 이케아 스타일과 한국인의 공작본능
- 76 예술가의 노동가치에 대한 편견

79 산으로 가는 대학 특성화
82 태양을 만든 예술가
85 생활문화 지원 정책이 절실하다
88 잠들어 있는 지방기록물관리법
91 이야기로 회복하는 공동체
94 문화기본법과 문화재정
96 기로에 선 문예회관 정책
99 해양과학관과 옛 인천수족관
102 익명의 가치에 대하여
105 초등학교 교정의 조형물

3 도시의 장소와 인물

111 근대문화유산과 식민잔재
114 장소성 회복과 공유성
117 도시재생과 산업 유산
120 미로도시와 정위 감각
123 세계유산의 보편성
126 망구할매 이야기
130 섬과 예술적 영감
133 인천 앞바다의 신기루
136 소사나무 예찬
139 인천감리서 터를 국가 사적지로
143 조선인의 신발개량에 몸 바친 사람 — 발명가 이성원
146 백령도의 해양설화
149 인천 600년 2013년
152 도시와 기념물
155 해방 직후 인천신사에서 벌어진 소동
158 백령도 잔점박이 물범 이야기
161 이주노동자와 다문화 도시

164 만국 공원이라는 타임캡슐
166 짜장면의 탄생 - 문화융합도시로서의 인천
173 도시의 장소성과 문화기획
176 시민에게 광장을
179 전등사 나녀상 전설
182 인천학의 출범
185 인천과 여성선각자 김란사
188 우현 고유섭의 샘물과 달

4 문화현장에서

197 300년 만의 입맞춤, 볼음도의 은행나무
200 집 이미지 혹은 삶의 환유, 이영욱
204 풍경의 변화와 지속, 김보섭
207 노동과 문화, 그리고 인천노동문화제
216 인천문화재단의 출범 원년을 돌아보며
219 주안영상미디어센터의 설립
221 다시 희망의 불씨를
225 문화 인천을 꿈꾸며

5 우리 사회의 표정

233 악플방지법보다 차별금지법을
236 차별어로 변질한 다문화
239 검찰 개혁과 다양성
242 소수자를 배려하는 도시
245 갑질 문화 청산해야 한다
248 갑질 사회 폭력문화
251 관광만능주의를 넘어서자
254 욜로 스타일을 돌아본다

257 윤리의식의 재정립이 필요한 대학
260 문화계 블랙리스트
263 최장노동사회의 망중한(忙中閑)
266 가벼움의 가치
269 스토리텔링의 본질
272 호모 나랜스 혹은 소통 본능
275 장그래와 베이비부머
278 참사의 해, 2014년
280 내부가 위험하다
283 아, 세월호
285 이야기로 노소동락하는 사회
288 허수아비 세우는 사회
291 한국발(發) 인문주의
294 끝이라는 말에 대하여
297 길과 여행의 아이러니
300 힐링 코드를 돌아본다
303 큰 바위 얼굴과 대통령 선거
305 역마차의 교훈과 갈등관리
308 뒤집어 본 인문학 열풍
311 한국 사회의 다문화 의식
314 마트료시카 인형
317 노출 파문과 소외된 예술
320 광고경쟁의 악순환
323 참여정부와 코드 논란
326 대안적 여가를 위하여
329 색깔론과 순수 미망
332 부끄러운 정치문화
335 이름을 숙고하자
338 신화의 시간 일상의 시간
341 노동중독사회에 대한 메시지
344 겨울 상징

6 평화체제의 길목에서

- 349 일본의 배은망덕
- 352 한일무역전쟁과 아베 정권의 책략
- 355 역할분담이 필요한 한미동맹
- 358 촉진자의 딜레마
- 361 분단현실과 예술적 비전
- 364 패권주의 시대의 생존 전략
- 368 불가역성 논쟁과 미국민주당의 내로남불
- 371 미국 우선주의와 한반도
- 374 평화의 배와 통일의 선율

7 다가선 미래

- 379 블록체인 기술과 민주주의
- 382 인천의 우유부단
- 385 블록체인 기술과 문화지형
- 388 개방성과 미래 도시
- 391 도시 정책의 창의성과 일관성
- 394 인공지능과 인간의 공진화
- 397 도시브랜드와 도시 거버넌스
- 400 눈 앞에 온 미래
- 403 3D프린터 시대의 일상과 문화
- 406 해양경영과 인천
- 409 창조사회의 토대와 환경
- 412 사회적 기업과 '마켓 3.0'

1 인문도시의 논리

문화생태계의 조건
문화 양극화 현상과 접근성
문화분권을 의제화해야
문화권(權)과 평가제도
환대와 관용의 도시
시민의 권리로서의 문화예술
유네스코 책의 수도 인천
도시인문학자들의 과제
문화의 공공성과 문화기본법
문화유산 정책의 재정립
창조적 시민과 미래도시

문화생태계의 조건

생물학의 용어였던 생태계(eco-system)라는 개념이 빠른 속도로 비즈니스 일반으로 그 영토를 확장하고 있다. 컴퓨팅 용어였던 플랫폼이 정보산업 분야를 넘어 여러 정책과학은 물론 문화예술의 영토까지 점령하고 있다. 창업 생태계는 가장 역동적 생태계이며, 미국의 플러그앤플레이테크센터(Plug and Play Tech Center)는 창업 생태계의 대표주자이다. 이 센터는 미국 실리콘밸리의 한복판인 캘리포니아 서니베일에 위치한 세계최대의 창업보육센터이다. 페이팔, 구글, 로지텍, 데인저(Danger), 온라인쇼핑 마일로닷컴 등 세계 유수의 IT 기업들이 보육된 곳이다. 실리콘밸리의 투자자들과 창업자, 기업가가 한곳에 모여 시너지를 낼 수 있는 창업 보육 시스템 덕분이다. 현재 28만 평방피트 규모 건물에는 전 세계에서 모인 400여 개 창업기업이 입주해서 보육 받고 있다.

플러그앤플레이의 가장 큰 강점은 강력한 네트워킹과 멘토링이다. 투자자와 기업관계자, 멘토가 한 공간에 상주하고 있어 언제든 도움을 받을 수 있고, 투자 기회도 여러 방향으로 열려있나. 특히 창업 분

---
* 경인일보 | 2018. 9. 4.

야 전문가들을 비롯한 다양한 관계자로부터 수시로 멘토링을 받을 수 있는 점도 최적의 성장조건이라고 할 수 있다. 강력한 네트워킹과 최고 수준의 멘토링은 융합과 혁신이 필요한 문화플랫폼과 문화산업 창업 환경에 필수적인 환경 요인으로 평가된다. 플러그앤플레이 엑스포(Expo)는 벤처기업을 투자자에게 가장 인상적으로 소개하는 행사이다. 세계 최고 수준의 벤처기업이 참가해 경연을 벌이는 형식으로 투자자나 관련 기업들과 투자 상담을 하고 교류할 기회를 제공하고 있다.

기술 혁신을 통한 창업과 창조적 상상력을 통한 문화예술 활동은 닮았지만, 창업보육 생태계와 문화예술 활동의 생태계가 같을 수는 없다. 우리가 사용하는 에코시스템은 본래 자연환경의 생태계에 대한 은유에서 시작된 것이다. 생태계(生態系, Ecosystem)는 상호작용하는 생명체들과 또 그들과 서로 영향을 주고받는 주변의 무생물 환경까지 아울러 지칭하는 말이다. 자연생태계의 모습은 다양한 생물이 함께 번성하는 종 다양성이다. 이 다양성의 공존 속에서 종들이 각각 진화하고 또 새로운 종이 탄생한다. 건강한 자연 생태계의 지표는 종다양성, 즉, 얼마나 다양한 생물들이 공존하고 있느냐이다. 다양성은 창조적 문화예술 활동의 결과이자 조건이다.

생태계를 기능적으로 접근하는 것은 곤란하다. 생태계의 조건이 더 중요하다. 종의 다양한 번성을 가능케 하는 것은 물과 빛과 흙이라는 세 가지 기초 요소이다. 기초 요소가 없다면 생태계는 유지될 수 없다. 자연 생태계의 대표적 사례를 열대우림기후 지역을 드는 이유는 풍부한 강수량과 일조량, 깊은 표층토가 있어 양호한 식물 서식지를 이루고 있기 때문이다. 문화예술에서는 기초 문화예술이 발전되어 있지 않다면, 문화기반시설이 확보되어 있지 않다면 그리고 문화전문인력이 없다면 생태계는 작동되지 않는 가상 시스템일 뿐이다. 또 안정적이고 지속적인 생태계는 자연발생적이듯이 다양한 주체들이 자연스럽게 참여할 수 있는 개방적 운영체계여야 하며, 그 내부는 평등하고 민주적인 공동체여야만 순환하고 소통하는 문화생태계가 작동하게 될 것이다.

문화 양극화 현상과 접근성

사회 양극화 현상은 소득과 자산의 불평등이 심화되는 현상을 말한다. 이 양극화 현상은 국민들의 삶의 질을 가늠하는 척도인 문화향유에서도 어김없이 나타나고 있다. 「2016년 국민문화향수실태조사」에 의하면 우리 국민들이 문화예술행사를 직접 관람하는 비율은 78.3%로 나타났는데, 이는 2014년 대비 7.0% 증가한 것이어서 고무적이라 할 수 있다. 그런데 문화행사 관람 내용을 들여다보면 영화 관람이 73.3%에 달하는 반면, 연극이나 미술 분야는 10% 내외에 불과해 문화행사와 장르별 편중 현상은 여전히 개선되지 않고 있는 실정이다.

더 우려스러운 점은 가구소득에 따른 문화예술행사 관람률의 편차가 크다는 것이다. 가구소득별 월 100만 원 미만 집단의 관람률은 30.9%, 100~200만 원은 45.7%, 200~300만 원은 71.0%, 300~400만 원은 81%, 400~500만 원은 86.7%, 500만 원 이상 집단은 89%로 나타났다. 가구소득이 문화예술행사 관람률을 결정하는 변수이다. 저소득층과 고소득층의 문화관람률이 3배 이상으로 벌어지고

---

* 경인일보 | 2017. 5. 30.

있으니 '문화 양극화 현상'이라 불러야 할 정도로 심각하다.

국민들의 문화행사 관람률을 가로막고 있는 주요인은 '관람비용'이며, 그 다음으로는 '여가시간 부족', 그리고 문화시설에 대한 '접근성' 문제임이 이번 조사에서 다시 확인되었다. 소득이나 여가시간을 늘리는 것은 경제적 과제로 당장 해결하기 어렵다. 그동안 정부는 저소득층의 문화향유율을 높이기 위한 대책으로, 공연과 전시회를 비롯한 문화상품 구입비용을 지원하는 문화바우처 제도를 시행해왔지만, 그 효과는 크지 않다는 것이 이번 조사에서 드러난 셈이다. 문화바우처 제도는 카드사용률이 낮아 자리를 잡지 못하고 있는 실정이다.

문화예술 향유율을 높일 수 있는 당면한 과제는 공공 문화시설의 접근성을 높이는 것이다. 시민들은 소득수준이나 거주지역과 무관하게 문화시설을 이용할 수 있어야 하며, 장애인, 노약자, 이주노동자와 외국인과 같은 소수자들도 자유롭게 시설을 이용할 수 있어야 한다. 현재 광역단위의 문화시설은 상당 수준 확충되어 있다. 그런데 광역단위의 문화기반시설이 인근 지역 거주자 중심으로만 이용되고 있어 지역별 소외 현상이 뚜렷하다. 앞으로 공공문화시설은 권역별로 거점, 준거점, 생활밀착형으로 구분하여 공간적, 지리적 문화격차 해소의 관점에서 배치하고 각각의 시설들을 네트워크화하여 활용도를 높여나가는 정책이 필요하다. 상당수의 시민들은 출퇴근 때문에 여가시간이 부족한 실정이다. 이들을 위해 지하철 환승역과 같은 대중교통 거점별로 문화시설을 확충하여 접근성을 높이는 방안도 강구해야 한다.

「문화기본법」은 '시역간 문화격차의 해소, 문화향유기회의 확대'를 정부와 지자체의 책무로 규정하고 있다. 또 「지역문화진흥법」은 "지역 간의 문화 격차 해소와 지역문화 다양성의 균형 있는 조화 추구"를 주요 목표로 설정하고 있다. 정부와 지자체가 문화격차해소를 위한 접근성 제고 정책 수립을 최우선의 과제로 삼아야 하는 이유이다.

문화분권을 의제화해야

조기 대선이 코앞으로 다가왔다. 대선후보들은 각종 공약들을 내세우고 있지만, 문화정책은 새로운 게 없어 걱정스럽다. 박근혜 정권에서 저질러진 국정농단은 문체부 주관 사업에 일부 문화인과 문체부 직원들이 최순실 일파의 이권 개입을 협력 방조하는 과정에서 저질러진 것이었다. 그런데 그 원인을 따져보면 국가가 문화를 통제하고 주도하려는 전근대적 사고이다. 블랙리스트 작성을 통해 비판적 예술인을 배제하고, 미르재단과 K스포츠재단을 통해 입맛에 맞는 문화나 스포츠만을 양성하려는 시도가 국가적 참사로 확대된 것이다. 대선후보들이 이 같은 국정농단 원인을 진단하고 전향적인 처방을 내놓지 않는 것은 이해하기 어렵다. 국정농단 사태가 남긴 교훈은 정부는 "지원하되 간섭하지 않는다"는 문화정책의 원칙을 다시 세우는 것, 그리고 문화정책을 중앙정부가 주도할 것이 아니라 정책결정권을 지방으로 이양하는 '문화분권'을 추진해야 한다는 점이다.

문화분권을 위한 과제 가운데 지역문화재단의 기능 정상화는 최우선석으로 고민해야 한다. 지역문화재단은 1990년대 후반 이래 지방

* 경인일보 | 2017. 4. 25.

자치제에 부응한 지역문화발전이라는 시대적 과제를 실현할 수 있는 최선의 대안으로 여겨졌으며, 문화예술 전문가 조직으로 구성된 자율적인 문화 자치 기구로 발전해나갈 것이라는 기대 속에 속속 설립되었다. 현재 전국 대부분의 광역시도에 설립되어있으며, 50여 개의 기초자치단체도 문화재단을 설립 운영하고 있다. 2014년 말 제정된 「지역문화진흥법」에서 지역문화재단의 설립 운영에 관해 규정함으로써 지역문화재단은 법적인 위상도 지니게 되었다.

문제는 전국의 문화재단이 대부분 국가 및 지자체 위탁사업 중심으로 운영되고 있다는 점이다. 전국 시도문화재단 사업비 가운데 지자체 출연금은 평균 15% 내외이며 자체예산은 10% 미만으로 나타나고 있다. 나머지는 국비 35.9%, 지자체 위탁비 32.7%로 나타나고 있어 총체적 부실상태에 빠져 있다. 이 같은 의존적 예산구조 때문에 지역문화재단은 지역문화를 지원하는 기구가 아닌 중앙과 지방정부의 공모사업이나 위탁사업을 '대행'하는 사업단위로 운영되고 있는 실정이다. 공모사업은 정부의 기준에 의해 선정·평가되기 때문에 지역의 특성이나 여건을 반영하기 어렵다. 지역문화재단이 지금처럼 정부의 위탁사업기관처럼 운영되는 파행이 계속된다면, 지역문화진흥의 요체라 할 수 있는 지역특성화나 문화다양성의 실현은 요원할 수밖에 없다.

문화분권의 실현을 위해서는 문화도시 사업을 비롯하여 중앙정부가 '틀어쥐고' 있는 각종 사업과 예산을 지방으로 이양해야 하며, 지자체도 지역문화진흥에 필요한 장기적 재정수요를 파악하여 안정적으로 예산을 출연할 수 있는 제도적 틀을 만들어야 한다. 출연금 지원방식도 총액예산제로 통합교부해야 지역문화계와 문화재단이 예산을 관리하고 배분할 수 있는 자율적 편성권과 자치능력을 높일 수 있다. 지역문화재단도 저금리로 인해 사실상 사장되고 있는 기금을 효과적으로 활용할 수 있는 자구책을 찾아야 한다. 결국, 문화분권의 본격적 공론화는 새 정부 출범 이후가 될 것이다. 문화계는 물론 각 지자체는 정부에 각종 문화사업과 예산을 지방으로 이양할 것을 요구하면서, 지역문화진흥의 플랫폼인 지역문화재단의 안정적 운영을 위한 재정확보 방안에 관한 논의를 준비해야 할 것이다.

문화권(權)과 평가제도

「문화헌장」 제정을 통해 '문화적 권리'를 시민의 기본 권리로 선언한 지 10년, '문화적 권리'를 「문화기본법」으로 법제화한 지도 3년이 지났다. 최근의 문화향수실태조사 결과를 보면 국민의 문화예술 관람률은 완만하게나마 향상되고 있으나 지역별 편차가 크며, 저소득층의 문화예술관람률은 오히려 감소하고 있어 대책이 시급하다. 무엇이 문제일까. 경기침체의 장기화와 같은 외부적 요인을 우선 거론할 수 있겠다. 공공문화시설들이 프로그램과 접근성 때문에 주민들의 참여를 확대하지 못하고 있는 내적 요인도 주목해야 한다. 내적 요인은 정부나 지자체가 공공 문화시설의 운영을 평가하는 방식과 밀접한 관련이 있다.

현재 대부분의 공공문화시설이나 문화행정기관을 평가하는 기준은 문화시설의 경우 이용 관객수, 입장료와 대관료 수입, 시설가동률과 같은 성과지표(output) 중심이다. 이런 평가는 운영효율화를 위한 경비절감을 유도하게 되고 평가제도가 오히려 공공문화시설 본연의 목적을 달성하지 못하게 하는 걸림돌로 작용하게 된다. 공공성을 우

---

* 경인일보 | 2017. 1. 24.

선해야 할 기관을 이윤추구를 목적으로 하는 기업처럼 평가하고 있는 것이다. 성과지표 중심의 평가제도는 문화시설이나 문화행정 서비스를 제공하는 공급 체계의 효율성 중심인 관계로 정작 수용자인 문화주체나 주민들에게 파급되는 문화적 효과를 도외시하게 된다. 성과지표의 결함을 보완하기 위한 방편으로 고객만족도 조사가 활용되고 있으나 대부분 조사방법의 한계로 참고용에 불과하다.

문화적 소외를 극복하기 위해서는 문화시설의 평가 패러다임을 성과지표 중심에서 공공성을 실천하는 효과(outcome) 중심의 평가방식으로 전환해야 한다. 공공문화시설에 대한 운영평가의 핵심은 공공성의 구현여부이다. 이는 주민의 경제적 사회적 조건에 최적화된 서비스를 제공함으로써 문화 소외를 줄여나갈 때 가능하다. 주민들은 경제적 제약과 여가시간 부족, 신체적 장애와 이동거리 등으로 문화적 권리를 누리지 못하고 있다. 교육수준과 직업에 따른 문화향수율의 격차도 적지 않다. 이러한 문화격차와 불평등 정도를 객관적으로 파악할 수 있는 지표를 개발하고 그 실태를 파악해야 적절한 대책을 수립해야 한다. 경제적 불평등으로 문화적 불평등이 초래되듯이 양자는 인과관계를 이루며 반복되기 때문이다.

효과중심의 평가는 특정 지자체에서 혹은 특정 문화시설을 이용하는 주민들의 문화향수실태가 소득수준별로 어떻게 나타나는지를 계량적으로 측정하는 데서 출발할 수 있다. 만약 어떤 문화시설을 중산층만 이용하고 있다면 계층적 소외 상태이며, 광역 단위의 문화시설을 시설 주변에 거주하는 주민들만 이용하고 있다면 지리적 접근성의 불균등 상태에 있는 것이다. 특정지역과 문화시설의 불균등성은 절대값으로 표시될 때 타지역이나 문화시설과 비교하여 문제점을 분석하고 대책을 수립하는 데 유리하다. 소득분배의 불공정성을 나타내는 '지니계수'(Gini's Coefficient)를 문화 균형계수의 모델로 삼을 수 있다. 지니계수는 특정 집단의 소득 불평등 상태를 완전평등 상태인 '0'과 완전불평등 상태인 '1' 사이의 절대값으로 보여준다. 이 문화 균형계수는 문화시설 운영의 '효과'를 체계적으로 평가할 수 있어 지역문화 정책의 과학화에도 기여할 수 있을 것이다.

환대와 관용의 도시

서사시 『오디세이아』에서 주인공 오디세이는 떠돌이 노인으로 변장하고 이타케로 돌아온다. 돼지치기 에우마이오스는 걸인으로 변장한 옛 주인을 알아보지 못했지만, 오디세이를 나그네의 한 사람으로 맞아들여 정성껏 대접한다. 오디세이가 고마움을 표하자 에우마이오스는 태연히 말한다. "나그네여! 그대보다 못한 사람이 온다 해도 나그네를 업신여기는 것은 도리가 아니지요. 모든 나그네와 걸인은 제우스에게서 온다니까요!" 고대 그리스인들에게 우주 만물이 '신'이었으며, 특히 인간의 형상을 한 신들은 매번 자신이 원하는 방식으로 모습을 바꿔 가며 인간들의 집을 찾아온다고 여겼다. 낯선 곳에서 오는 이방인에게 조건 없이 '환대(hospitality)'하는 것과 신들에게 가축을 제물로 바치는 제사는 그리스인의 삶에서 중요한 부분이었다.

손님에 대한 환대가 그리스인들의 일상이었듯이 역사적으로 명멸했던 모든 제국들은 군대의 힘이 아닌 '관용'으로 유지되었다. 신흥 제국인 미국의 전략도 문화적 관용이었다. 미국의 패권주의를 비판할 수는 있지만, 현재의 미국이 물질문명뿐 아니라 정신문명에서도

* 경인일보 | 2016. 12. 20.

최고 수준의 나라임을 부인하기란 쉽지 않다. 미국 문화가 세계를 지배하고 있는 비결은 '멜팅 팟(melting pot)' 정책, 용광로처럼 이질적 문화를 하나로 융합하여 재탄생시키는 것이다.

예일대학의 에이미 추아(Amy L. Chua) 교수는 『제국의 미래』에서 고대 페르시아로부터 오늘의 미국에 이르기까지 2500년에 걸친 동서양 제국의 흥망사를 개관하면서, 역사상 존재했던 초강대국들이 가진 공통점은 관용이라고 분석했다. 관용이란 정치적으로, 혹은 문화적으로 동등한 대우를 의미한다. 한 사회의 구성원이라면 인종과 종교, 출신 배경과 무관하게 생활하고 능력을 발휘할 수 있도록 허용하는 것을 의미한다. 로마제국의 경우 다양한 출신 배경의 인재들이 참여할 수 있는 관용의 원리가 작동되면서 초강대국으로 발전했다. 아시아의 제국 원(元)과 당(唐)의 성장 과정도 비슷했다.

그러나 이민족들의 동화가 실패로 돌아가고 불관용과 오만으로 흐르면서 로마의 붕괴가 시작되었다는 지적이다. 이민족의 문화를 수용하고 공존하는 것이 초강대국 형성의 주요 요인이었다는 점은 시사하는 바가 크다. 이민자의 나라로 성장한 현대 제국인 미국이 몰락한다면 패권주의와 불관용이 원인이 될 것이다. 이민자 문제와 환경 문제, 중동 정책 등에서 강력한 불관용 정책을 바꾸지 않는다면 미국의 쇠락이 가속화할 것이라는 경고인 셈이다. 트럼프 시대의 미국은 불관용의 제국이다. 세계 곳곳에서 새로운 갈등을 야기하며 미국의 영광이 아니라 세계제국의 고립과 몰락을 촉진하는 분기점이 될지도 모른다.

현대도시들도 세계도시(world city) 혹은 글로벌 도시를 지향하고 있다. 세계도시는 다문화주의 도시이며 이주자들의 인권을 존중하고 법적으로 평등을 보장하며, 박해나 정치적 탄압을 피해 온 사람들에게도 도시의 문을 열어주는 관용의 도시를 말한다. 다문화도시 비전은 국내 입국 외국인의 70%가 거쳐 가는 도시, 외국인 거주자가 10만에 달하는 도시인 글로벌 시티 인천의 미래를 좌우하는 관건 중의 하나이다.

시민의 권리로서의 문화예술

한국의 문화정책, 특히 문화관련법의 정비는 선진국도 부러워할 만한 수준으로 진화하고 있다. 2013년 말에 제정된 「문화기본법」이 대표적이다. 2014년부터 시행된 이 법이 한국문화정책사의 중요한 분기점으로 평가되는 것은 '문화권', '문화영향평가제', '문화진흥기본계획 수립', '문화정책전담연구기관지정' 등의 등 의 획기적 내용을 담고 있기 때문이다. 특히 '문화권(文化權)'의 개념을 법률적으로 정의하고 이를 모든 국민들의 권리로 명시하고 있어 향후 정부와 지자체 문화정책의 일대 전환을 예고하고 있다. 문화가 국가발전과 개인의 삶의 질 향상에 가장 중요한 영역의 하나라는 인식을 바탕으로, 국가와 지자체는 문화가치를 우리 사회 영역전반으로 확산시키는 역할을 해야 한다는 점을 명시하고 있기 때문이다.

「문화기본법」에서 문화권(文化權)은 모든 국민은 성별, 종교, 인종, 세대, 지역, 사회적 신분, 경제적 지위나 신체적 조건 등에 관계없이 문화 표현과 활동에서 차별을 받지 아니하고 자유롭게 문화를 창조하고 문화 활동에 참여하며 문화를 향유할 권리로 규정되었다. 문

---
* 경인일보 | 2016. 9. 6.

화적 권리(cultural right) 개념은 국제적으로 유네스코 세계인권선언 (1948)에서 비롯된 것으로 국내에서는 「문화헌장」(2006)에서 공식적으로 언급된 바 있으나 국가의 법으로 명문화된 것은 「문화기본법」이 처음이다. 문제는 시민을 문화정책의 대상에서 문화예술 활동의 주체로 전환하고 있는 '문화권'의 중대한 의미가 우리 사회나 문화현장에서 충분히 공유되지 않고 있다는 점이다. 법조문에 한자어를 병기하지 않은 탓인지, 아직도 대표적인 인터넷 포털이나 법률용어사전에도 검색되지 않고 있다. 광속의 사이버 공간에서도 여전히 '문화권'은 공통의 문화적 특징을 공유하는 영역을 의미하는 '문화권(文化圈)'의 개념으로만 '유통'되고 있는 실정이다.

국민들의 문화적 권리는 이제 선언(manifesto)의 수준을 넘어, '국가에 의해 보장되는' 사회권적 기본권의 하나로 확립되고 있는 중이다. 이러한 권리는 문화예술 영역의 경우 '표현의 자유'와 같이 국가로부터 자유를 보장받는 자유권적 기본권보다 적극적인 권리이다. 「문화기본법」에는 시민들이 문화예술의 소비자나 향유자를 넘어 창조적 문화예술 활동의 주체임을 확인하고 능동적인 활동을 권장하는 내용이 담겨 있다. 또한, 이 법은 정부와 지자체가 시민들의 문화예술 활동을 극대화할 수 있는 환경과 제도를 정비할 것을 의무화하고 있다.

문화권 실현의 가장 큰 장애물은 각종 문화적 불평등일 것이다. 문화예술의 향유와 관련된 지표를 보면 지역과 계층별로 그 격차가 크게 나타나고 있다. 정부와 지자체는 생활문화예술 지원 정책을 중심으로 시민들이 더 자유롭게 문화예술 활동에 참여할 수 있게 하는 사업에 투자를 집중해야 할 것으로 보인다. 물론 문화기본법에서 명시한 심오한 목표는 가까운 미래에 실현되기는 여러 가지 여건상 어려워 보인다. 그러나 문화를 '권리'로 인식하는 시민들이 늘어나고 능동적 문화참여가 높아진다면, 그리고 정부와 지자체들의 문화에 대한 인식의 대전환이 이뤄진다면, 아직까지는 선언처럼 보이는 문화기본법에 스며있는 문화가치와 문화사회의 실현도 앞당겨질 것이다.

유네스코 책의 수도 인천

1. 책 읽는 도시, 책 쓰는 도시

인천시가 유네스코가 추진하는 '2015년 책의 수도'로 선정되었다. 세 번의 시도로 얻어낸 값진 성과로 온 국민들과 함께 축하할 일이다. 프랑스 리옹, 영국 옥스퍼드를 비롯한 세계 유수의 문화도시와 경쟁하여 유치하였기에 더욱 빛나는 성과이다. 그동안 인천시는 책 읽는 문화 확산을 위해 공공 도서관과 작은 도서관을 확충하고 전국 최초로 전자도서관을 운영해왔으며, 배다리 헌책방 거리를 보존하기 위해서도 노력을 기울여 왔다. 지금까지 책의 수도가 될 가능성을 보여주었다면 이제 명실상부한 '책의 수도'를 만들어나가는 일이 남아 있다.

책 읽는 문화를 생활화하는 일이 첫 번째 과제이다. 그러기 위해서는 언제 어디서든지 원하면 책을 읽을 수 있는 환경을 가꾸어 나가야 한다. 저자와의 대화는 책을 가까이할 수 있는 프로그램이다. 지금은 오히려 책을 읽을 여선이 못 되는 시민들을 주목해야 힐 때이다.

---

* 경기일보 책의 수도 토론회용 메모 | 2015. 3. 20.

바쁜 일과에 시달리는 직장인들은 책 읽기뿐만 아니라 문화소외층이다. 시민밀착형 도서관 정책으로 이들에게도 책 읽는 여유와 환경을 조성해야 할 것이다.

책을 잘 만드는 일도 중요하다. 출판자족도시가 된다면 경제적 파급효과가 크다. 출판업은 부가가치도 높고 고용효과도 크기 때문이다. 현재 인천의 출판업은 열악한 수준이다. 기획출판보다는 공공기관에서 발주하는 인쇄물에 의존하고 있는 실정이다. 전자출판과 같은 출판산업의 새로운 영역을 개척해 나갈 수 있도록 지원해야 할 것이다. 책의 수도는 책을 쓰는 작가들이 활동하기 좋은 도시여야 한다. 우선 지역에서 작가들이 생계에 대한 위협을 받지 않고 작업할 수 있는 다양한 창작 지원 프로그램을 추진하기 바란다. 도시를 이야기하는 스토리텔링 사업을 확대한다면 그 성과가 클 것이다. 외국이나 타도시의 작가들을 위해서는 작가 레지던시 프로그램이 필요하다.

돌이켜보면 몽골 침입기의 피난지 수도였던 강화에서 유네스코 문화유산인 팔만대장경을 조판하고 금속활자를 발전시킨 빛나는 인쇄 역사를 가진 도시였으며, 1890년대에 근대적 활판인쇄물과 전국 신문을 발행했던 책의 도시이다. 유네스코 책의 수도 선정을 계기로 인천시가 책 읽는 도시, 책 만드는 도시, 책 쓰는 도시로 발전해나가기 바란다.

2. 언어 장애인과 시각 장애인을 위한 도서관

인천시는 세계도시를 지향하고 있다. 언어적 장애로 책을 접하기 어려운 시민들을 위한 독서환경 개선 사업도 차근차근 구상해야 한다. 이주노동자들과 결혼이민자를 비롯한 외국인들이 손쉽게 책을 접할 수 있게 하는 다문화도서관 확충사업도 그중 하나이다. 2015년 유네스코 책의 수도로 선정된 인천시가 독서 장애를 극복하기 위한 사업에서도 선도적인 도시가 되기 바란다.

인천시가 2015년 완공 목표로 '인천점자도서관'을 건립하겠다는 계획을 밝혔다. 인천시에 따르면 남구 학익동 시각장애인복지관 주차장 부지에 연면적 877㎡, 지상 3층 규모의 인천점자도서관을 건립하고, 점자 도서 제작에 활용되는 인쇄실을 비롯해 제판실, 시각장애인을 위한 녹음도서 제작실, 서고, 열람실 등을 운영할 예정이다.

한편 '맹인들의 세종대왕'이라고 일컬어지는 송암 박두성 기념관과 송암 점자도서관도 시각장애인복지관에서 신축할 점자도서관으로 옮길 예정이다. 송암은 일제 치하인 1920년 한글점자 연구를 시작해 1926년 '훈맹정음'이라 불리는 한글점자를 완성한 인천 강화 출신의 선구적 교육자이다. 점자도서관 신축으로 한글점자의 창안자를 기리는 기념관이 규모 있게 들어설 수 있게 된 것도 환영할만한 일이다.

점자도서관이 신축되면 시각장애인을 위한 복합문화관이 될 수 있도록 운영프로그램도 다각화할 필요가 있다. 인천시에 거주하는 시각장애인은 현재 1만 3천 명이 있으며, 노환 등의 요인으로 독서 장애 상태의 인구도 상당수다. 그동안 독서장애인들이 이용할만한 문화시설이 턱없이 부족했으나 점자도서관 건립으로 문화적 욕구를 일정하게 해소할 수 있을 것으로 보인다.

차세에 점자도서관은 시각장애인들 뿐 아니라 사회복지기관이나 장기 입원환자와 같은 독서장애인을 대상으로 하는 사업도 구상할 필요가 있다. 신체적 장애로 도서관 이용에 어려움을 겪고 있는 장애

아동을 비롯한 시민들에게는 점자 도서나 음성 책자를 차량에 싣고 직접 찾아가는 이동도서관 서비스가 절실하다. 또 맹학교 학생들과 시각장애인을 위한 각종 체험프로그램, 문학 강좌나 기행프로그램, 예술과 문화향유프로그램 등을 추진한다면 더욱 소중한 시설이 될 것이다.

3. 주민도서관의 내실화

대표적 주민 밀착형 문화기반시설인 '작은 도서관'의 상당수가 직원도 배치되지 않은 책 보관소에 불과하다는 조사결과가 나왔다. 문화체육관광부에 따르면 경기·인천지역의 작은 도서관은 지난해 12월 등록 기준 1077곳으로, 이 중 30%가량은 지난해 정부 평가에서 최하위 등급인 C등급을 받았다. 또 이용자가 거의 없어 도서관으로서 기본적인 역할조차 하지 못한다는 평가를 받은 곳도 17%에 달한다. 정부가 10년째 추진해온 역점사업이 성과주의 때문에 주민들의 문화생활 향상은커녕 도서관을 찾은 사람들에게 헛걸음만 시키고 있는 셈이어서 대책 마련이 시급하다.

현재 작은 도서관은 마을문고, 아파트 내 주민도서관 등 지역 내 규모가 작은 도서관들로 주민들이 쉽게 접근할 수 있는 도서관을 늘린다는 목적으로 지난 2004년이 후 역점 추진해온 사업이다. 경기도와 인천시도 각각 2011년과 2012년 조례를 제정하여 작은 도서관에 도서구입비 등을 지원하고 있다. 그러나 80%가량이 사립으로 운영되는 이들 작은 도서관 중 독서와는 전혀 관계없는 프로그램이 운영되거나, 도서를 확보하지 못해 공공도서관에서 책을 임대하여 비치하는 곳도 상당수다. 더 중요한 것은 운영비 부족으로 직원을 배치하지 못해 평소에도 닫혀있는 경우가 많고 설립했다가 문을 닫은 경우가 많다는 것이다.

운영이 부실한 도서관에 대한 관리를 강화해야 한다. '작은 도서관'이라고 해도 최소한의 열람석과 자료를 갖추어야 기능을 할 수 있을 것이다. 우선 실태조사와 평가를 실시하고, 평가결과에 따라 지원을 차등하고, 법적 기준에 미달하는 작은 도서관의 경우 개선을 요구하고 개선이 어렵다면 등록을 취소하는 것이 바람직하다. 그 점에서 본다면 정부가 27일 내놓은 개선책 가운데 설립 요건을 강화하고, 전문인력 지원 등을 통해 내실 있는 작은 도서관을 만들겠다는 방향은 옳다. 가장 중요한 문제는 도서관을 운영할 수 있는 인력 지원이다. 그다음으로는 지역의 작은 도서관을 체계적으로 지원하는 기구이다. 지원체계를 일원화해서 관리 사각지대를 없애야 한다. 공공도서관과 작은 도서관의 권역별 연계통합 운영이 바람직하다. 공공도서관이 권역 내 작은 도서관의 지원과 관리 역할을 맡게 되면 효과적 지원이 가능하고 시민들은 도서대출과 반납도 일원화할 수 있을 것이다.

도시인문학자들의 과제

대부분의 사람들은 도시에서 태어나 도시에 살아가고 있다. 앞으로 인구의 도시집중은 공업화 그리고 세계화와 더불어 빠르게 증가할 것이다. 그런데 도시인은 도시에서 일상적으로 체험하는 소외감과 상실감, 개발 과정에서 발생하는 불평등, 주민의 생활문화와 역사적 가치의 훼손 등으로 인해 정주성의 위기가 심화되고 있으며 시민들이 누려야 할 '도시에 대한 권리(The right to the city)'도[**] 온전하게 행사되지 못하고 있다.

특히 한국을 비롯한 아시아 국가의 대도시들은 세계도시(world city)를 지향하면서 경쟁적으로 도시 팽창정책을 추진하고 있어 이로 인한 새로운 문제가 누적되고 있는 현실이다. 도시는 인류가 성취한 과학과 문명의 총화임에도 지금은 개인과 공동체적 삶을 위협하는

---

[*] 미발표원고 | 2012. 10.
[**] '도시에 대한 권리'(le droit a la ville)'는 프랑스의 철학자이자 도시학자인 앙리 르페브르(Henry Lefebvre)가 1968년에 처음으로 제시한 개념으로 68혁명 당시 프랑스 전역에서 가장 인기 있는 구호였다. 르페브르의 '도시권' 개념은 도시거주자의 권리이다. 이 개념은 도시에서 일상을 살아가는 시민의 권리와 요구가 무엇이고 이것을 어떻게 확보할 것인지, 도시 공간이나 도시 생활에서 배제되거나 소외되는 사람들은 어떻게 배려할 것인지를 본격적으로 논의하는 계기가 되었다.

문제의 진원지로 바뀌어가고 있는 역설적 상황에 봉착한 것이다.

도시인문학은 인간이 만든 도시가 우리들의 삶을 옥죄고 있는 현실을 근원적으로 성찰하고 대안을 모색하는 일에 적극적으로 나서야 한다. 인문학자들은 지금까지 다양한 방식으로 도시문제에 대해 연구하고 발언해 왔다. 또한, 사려 깊은 작가와 예술가들은 오래전부터 도시문제를 그들의 작품을 통해 형상화함으로써 '도시의 비인간화'를 진단하고 처방이 필요함을 주창해왔으며, 환경운동가들도 도시가 직면한 생태적 위기를 해결하기 위해 헌신적으로 노력해왔다. 문제는 이러한 노력에도 불구하고 '도시에서의 희망'을 발견하기 어렵다는 데 있다. 새로운 사유와 근원적 대안을 모색하지 않고서는 도시문제를 해결할 수 없다는 것이다.

지난 2009년, 인천에서 열린 '세계도시인문학대회'에서 도시문화연구의 세계적 권위자인 앤서니 D. 킹 교수는 '모더니티'에 대해 되묻고 현대도시 모델의 기원과 가치에 대해, 특히 현대도시의 수혜자가 누군지를 되물었다. 그것은 도시문제의 출발점으로 돌아가 해결의 실마리를 찾자는 호소였다. 미셸 마페졸리 교수는 개인을 가두는 '문(Door)' 대신 상호의존적인 '다리(bridge)'라는 메타포에서 탈근대적 일상생활의 지형도를 그리는 데 유용한 시사점을 찾아 보여 준 바 있다. 최원식 교수는 한국과 대만의 현대 소설을 분석하면서 현대 가족 형태의 극복을 읽고 나서, 그 시사점으로부터 현대 국가 형태의 질곡이라는 화두로 나아가는 사유의 도약을 보여 주었다. 파경으로 가는 대국주의와 '오래된 미래'인 소국주의 사이에서 한국은 중형국가 형태로 양자를 매개하는 역할을 자임할 것을, 그리고 그러한 국가 형태에 걸맞는 도시의 이상태를 찾자고 제안하였다. 기왕의 정치·경제적 접근조차 문화의 축으로 재조직하고 모든 이분법의 해체를 거쳐 재기획되는 '문화도시'는 주목할 만한 대안으로 평가된다.

  그런데 눈 앞에 펼쳐지고 있는 허다한 도시문제를 생각할 때, 인문학자들의 성찰은 여전히 우원(迂遠)한 처방처럼 느껴질 수도 있다. 도시문제가 현대도시에 대한 세계인의 심성(mentalite)으로부터, 자본주의 세계 경제의 운동과 국가별 사회경제적 환경 그리고 공간에 대한 시민들의 욕망까지 가세하여 재생산되는 문제라는 것을 염두에 두어야 한다. 그래서 도시문제와 도시의 미래에 대한 사유를 가다듬어 근원적인 해결방안을 모색하는 우회로가 더욱 절실한 것이다. 도시문제는 지역적으로 발생하고 있지만 세계적 현상이기 때문에 세계시민들의 지혜와 실천을 공유하지 않고서는 해결하기 어렵다. 지구촌의 도시인문학자들이 지속적으로 교류하면서 도시의 위기를 극복하기 위한 지혜의 네트워크가 필요한 것이다.

문화의 공공성과 문화기본법

'공공성(公共性)'에 대한 논의가 부쩍 늘어나고 있다. 공공성이란 공공재의 독점이나 사유(私有)와 대립하는 개념으로 다수의 이익 실현이나 공정한 운영을 내포하고 있는 사회 정의이다. 그렇다면 공공성 논의의 증대는 환영해야 할 현상일 테지만, 실상은 우리 사회가 심각한 공공성의 위기에 처해 있다는 우울한 징표이기도 하다. 신자유주의와 글로벌리즘이 세계와 국민국가로 파급되면서 '효율성과 경쟁'이라는 시장 논리가 모든 사회와 조직을 지배하고 있기 때문이다. 공공성의 위기는 현 정부 들어 정점에 이른 것처럼 보인다. 철도와 공항과 같은 사회 인프라의 민영화 논란들, 영리병원 도입을 둘러싼 논쟁들은 효율성을 명분으로 한 민영화론과 공공 가치론이 첨예하게 대립한 사례이다.

문화예술영역도 예외는 아니다. 대표적인 사례가 문화기반시설의 확충과 운영에서 나타나는 공공성의 훼손이다. 역대 정부가 문화의 공공 인프라 확충에 역점을 두어 추진해 온 결과로 2010년 말 현재 전국의 문화기반 시설은 공공도시관 759개 소, 등록박물관과 미술

---

* 경인일보 | 2012. 7. 17.

관은 800개 소, 문예회관은 192개 소로 나타나고 있어 선진국 기준에 근접하고 있다. 그런데 시설은 대대적으로 확충되었으나 운용예산과 인력, 프로그램 부족으로 제구실을 하지 못하는 시설이 늘어났다. 이에 대한 타개책으로 내놓은 것이 국공립예술기관의 민영화였다. 결과는 공공성을 훼손하고 국민부담만 증가시키는 것으로 나타났다. 민영화하지 않은 시설들도 마찬가지이다. 효율성과 수익성을 경영지표로 삼고 있다. 상업주의가 문화의 공공성을 질식시키고 있는 것이다.

문화예술의 공공적 가치에 대한 사회적 합의도 답보상태이다. 2006년, 문화평등권에 기초한 '문화헌장'이 제정될 무렵까지는 문화의제에 대한 기대가 높았다. '문화헌장'에서는 "문화적 권리를 시민의 평등한 권리"로 정의하였다. 즉, "모든 시민은 계층, 지역, 성별, 학벌, 신체조건, 소속집단, 종교, 인종 기타에 의한 어떠한 차별도 받음이 없이 문화를 창조하고 문화 활동에 참여하며 문화를 향유할 평등한 권리를 갖는다"는 인식은 문화의 속성을 잘 반영한 명쾌한 표현이다. 안타깝게도 헌장에서 천명된 시민의 문화권은 선언에 머물러 있을 뿐 이를 실현할 법률이나 기구는 마련되지 못했다.

문화예술의 공공성을 원점에서 다시 논의해야 할 시점이다. 문화에서의 공공성은 시민이 문화의 소비자가 아니라 창조의 주체로 문화에 참여할 수 있는 여건을 조성하는 일이다. 그리고 특정계층이나 계급의 전유물이 아닌 공공의 이익을 목적으로 하는 문화여야 한다. 문화는 공공복리의 한 분야이기도 하다. 문화가 획일적이거나 전체주의로 흐르지 않도록 하기 위해서는 지역 문화나 소수자 문화를 배려하여 다양성이 발현될 수 있도록 해야 한다. 그리고 문화정책의 수립과 집행, 문화 기관의 운영은 공개적이고 민주적인 의사소통을 통해 이뤄져야 한다.

이 같은 문화 공공성이 실현되기 위해서는 선언으로 남아 있는 '문화헌장'과 같은 요강(要綱)을 제도화하는 일이다. 문화기본법의 제정이 그 관건이 될 것이다. 문화기본법은 문화생활을 인간답게 사는 삶의 중요한 조건 중의 하나로 인식하고 헌법의 최소한도의 문화생활을 누릴 권리와 사회적 책임을 법률화하는 것이다. 문화기본법이 제정되면 문화현장의 풍경은 바뀔 것이다. 문화행정이나 문화시설의 '생산성'을 판정하는 기준은 수익률이나 효율성이 아니라, 시민들에게 제공한 문화 프로그램의 질과 다양성이 될 것이다. 문화 기관과 시설은 본연의 목적으로 돌아가 시민들의 문화환경 개선과 예술 생태계의 조성에 주력하는 흐름이 형성될 것이다. 아울러 문화 기관과 시설들도 그 운영 방식을 문화시민의 능동적 참여를 위해 더욱 공개적이고 민주적인 방식으로, 또 전문성 강화를 위해 유연하고 개방적인 조직으로 변화시켜나갈 것도 기대된다.

문화유산 정책의 재정립

도시 개발과 재건축 과정에서 문화유산 훼손 논란이 끊이지 않고 일어나고 있다. 인천의 경우 지난해 대불호텔(중화루) 부지에 상업용 건물을 신축하는 과정에서 개항기 건축의 유구(遺構)가 발견되어 공사가 중지되고 보존 결정이 내려진 바 있다. 최근에는 인천시 중구가 남한 최초의 소주 공장이었던 조일양조 건물을 철거하고 주차장을 건립하는 과정에서 건물의 보존가치를 둘러싼 논란이 있었다. 이러한 논란은 문화유산의 개념과 가치에 대한 사회적 합의가 충분치 못하고, 문화유산과 관련된 정책이 현실적이지 못한 데서 비롯된 일이다.

일반적으로 문화유산(cultural heritage)이란 지속적인 문화창조를 가능케 하는 물적 매개물 혹은 상상의 원천을 말한다. 유네스코 세계유산위원회에서는 세계유산을 역사적으로 중요한 가치를 가지고 있는 문화유산과 지구의 역사를 잘 나타내고 있는 자연유산 그리고 문화유산과 자연유산이 결합된 복합유산으로 구분하고 있다. 문화유산은 다시 유적, 건축물, 장소로 구분하고 있다. 이와는 별도로 인

---

* 경인일보 | 2012. 4. 25

류 구전·무형유산·걸작(masterpieces)과 세계 기록유산에 대한 기준을 마련하고 지정 사업을 하고 있다.

우리나라에서는 문화유산을 '문화재'(cultural property)로 통칭해 왔으며 "인위적·자연적으로 형성된 국가적·민족적·세계적 유산으로서의 역사적·예술적·학술적·경관적 가치가 큰 것"이라고 정의해왔다. 이 같은 정의는 고고학적·건축 미학적 가치가 현저한 문화재만 중시하고 여타의 문화자원을 경시하는 결과를 낳았다. 도시 서민의 생활사, 근대 산업사와 관련된 유산의 가치도 중요하다. 특히 생활문화유산은 우리의 근대를 재성찰하여 미래를 조감하는 데 필요할 뿐만 아니라 지속 가능한 방향의 도시 재기획을 위해서도 필요하기 때문이다. 그런데 생활문화나 산업 시설과 관련된 유산들은 대부분 그 소중함을 인정받지 못하는 경우가 많다. 오히려 그것이 사라진 후나 재생되었을 때에야 그 가치가 드러난다. 세계적 명소가 된 프랑스의 오르세미술관은 1939년 오르세 역이 문을 닫은 뒤 방치되다가 1970년대부터 본격적인 활용방안을 논의해 오다가 1986년에 미술관으로 재탄생한 것이다.

보존 중심 정책에서 활용 중심 정책으로의 전환이 필요하다. 고고학적 유물이나 근대이전의 문화유산의 경우 보존 자체가 중요하다. 그러나 근대 문화유산의 경우 그 숫자도 많을뿐더러 시민의 주거와 생업과 밀착된 공간에 위치한 경우가 많기 때문에 보존 중심의 정책은 주민들의 재산권이나 경제적 활동을 위축시킬 수 있어 여러 가지 갈등을 야기할 수 있다. 이 경우 문화유산도 보존하고 유산을 활용하여 소유주와 지역경제도 활성화할 수 있는 방안을 강구해야 한다.

도시에 남아 있는 다양한 문화유산은 유물이 아니라 그 자체로 문화적 콘텐츠이며, 도시재생의 중요한 자료이다. 진정한 의미의 도시재생은 지정 등록된 유무형 문화재는 물론 주민 생활의 역사와 관련된 지역의 문화유산을 활용하여 정체성을 보존 활용하는 방식으로 이뤄져야 한다.

문화유산의 가치는 더욱 높아질 것이다. 도시의 경쟁력이란 그 도시가 온축하고 있는 문화창조 역량, 다시 말해 가용 문화자원을 어떻게 활용하느냐에 달려 있기 때문이다. 지역의 유·무형 문화유산과 자원에 대한 종합적 조사와 재평가 사업을 통한 보전 대상 유산 목록을 작성하는 작업이 추진해야 한다. 도시와 지역의 문화유산에 대한 체계적 조사와 연구가 이루어지지 않음으로써 공인된 문화유산은 생성능력을 잃고 현실 문화와 분리되거나 유물화하는 현상이 일어나고 있다. 한편으로 중요한 의미를 지니고 있음에도 불구하고 그 가치를 평가받지 못하여 개발 과정에서 자취도 없이 멸실되는 경우도 빈번히 일어나고 있다. 한편 문화유산 보전은 정부나 지자체에 의존해서는 이룰 수 없으며, 문화유산신탁법에 의거한 문화유산보전 활동과 같은 민간차원의 운동이 연계될 때 더 효과적이다.

창조적 시민과 미래도시

이상 도시에 대한 로망 혹은 도시에 대한 유토피아적 상상은 언제나 소중하다. 최근 도시문제와 폐단이 구체적으로 드러나면서 지난 세기에 추구해 온 도시 패러다임에 대한 반성이 다양한 방식으로 이어지고 있으나 전면적이고 입체적 비전이라고 하기는 어렵다. 장기계획이 부재한 계획은 결국 전략없는 전술이다. 그럼에도 불구하고 도시나 국가가 장기 전략이 없거나 단지 메타포로만 제시되고 있는 것이 문제다. 비현실적인 이상주의도 문제지만 유토피아적 비전에 입각하지 않는 단기 계획들이란 말 그대로 대중추수주의나 유행의 모방에 급급해 지속성을 갖기 어렵거나 공공재원의 낭비로 귀착될 가능이 높기 때문이다. 사회의 변화속도가 수십 년의 미래를 예측하는 장기적 구상을 주저하게 하는 요인일 수 있다. 당파적 관점 때문에 의미있는 지난 정부나 타 정당의 정책이나 실험을 평가절하하는 경우도 많다. 참여정부가 공들여 만든 '비전 2030'을 현 정부에서 참고하거나 인용하지 않는 것이 그 사례이다.

이상 도시의 꿈을 비현실석이라 할 수 있을까? 자동차 회사들은

---

* 경인일보 | 2011. 6. 7.

모터쇼에 출품되는 콘셉트 카(concept car)를 통해 회사가 지향하는 스타일과 기술적 목표가 무엇인지를 제시한다. 모터쇼에 제시되는 콘셉트 카는 당장 생산으로 이어지기 어려운 미래형 모델이어서 상당수가 폐기되기도 하지만, 이상적 디자인과 기능을 매개로 자동차 회사는 소비자와 소통하며 이상과 현실의 간극을 조정하는 역할을 한다. 미국 애리조나주 사막 한가운데 건설된 친환경생태도시 '아르코 산티'는 사막 위의 낙원으로 불리는 현존하는 유토피아 도시의 하나다. 생태건축학자인 파울로 솔레리가 설계한 아르코 산티 사람들은 태양열 에너지를 이용하고 유기농법으로 농작물을 재배하며, 차 없이 걸어 다니는 환경친화적 유토피아에서 살고 있다. 이 미국판 무릉도원의 콘셉트를 일반적인 현대도시에 적용하기란 쉽지 않을 것이다. 그럼에도 불구하고 가장 열악한 환경 속에서 생태적 가치의 극한을 실험해 보이고 있다는 점에서 아르코 산티는 현존하는 유토피아 도시라는 찬양을 받아 마땅하다.

한국의 여러 도시가 모델로 삼고 있는 도시의 미래는 문화도시다. 한국의 경우 문화도시를 '문화예술의 혜택을 누릴 수 있는 도시'로 생각하고 있으나, 이 개념이 제기된 유럽에서 문화도시는 도시의 공공적 인프라가 얼마나 인간 중심으로 설계되고 있으며 또 독창적인가 하는 기준으로 선정된다. 즉 유럽에서 문화도시는 특정한 이벤트가 아닌 도시 정책과 행위 속에 얼마나 많은 인간주의가 담겨 있는가가 평가의 기준이 되고 시민의 일상의 삶과 도시의 공간이 어떻게 유기적으로 구조화되어 있는가를 말해주는 척도였다. 문화도시의 핵심가치가 인간주의의 구현이었음에도 불구하고 문화예술의 인프라 중심으로 추진된 배경에는 문화 기반이 충분치 못한 환경 탓도 있다.

최근 새로운 도시 패러다임으로 부상한 창조도시론의 전략은 도시가 가진 고유 자원과 가치를 재발견하고 생산적으로 전환하는 것이다. 이 패러다임의 특징은 창조적 시민이야말로 미래도시를 구현할 자원이자 주체라는 사실을 강조하고 있는 것이다. 최근 '학습하는 도시(learning city)'가 부각되고 있는 것도 이와 무관하지 않다. 학습도시는 도시인들이 능동적으로 지식을 습득하고 공유함으로써 도시의 미래를 담당해 나가는 것을 목표로 삼고 있다. 능동적 학습이 도시와 사회 전체로 확대 심화될 때, 도시가 변화에 적응하고 장애물을 극복하며 발전해 나갈 수 있다는 것이다. 학습도시가 도시 내부의 곳곳에 오류를 점검하고 반성하는 시스템을 구비한 도시이기 때문이다. 대표적 창조도시론자인 찰스 랜드리가 스스로 '반성하는 도시'로서의 학습도시가 창조도시보다 더욱 강력한 메타포(이상적 도시 비전)가 될 것이라고 강조한 것도 바로 이 때문일 것이다.

2 쟁점과 대안

생활문화의 개념과 문화예술교육
문화자치로 가는 길
네트워크형 국립한국문학관을 고민하자
문화영향평가제의 제도화
19대 국회와 지역문화진흥법
개항장 젠트리피케이션
이케아 스타일과 한국인의 공작본능
예술가의 노동가치에 대한 편견
산으로 가는 대학 특성화
태양을 만든 예술가
생활문화 지원 정책이 절실하다
잠들어 있는 지방기록물관리법
이야기로 회복하는 공동체
문화기본법과 문화재정
기로에 선 문예회관 정책
해양과학관과 옛 인천수족관
익명의 가치에 대하여
초등학교 교정의 조형물

생활문화의 개념과 문화예술교육

사회변동의 가속화에 조응하는 문화정책의 새로운 패러다임 전환도 빨라지고 있다. 초고령화, 노동시간의 지속적 감소와 여가의 증대에 따른 문화소비 및 문화생활 욕구 증대, 가족구조의 변동에 따른 개인화 및 자기실현 욕구 등이 대표적이다. 시민이 문화의 소비자에서 창조의 적극적 주체로 등장하게 되며, 아울러 일상생활에서 차지하는 문화예술의 비중이 높아질 것을 예고하고 있다.

'시민'과 '일상'을 중심으로 한 문화정책, 생활문화의 중요성이 대두된 배경이다. 새로 제정된 「문화기본법」에는 시민들이 문화예술의 소비자나 향유자를 넘어 창조적 문화예술 활동의 주체임을 확인하고 시민들의 능동적인 활동 지원을 강조하고 있다. 문재인정부도 "지역과 일상에서 문화를 누리는 생활문화 시대"를 국정과제로 설정하고 있다.

그런데 생활문화의 개념은 아직 생성중이다. 일반적으로 시민들의 자생적 문화예술 분야의 취미 활동을 '생활문화', 혹은 '시민문화'라고 부르고 있으나 아직 의미와 범주가 명료하게 정립되지 못하고 있는

---

* 경인일보 | 2018. 5. 23.

개념이다. 생활문화는 원래 민속학에서 사용해온 용어로 의식주 생활을 비롯한 가족생활, 음주, 놀이문화를 그 대상으로 하고 있어 그 외연이 너무 넓다. 한편 「지역문화진흥법」에서 '생활문화'는 "지역의 주민이 문화적 욕구 충족을 위하여 자발적이거나 일상적으로 참여하여 행하는 유·무형의 문화적 활동"으로 정의하고 있다. 이 개념도 여전히 추상적이다.

전문예술의 대응개념으로 '생활문화예술' 혹은 '생활예술'이라는 용어를 사용한다면 그 모호성을 일정하게 줄일 수 있을 것으로 보인다. 문제는 문화활동의 현장에서 생활예술과 전문예술의 영역 구분이나 전문예술가와 아마추어 예술가 간의 엄밀한 경계를 설정하는 것이 쉽지 않을뿐더러 구분의 목적도 불분명하다는 점이다. 생활예술 활동에 전문예술인이 참여할 수 있듯이 두 영역의 활동이 교류 소통하면서 이루어지는 것이 바람직하기 때문이다.

생활문화예술을 일상생활 속에서 문화예술 활동(culture and art in life)이며, 시민들이 자발적으로 참여하여(voluntary participation) 문화예술 공동체를 이뤄가는 활동(community)이라 할 수 있다. 즉 생활문화예술은 "시민들이 여가시간을 활용하여 문화예술의 학습이나 창작 활동을 통해 자기를 표현하고 계발하는 자발적 공동체 활동"이다. 생활문화예술에서 강조되어야 할 것은 생활과 밀착된 활동, 시민 주체인 활동, 자발적인 참여, 공동체 활동 등이다.

이제 정부와 지자체는 시민들이 창조적 문화예술 활동을 영위할 수 있는 환경과 제도를 정비하는 정책을 최우선 정책으로 삼아야 한다. 시민생활문화 동호회 등 문화예술 프로슈머(prosumer)를 육성 지원하기 위해 지자체가 우선 추진해야 할 과제는 생활문화예술을 진흥시키기 위한 계획의 수립, 지원 센터 건립과 운영, 생활문화지원 프로그램 다양화 등이다.

    시민문화예술교육이 시민생활문화의 기초이다. 시민생활문화의 활성화를 위해서는 시민문화예술 역량의 확대가 필요하고 시민문화예술 역량은 시민문화예술교육을 통해서 확충될 수 있기 때문이다. 요컨대 시민문화예술교육을 통해 문화예술의 시민화, 시민의 예술인화를 이룰 수 있으며, 생활문화시대와 문화도시의 실현도 앞당길 수 있다.

문화자치로 가는 길

문화 분야에서의 분권과 자치를 실현하기 위한 논의도 본격화되고 있다. 지난 가을 문화체육관광부가 주최한 '2017 문화자치연속포럼'은 전국의 문화기획자와 문화정책연구자들이 권역별로 모여서 지역문화와 문화분권의 현주소와 극복해야 할 과제들이 무엇인지를 공론화할 수 있는 계기가 되었다.

문화영역에서도 분권과 자치는 오랫동안 당위 명제처럼 여겨 왔지만, 과연 지방이 현시점에서 '수권 능력'이 있느냐는 다소 '우울한' 문제제기도 있었다. 이 같은 진단은 지역의 문화현실에 대한 자기반성인 동시에 문화자치가 호락호락한 과제가 아님을 확인케 해주는 지적이다. 그렇다고 열악한 지역의 현실을 문화분권을 유예하는 근거로 사용하지 말아야 한다. 황폐한 지역문화 현장은 정부 주도의 문화정책이 지역 문화의 자생력을 위축시켜온 결과이기 때문에 중앙정부는 더 신속히 그리고 과감하게 권한을 위임해야, 시행착오를 줄이고 문화자치 시대를 앞당길 수 있다. 문화분권과 자치에서도 '지원하되 간섭하지 않는다'는 원칙이 천명되어야 한다. 그래야 지역의 자기결정

---

* 경인일보 | 2017. 11. 28.

권, 책임성, 자율성을 높일 수 있기 때문이다. 중앙정부 주도의 정책으로는 지역문화생태계 지속성이나 창의성을 훼손하는 방향으로 작동하게 된다. 정부의 공모사업은 지역문화의 표준화 현상을 낳고, 국립 문화시설 유치를 둘러싼 지역 간의 경쟁을 유발하여, 정부에 대한 지역의 의존성 높였다.

지역문화재단의 정부 의존성을 줄여야 한다. 현재 각 시도에 설립된 문화재단은 지역의 대표적 문화지원기구이지만, 대부분 재정구조가 취약한 실정이다. 이로 인해 지역문화재단의 고유사업은 위축되고 중앙정부와 지자체가 위탁한 사업 비중이 늘어나면서 정부 대행기구화 하고 있다. 문화재단의 자율성을 높이고 고유 목적을 달성하기 위해서는 총액예산제의 도입이 시급하다.

지역문화진흥, 문화분권의 주체가 지방임을 분명히 해야 한다. 문화자치의 관점에서 보면 '지역문화진흥법'에 나타난 계획 수립과 시행 주체는 뒤집혀져 있다. 이 법에는 지역문화진흥의 기본계획을 문화체육관광부 장관이 수립·시행·평가하는 것으로 규정되어 있다. 지역문화의 특성화나 지역문화전문인력 양성 등과 같은 사업의 계획까지 중앙정부가 맡아서 수립할 수도 없거니와 무엇보다 분권과 자치의 원리에 어긋나는 것이다. 지역문화진흥 '기본계획'은 지역별로 상이한 현실을 충실하게 반영해야 하며, 지역문화의 특성화를 위해서는 지역의 고유 자원에 대한 면밀한 평가와 분석이 필요하기 때문이다.

지역문화진흥계획을 지역문화계와 소통하면서 수립하는 것은 지방정부의 권리이다. 중앙정부의 역할은 지방별 기본계획이 원활하게 시행될 수 있도록 지원하는 것이다. 물론 지역문화진흥을 위한 국가 차원의 지원계획은 별도로 수립되어야 하며 그 계획의 수립은 정부의 책임이자 권한에 속한다. 따라서 '지역문화진흥법' 제6조는 "지역문화진흥을 위한 기본계획은 광역시도가 수립한다. 정부는 지역문화진흥을 위한 '국가지원계획'을 수립하고 지역문화진흥을 위한 '기본방향' 제시한다"는 취지로 개정하는 것이 바람직해 보인다.

네트워크형 국립한국문학관을 고민하자

국립한국문학관 건립 계획에 따른 부지공모사업이 중단된 지 반년이 지났다. 이 사업을 중단할 것인가 재개할 것인가? 국립한국문학관은 한국문학 자료를 수집·보존·복원·관리·전시하고 조사·연구하는 기능을 기본으로 하고 국내외 교류·협력 기능도 수행하는 기관이다. 이 같은 사업은 「문학진흥법」의 핵심 목적이므로 유치경쟁 과열이 두렵다고 백지화할 수는 없다. 그렇다고 기존의 방법으로 재추진한다면 문학인들과 지자체들이 문학관 건립을 놓고 지역으로 나누어 다투게 될 공산이 크고, 그 경우 한국문학의 발전은커녕 문학의 위상이나 문학인의 권위에 깊은 상처만 남길 수 있어 문체부나 문인들의 고민이 깊다.

한 지역순회토론회에서 '수도권 제외론'이 제기되었다. 국립한국문학관은 국가균형발전 차원에서 설계돼야 하므로 문학역량이 집중된 수도권은 아예 배제하자는 논리이다. 그러나 수도권에는 우리나라 인구의 절반이 넘는 국민들과 많은 문학인들이 거주하고 있다. 또 국립한국문학관은 한국문학의 대중화와 세계화라는 숙제도 달성해야 하

* 경인일보 | 2016. 11. 15.

므로 접근성은 매우 중요한 기준이다. 균형발전론 때문에 다수의 문학인들과 국민들이 접근하기에 불편한 곳에 국립문학관이 건립된다면 제 기능을 다하지 못할 우려도 높고 또 다른 역차별이 된다.

국립한국문학관을 한 곳에만 건립해야 하는 것은 아니다. 국립박물관은 12개의 지역박물관과 국립민속박물관으로 구성되어 있다. 국립미술관도 5개로 운영되고 있으며, 국립해양박물관도 개관 운영 중인 부산관 외에 다른 도시에도 건립이 추진되고 있다. 국립한국문학관은 소장 전시해야 할 자료도 방대한 데다 문화권역별 특성이 중요하다. 그렇다면 국립한국문학관은 국제교류를 담당하는 중앙관을 우선 건립하고, 중기적으로 전국 문화권역별로 분관을 건립해 나가고, 장기적으로는 지자체별 공립 문학관을 건립해나가는 것이 바람직하다.

국립한국문학관 유치를 둘러싼 지자체별 경쟁에 대한 비판과 자성의 목소리가 높다. 문학인들이 앞장서서 지역의 문학관련 사업과 성과 부풀리거나 역사성을 아전인수 격으로 과장하는 행태는 낯 뜨거운 일임에 분명하다. 그러나 지역문학에 대한 자부심이나 지역문학을 발전시키겠다는 지자체의 의욕적인 계획까지 나무랄 필요는 없다. 오히려 정부는 이번 계기로 조성된 전국 지역별 문학진흥 열기가 지속될 수 있게 '고무'하는 정책을 별도로 세워야 할 것이다.

국립한국문학관도 국립박물관이나 미술관처럼 중앙관(국제관)과 지역분관으로 이뤄진 네트워크형 건립 방식을 집중 검토할 필요가 있다. 권역별 분관으로 지방과 지역 문학 자료의 수집 관리·연구하는 것이 더 바람직 할 수 있다. 다만 주요기능 가운데 "한국문학의 국내외 교류, 문학의 대중화"와 같은 기능은 접근성이 중요하므로 전국사업과 국제교류협력을 담당하는 중앙관을 우선 건립하고 권역별 분관을 순차적으로 건립해나가는 것이 좋다. 국립한국문학관 네트워크 체계가 완성되면 국내 문학진흥사업을 주관하는 센터도 '유네스코 책의 수도'나 '문화도시 지정사업'처럼 진취적인 계획을 가진 도시를 선정하여 순환 담당한다면 「문학진흥법」의 취지는 물론 지역 균형 발전에도 크게 기여할 수 있을 것이다.

문화영향평가제의 제도화

　최근 법제화된 문화영향평가제는 개발 위주의 정책과 문화적 가치의 모순을 완충하기 위한 제도적 장치로 주목할 만하다. 지금까지 국가와 지방자치단체의 개발정책은 대부분 경제성장 패러다임에 근거한 것이었다. 성장 위주의 개발정책은 국민의 삶의 질에 영향을 미치는 문화적 가치를 훼손하고 파괴해왔으며 이에 대한 경고와 문제제기는 끊임없이 이어졌지만 이를 미연에 방지할 수 있는 적절한 방법이 없었기 때문이다. 이 제도는 문화적 영향을 고려한 공공정책의 수립과 실행을 통해 정책의 사회적 수용 가능성과 효과성을 높이고 지속가능한 성장을 견인할 수 있다는 점에서 매우 선진적인 제도로 평가된다. 문화영향평가제는 제도상 개선할 사항도 적지 않으나, 지자체나 문화계의 이해가 더 급선무이다.

　'문화영향평가제'는 2013년에 제정된 「문화기본법」 제5조 제4항에 근거하여 국가나 지방자치단체의 계획, 정책, 사업, 제도가 문화적 관점에서 국민의 삶의 질에 미치는 영향을 분석·평가하여 부정적 영향을 미연에 방지하고 문화적 가치를 적극적으로 반영하는 '정책의 문

---

* 경인일보 | 2016. 10. 11.

화화'를 통해 문화가치의 전 사회적 확산에 기여할 수 있도록 하기 위한 제도이다. 문화영향평가제의 도입으로 문체부의 '폐산업시설 문화재생사업' 국토부의 '행복주택프로젝트' 등 9개의 정책에 대한 문화영향평가 시범사업을 진행해왔다. 그리고 2016년부터는 한국문화관광연구원을 문화영향평가센터로 지정하고 전국 지자체가 추진하는 주요 정책 가운데 문화영향평가가 필요한 정책을 선정하여 영향평가를 지원하고 있다.

문화영향평가제도는 국가나 지자체가 추진하는 정책과 사업이 해당 지역의 문화경관, 유무형문화유산, 문화다양성, 지역주민공동체와 생활에 미치는 영향, 그리고 주민들의 문화향유와 참여에 미치는 영향을 사전에 평가한다. 이로써 특정 정책으로 인한 지역주민들의 문화적 권리의 침해나 문화경관의 파괴, 공동체의 상실 등과 같은 부정적 영향을 미연에 방지할 수 있게 된다. 문화영향평가는 해당 정책에 대한 성과를 사후에 평가하는 것이 아니라, 해당 정책이 미치는 문화적 영향을 분석하고, 문화적 가치를 반영할 수 있는 대안을 사전에 제시함으로써, 바람직한 정책 입안을 유도하고 지원할 수 있다.

이 제도의 명칭은 규제나 강제 이행규정을 연상시키지만, 평가 과정과 결과를 통해 특정한 정책의 문화효과를 극대화하고 부정적 영향을 최소화하는 방안을 찾을 수 있기 때문에 문화영향 '컨설팅'에 가깝다. 또 당분간 문화영향평가 관련 예산은 전액 국비로 지원되고 있어 지방자치단체는 이를 적극 활용하면 예산 부담은 줄이고 사업효과는 높일 수 있는 제도이니. 따라서 시사체는 문화적 관점에서 주민의 삶의 질 또는 일상생활에 영향력이 큰 정책, 특히 지역 문화에 영향이나 파급효과가 큰 국정과제나 주요 시책사업에 대해서는 문화

영향평가를 적극적으로 요청해야 한다. 특히 문화적 가치에 대해 고려할 사항이 많은 사업들, 특히 도시재생사업, 마을만들기 사업과 같은 지역밀착형 사업을 추진할 때 문화영향평가제는 매우 효과적인 보완수단이 될 수 있다. 한편 지역 문화계와 주민들 역시 문화영향평가제도의 목표와 취지를 이해하고 효과적으로 활용한다면 도시개발 정책을 둘러싼 갈등을 최소화할 수 있을 것이다.

19대 국회와 지역문화진흥법

제19대 국회가 개원되었지만 때아닌 이념 논란으로 어수선하다. 더군다나 연말의 대선 일정까지 기다리고 있어 과연 생산적인 입법활동을 보일 수 있을 것인지 우려스럽다. 19대 국회가 유념해야 하는 문화 의제 가운데 하나는 지역문화진흥법안이다. 이 법안의 제정을 위해 2004년 이래 전국 문화계가 지역별 토론회를 개최하고 쟁점 사항을 조율하기 위해 다양한 노력을 기울여왔으며 이는 지역문화계의 숙원이었다. 17대 국회에 이어 18대 국회에서도 제정이 추진되었으나 문방위 법안심사소위에 회부된 상태에서 결국 자동폐기되고 만 '비운의' 법안이다.

지역문화진흥법을 제정하기 위한 움직임은 2001년 '지역문화의 해' 지정을 계기로 시작되었으며, 2003년 12월 문화관광부에서 지방분권 TF를 가동하면서 본격화되었다. 이후 문화진흥법 제정과 관련된 논의는 부산을 필두로, 전주, 대전, 인천 등에서 차례로 개최되어 지역의 의견을 수렴하고 법안의 필요성과 의미를 공유하는 폭을 넓혔다. 그리고 2006년 5월 10일 이광철 의원을 비롯한 31의 의원이 지

---

* 경인일보 | 2016. 7. 25.

역문화진흥법안을 의원 발의 형태로 입법을 추진한 바 있으며, 2011년 5월 다시 발의되었으나, 2012년 들어서 문방위 계류 중 자동폐기되고 만 것이다.

이제 지역문화진흥법이 제정되지 못하고 자동폐기되고 말았던 요인이 무엇인지를 점검하고 이후의 과제를 고민할 시점이다. 우선 정치지형을 보면 참여정부가 의지를 가지고 역점적으로 추진했던 지역균형발전 정책이 형해(形骸)만 남기고 실종되고 있다는 점을 들 수 있다. 현 정부 들어서 지역문화정책은 후퇴했거나 실종되었다는 지적이 높다. 고사 직전의 지역문화를 살려내기 위한 기본적 토양을 만들어나가야 하는데 오히려 도시와 지방의 불균등을 심화시키는 양상을 보이고 있다. 이 같은 정책의 기조를 바꾸지 않으면 지역간 문화 불균등은 더욱 심화 되는 결과를 초래하게 될 것이다.

또 다른 원인으로는 지역과 문화계의 법안 추진 동력 상실을 들 수 있다. 진흥법이 국회에 제출되면 제정되는 것으로 낙관하고 정부와 국회만 바라보면서 법안 제안 과정의 열기를 유지하지 못한 것이다. 지역문화진흥법은 의원들의 지역구 사정에 따라 온도차가 클 수밖에 없다는 것을 염두에 뒀어야 했다. 이 점은 의원들뿐 아니라 지역문화인들도 참고해야 할 대목이다.

애초에 지역문화진흥법 제정은 침체일로를 걷고 있는 지방문화의 현실을 감안할 때 총론에서는 이견이 제기되지 않으리라고 예상했다. 그러나 예상과 달리 법안 제정추진위 구성 이후 토론을 거듭했음에도 불구하고 문화예술단체 간의 이견은 쉽게 좁혀지지 않았다. 법안제정 과정에서 이해 당사자들 간의 견해차로 인해 진통을 겪는 것은 당연한 일이지만 지역문화진흥법안의 경우 뚜렷한 쟁점 없이 논의가 공전하였다. 제정 취지에 대한 문화계와 예술단체 진영 내의 반목과 불신이 암암리에 작용 한 것으로 보인다. 지역문화진흥법은 지역문화의 기초환경 개선을 목표로 추진된 것으로 예술적 경향이나 개별 단체의 이해로 접근한 사안이 아니었음에도 추진 주체와 그 결과에 대한 선입관이 암암리에 작동한 것으로 보인다. 이 법이 지방자치단체의 권한과 자율성을 약화하고 훼손할 수 있다는 지적도 제기되었는데, 이는 지방문화예술이 관료주의적 문화행정으로 타율화되고 있는 현실을 제대로 인식하지 못한 데서 비롯된 문제제기라 할 수 있다.

서울은 문화 인력과 자원, 시설이 집중되어 있어 마치 한국문화를 대표하는 것처럼 보이지만 그 자원과 인력은 대부분 지방에서 '징발'한 것이다. 수도의 문화가 더욱 풍성해 보일수록 그 뿌리에 해당하는 지방문화는 고사되는 모순을 해결하고 한국문화의 지속 가능한 발전을 도모해야한다. 19대 국회가 지역 간 문화 격차를 해소할 수 있는 최소장치인 지역문화진흥법에 깊은 관심을 가지고 조속히 법 제정에 나서기를 희망한다.*

---

* 「지역문화진흥법」은 2014년 12월에 국회를 통과 제정되었다.

개항장 젠트리피케이션

아까시 나무야말로 토사구팽의 전형적인 예라 할 수 있다. 개항기에 들어온 외래종이기 때문에 일본인들이 우리의 산을 망치게 할 목적으로 심었다는 누명을 쓰고 있지만 실은 황폐한 지력을 회복시키는 데 큰 역할을 하는 효자다. 아까시 나무는 박토를 아랑곳하지 않고 뿌리를 내린다. 콩과식물이라 공중 질소를 스스로 고정시켜 토양을 비옥하게 만든다. 그런데 그 비옥함 때문에 웃자란 아까시 나무는 쓰러지기 시작한다. 아까시 나무가 일군 땅에는 다른 식물종들이 자리 잡아 번성한다.

아까시 나무 숲의 천이(遷移) 과정은 문화예술이 애써 일구어 놓은 도시공간이 상업자본으로 대체되는 도시 재생의 과정과 흡사하다. 문화예술로 특정 지역이 활성화가 이뤄지면, 부동산 가격과 임대료가 올라가고, 결국 문화예술 활동이 어렵게 되거나 예술가 그룹이 추방되는 이른바 젠트리피케이션(Gentrification) 현상이 일어난다. 대학로와 홍대입구를 문화공간으로 활성화시킨 주역도 이곳에서 입주하여 활동한 문화공간과 예술가들이었다. 홍대입구와 대학로에 유흥

* 경인일보 | 2016. 2. 2.

상권이 늘어나면서 창작실 임대료가 급격히 오르자 새 영토를 물색하던 예술인이 찾은 곳이 문래동의 철공소 거리였다. 그런데 문래동도 지역상권이 살아나 상업공간이 하나 둘 늘어나고 있어 개척자들은 조만간 또 다른 박토(薄土)를 찾아 떠나가야 할 운명이다.

인천 신포동과 개항장 문화지구에 그 같은 역설이 반복될 조짐이 역력하다. 구도심의 낙후한 풍경과 다소 쓸쓸하지만 덜 번잡스러운 거리, '착한 가격'에 손님을 반겨주는 정겨움, 예술인들이 작업하기에 적당한 공간들이 있었다. 예술인 레지던시 공간과 문화 기관이 자리 잡고 특색있는 갤러리와 북카페와 공방들이 하나둘 생겨나면서 일대의 상가가 되살아나고 어두웠던 골목길이 한층 밝아졌다. 또 인천 내항 개방과 인천시와 국토부의 도시재생프로젝트가 가시화되면서 지역 명소로 바뀔 것이라는 기대가 높아지고 있다. 그런데 여기까지이다. 최근 2~3년 사이에 상가건물의 매매가와 임대료는 30%가량 올랐으며, 5년 전과 비교하면 50% 이상 치솟았다. 문화공간과 예술인들의 새로운 입주는 물론 유지도 어려운 실정이다.

도시 재생의 관점에서 보면 빈곤 지역 또는 재개발 필요 지역이 자연스럽게 개발의 물살을 타게 만드니 당장은 균형발전의 목적을 이룬 것처럼 보인다. 이 과정에서 건축주나 땅 주인들, 부동산업자들은 상당한 혜택을 누릴 수 있다. 그런데 과연 '남은 자'들의 행복은 지속가능할까? 문화가 없는 도시, 특색 없는 동네가 오래 번성하기는 힘든 법이다. 결국, 지역사회의 입장에서는 큰 손실이다. 특성화해야 할 마을을 프랜차이즈의 영토로 훼손(毁損)시켜버렸기 때문이다.

그런데 문화예술이 추방된 자리는 특색 없는 상업지구일 뿐 고유의 장소성은 사라지고 매력도 퇴색하게 된다. 추방되는 것은 문화예술인 뿐 아니다. 비싼 임대료로 인해 전월세로 살고 있는 지역주민들도 떠나야 한다. 장기적 관점에서 보면 큰 손실이다. 프랜차이즈로 대체된 문화지구를 관광객이 찾을 리 만무하기 때문이다.

정책 전환이 시급한 시점이다. 보조금이나 임대료 융자와 같은 소극적 지원정책으로는 상업자본과 경쟁할 수 없다. 앞으로는 인천시와 중구가 개항장 문화지구의 중요한 건물들을 직접 매입해야 한다. 매입한 건물은 지역특성을 대표할 수 있는 앵커시설로 조성하여 소상공인이나 문화예술인들에게 임대하여 안정적으로 활동할 수 있게 하는 것이다.

이케아 스타일과 한국인의 공작본능

이케아의 기세가 예사롭지 않다. 지난해 12월 18일 경기도 광명시에 1호점을 연 다국적 가구 기업 이케아 코리아가 최근 밝힌 경영 성과에 의하면, 올 한해 총 3080억 원의 매출액을 올렸다고 한다. 누적 방문객은 총 670만 명, 회원프로그램인 이케아 패밀리로 등록한 고객도 60만 6천 명으로 집계됐다. 관련 업계의 매출 추산액이 2천억 원이었다는 점과 메르스 여파로 인한 유통업 수요침체까지 감안하면 이례적인 성과다. 경기연구원의 발표에 의하면 수도권 성인남녀 10명 중 4명이 이케아를 방문한 것으로 나타났다. 경기도 고양시를 비롯한 지자체들이 이케아 모시기에 나선 것은 지역경제에 미치는 파급효과가 워낙 크기 때문이다.

이케아 광명점이 문을 열었을 때, 60개의 쇼룸에 직원을 배치하지 않은 전시장 운영 전략을 회의적으로 보았다. 그런데 이 '무관심 컨셉'이야말로 성공 요인의 하나로 분석되고 있다. 우리나라의 일반 매장에서 보는 과잉 친절이나 지나친 호객행위는 고객의 선택을 방해하는 요인이 된다. 가구는 용도, 가구의 재료와 색깔과 기능과 디자

* 경인일보 | 2015. 12. 22.

인, 주택의 구조, 가격 등 복합적 요인을 동시에 고려해야 하므로 차분히 생각하면서 선택해야 하는 상품이다. 이케아는 매장 고객들에게 쇼룸부터 충분히 둘러보고 구매하라고 안내하고 있다. 이 '의도적 무관심'에 대해 불편하다는 고객도 적지 않지만 대부분은 자율적 선택을 위한 '배려'로 받아들인다.

이케아가 파는 가구는 반제품이다. 차로 싣고 가서 조립해야 하는 '불편한' 상품이다. 부품을 나사나 볼트를 조립하는 수고를 가격만으로 설명하기 어렵다. 어쩌면 이케아는 가구를 판 것이 아니라 현대인에게 결핍된 자아 존재감, 예들 들면 대량생산된 완제품과 서비스의 홍수 속에서 한동안 잊어버렸던 공작본능(Homo Faber)을 자극하면서 내가 '선택한' 물건, 내가 '만든' 물건이라는 감성을 소구(訴求)하는 데 성공한 것이 아닐까? 이케아의 성공 요인은 친환경재료 사용, 구성품을 플랫팩(Flat-Pack)에 포장함으로써 창고 공간을 최소화하여 유통과 매장 관리비용을 줄인 원가절감 전략, 1인 가구의 증가, 가구를 내구재가 아니라 소비재로 인식하는 라이프스타일의 변화 등 다양하다.

그런데 일본이나 중국에서 외면받은 이케아가 한국 상륙에 성공한 요인은 무엇일까? 중국 소비자들은 막 완제품과 자본주의 서비스의 단맛을 맛보고 있는 단계라는 점, 반대로 일본인들은 이미 다양한 방법으로 DIY를 실현하고 있었던 사정한 요인일 수 있다. 일본의 DIY 스토어는 4천여 개에 달하며 매출액만 32조 원에 달할 정도이다. 도시별로 건립된 시민 예술촌을 이용하는 일본인들의 공예품 제작 수준은 거의 장인급이다.

한국의 미디어를 달구고 있는 리얼리티 프로그램 가운데 다양한 요리방법을 소개하는 이른바 '먹방' 프로그램도 공작본능을 자극하는 것으로 보인다. 사실 한국인이 즐기는 음식의 상당수는 반제품이다. 비빔밥이나 냉면, 찌개류나 구이류 심지어 짜장면도 먹는 사람의 손길로 완성된다. 한국인의 타고난 공작본능은 여가시간이 늘어나면서 새로운 생활 스타일로 자리 잡을 가능성이 있어 보인다. 어쩌면 유별난 공작본능을 제대로 발휘할 여건이나 여유가 없었던 것이다. 앞으로 생활문화예술 지원 정책을 본격적으로 추진한다면, 우리의 여가문화가 한층 창조적이고 생산적 문화예술 활동으로 꽃필 것이라고 '예언'해 본다.

예술가의 노동가치에 대한 편견

고(故) 구본주 사건 소송이 마침내 종결되었다. 리얼리즘 예술의 갱신을 위해 고투해온 청년 조각가 구본주는 재작년 9월 29일 새벽 교통사고로 사망했다. 유족들은 보험사인 삼성화재를 상대로 손해배상을 청구했고 법원은 피해자 과실 25%, 예술가 경력 5~6년, 정년 65세 등을 고려한 원고일부승소판결을 내렸다. 삼성화재 측은 이에 불복 피해자 과실 70%로, 예술가 경력을 인정할 수 없으며, 구본주의 정년은 60세로 산정해서 보상해야 한다는 요지로 항소했다. 이 사건 소송은 지난달 삼성화재 측의 소송 취하로 일단락되었지만, 예술가의 삶과 노동가치에 대한 우리 사회의 통념을 성찰하는 계기로 삼아야 한다.

구본주는 모란미술작가상을 수상한 1995년을 기점으로 잡아도 8년간 활동해왔다. 그의 경력 기간을 산정하는데 시비가 있을 수는 있으나, 보험사 측은 객관적으로 활동해온 경력을 아예 인정할 수 없다고 주장했다. 어딘가에 고용되어 있어야만 경력으로 인정할 수 있다는 논리인 것이다. 예술가는 그 자체로 하나의 직업이다. 예술가들

* 인천일보 | 2005. 12. 1.

이 별도의 직업을 갖지 않는 것은 대부분 창작 활동에 전념하기 위해서이다.

보험사 측이 구본주의 가동연한(정년)을 60세로 해야 한다고 주장하면서 내세운 근거는 그가 주로 창작한 작품이 육체적 노동을 요구하는 대형 상징물이기 때문에 육체적 노동을 주된 업무로 하는 직종의 정년을 적용해야 한다는 것이었다. 만약 로댕이 교통사고를 당했다면 채석공의 정년을 적용하고, 셰익스피어가 교통사고를 당하면 필경사(筆耕士)의 정년을 적용해야 한다고 주장하는 격이다.

문제는 이번 사건이 보험금 지급을 줄이기 위한 한 보험사의 과잉 대응으로만 치부할 수 없다는 점이다. 우리 사회는 예술가의 삶과 예술 작품에 대해서 높은 관심을 보이는 것 같지만, 정작 예술가의 궁핍은 당연한 것으로 받아들이고 있기 때문이다.

또 다른 편견은 예술가의 노동을 오직 예술가 자신을 위한 행위로 인식하는 것이다. 한 개인의 삶을 거는 직업적 예술 행위를 취미 활동과 동일시하기 때문에, 예술 활동의 사회적 가치는 망각한다. 예술은 물신주의로 가득한 우리의 삶을 성찰케 하고, 비인간화로 치닫는 사회의 모순을 직시하며 끊임없이 인간다운 삶이 무엇인지를 환기하는 역할을 해왔다. 그러나 이들의 사회적 기여는 오직 눈에 보이지 않는다는 이유만으로 무시당하고 있는 것이다.

예술가 없는 사회를 한번 가정해보라! 우리가 지금 일상적으로 사용하는 세련된 한국어가 하루아침에 이루어진 것인가. 거기에는 시인과 소설가와 같은 언어예술가들의 피와 땀이 스며있다. 80년 전에 사용되었던 국한혼용문체를 떠올려 보면 금방 알 수 있다. 미술과 음악과 같은 기초 예술도 마찬가지이다. 예술 작품은 작품이 추구하는 주제 의식을 통해 사회를 각성시키는 한편, 예술의 질료가 되는 시·청각 매체의 기능과 환경을 개선하는는 일을 해왔다. 그 효과는 상품의 생산과 같은 경제에까지 파급된다.

  직업 예술가의 활동은 사회적 노동임에도 불구하고 정작 그것을 낳은 예술가들의 삶은 '사회적으로' 방치되어 있다. 이제 예술 노동의 가치를, 그리고 그들의 생활을 중요한 의제로 삼아야 할 때가 되었다. 성숙한 사회라면, 예술가들의 삶과 창작환경을 돌아보지 않고 문화예술의 발전을 운위하지 않을 것이다. 그런 사회는 나무는 돌보지 않고 열매만 따 먹겠다는 '잔인한' 사회이기 때문이다.

산으로 가는 대학 특성화

　수도권 및 지방대학 특성화사업의 시행을 앞두고 대학별로 예술관련 학과 통폐합을 둘러싼 갈등이 심화되고 있다. 대학특성화사업은 본래 국내 대학들이 학과설치, 학생선발, 교육과정운영 등에 있어서 특성과 차별성이 없고, 모든 대학이 전 학문 분야에 걸쳐 백화점식으로 학과를 설치 운영하고 있으며, 그에 따라 대학 교육의 획일화가 초래되고 있다는 진단에서 출발한 사업이었지만 결점이 한둘이 아니다. 3월달에는 서일대 연극과와 문예창작과 폐지 방침이 알려졌으며 서울 시내 사립대를 비롯한 여러 대학에서 예술 관련학과 통폐합을 둘러싼 내부 진통이 심각한 실정이다. 현재 교육부는 '수도권 및 지방대학 특성화 사업'을 추진하면서 평가 지표에 정원감축 가산점을 부여하고, 대학별 졸업생의 취업률을 반영하고 있다.

　이 사업에서 가장 중요한 지원 기준은 대학별 구조조정 결과에 대한 가산점이다. 2017년까지 10% 이상 감축시 5점, 7~10% 미만 4점, 4~7% 미만 3점을 반영하는데, 이 같은 정원감축이 사업단 선정의 결정적 변수가 되고 있다. 재정이 어려운 대부문의 지방대학은 이 사업

---

* 인하대학신문 | 2014. 5. 6.

에 목을 매달 수밖에 없다. 대학의 규모와 특성을 고려하지 않고 감축 인원만 평가하여 일률적으로 정원감축만 유도하는 사업이 되고 있으며, 대학에서 취업률이 낮은 예술계열 학과를 통합 또는 폐과하는 사태마저 초래하고 있는 것이다.

특히 예술분야 학과의 평가기준을 취업률로 삼는 것은 예술분야의 직업특성이나 현실과는 동떨어진 탁상행정이 아닐 수 없다. 문화예술관련 졸업생들은 상당수가 자유직업인 예술가로 활동하며, 설사 취업을 한다 해도 4대 보험을 납부해줄 수 있는 규모의 직장이 예술 분야에서는 거의 없기 때문이다. 예술학과 학생들의 취업률을 대학 평가에 반영해 논란을 빚은 것은 이번이 처음이 아니다. 교육부는 2011년 9월 학자금 대출 및 재정지원 제한 대학을 선정하는데 취업률을 주요 평가 기준으로 삼았고, 예체능 관련학과 비중이 높은 대학들이 상대적으로 낮은 평가를 받게 돼 반발을 부른 적이 있었다.

대학 특성화가 대학의 자율성을 훼손할 우려는 그뿐만이 아니다. 현행 평가 지표 가운데 대학의 시스템 개혁 분야에 학과통폐합이 포함되어 있으며, 대학 거버넌스 및 인사행정 제도 혁신 분야에는 국립대학의 총장직선제 관련 규정을 폐지하지 않을 경우 각종 지원의 불이익을 주겠다는 내용도 포함되어 있다. 이 때문에 대학가에서는 초등학교 반장도 직선제로 뽑는데 대학 총장을 간선제로 선출해야 하느냐는 자조 섞인 불만도 터져 나오고 있는 실정이다. 대학의 열악한 재정 상황이라는 발목을 잡고 대학 운영 구조를 정부의 입맛에 맞게 바꾸려 한다는 불만이 높아가고 있다.

미래사회는 융합형 창의 인재를 필요로 하는데, 창의성과 상상력의 중요한 토대는 문화예술이다. 문화예술 역량은 창조화사회의 기반이기 때문에 지금은 문화예술발전에 투자를 늘리고 특히 문화예술교육의 질적 양적 확대가 이뤄져야 할 시점이다. 특히 지역문화발전을 위해서 문화예술의 전문인력 양성이 절실한 실정이며, 그 역할을 대학이 맡을 수밖에 없다. 사정이 이런데 대학교육현장에서는 인문예술관련 학과의 통폐합이라는 역주행 현상이 벌어지고 있는 것이다. 이는 향후 한국의 문화 경쟁력에 치명적인 약점이 될 공산이 크다.

　정부는 취업률 중심의 대학 평가 정책을 철회하고 대학이 본연의 창의 인재 양성 기능을 다 할 수 있도록 지원 방향을 다시 설정해야 할 것이며, 부작용을 낳고 있는 대학특성화사업의 추진 방향은 시급히 수정해야 할 것으로 보인다. 지금의 대학 평가제도는 박근혜 정부의 국정과제인 문화융성과 모순되는 내용을 담고 있어 자가당착의 우를 범하고 있다. 한편 대학도 교육부의 평가 기준에 맞춘 획일적인 구조조정 계획을 지양하고 미래지향적인 인재 양성을 목표로 대학을 운영해 나가야 한다.

태양을 만든 예술가

/

지난해 가을 감동적 뉴스 중의 하나는 노르웨이 리우칸 마을 이야기였다. 화제의 마을은 주민 3천 명 가량의 작은 도시로 산간 협곡에 위치해 있어서, 해마다 9월과 3월 사이에는 해발 1883미터의 산그늘에 가려 어둠의 마을이 된다. 마을 주민은 가을부터 겨울까지 햇볕을 쬐기 위해 곤돌라를 타고 산 중턱까지 올라가야 했다. 햇볕을 쬐지 않으면 비타민 부족으로 구루병에 걸리고 우울증도 심해지기 때문이다. 2005년에 이 마을로 이사 온 마르틴 안드레센이라는 설치예술가는 햇볕을 쬐러 산으로 올라가야만 하는 주민들을 보면서 산 중턱에 거울을 설치하여 마을을 비추는 아이디어를 제안했다. 처음 마을 사람들은 실현 가능성도 믿지 않은 데다 큰 예산이 투입되는 것도 탐탁지않게 여겨 귀담아듣는 사람이 없었다고 한다.

차츰 안드레센의 아이디어에 대한 예술가들과 주민들의 지지가 늘어나면서 마침내 인공태양거울 프로젝트를 추진하기 위한 기획단이 꾸려졌다. 리우칸 시장도 태양거울 프로젝트를 받아들이게 되면서 약 9억 원에 달하는 모금이 이뤄져 결국 실험은 성공하였고, 리우칸

---

* 경인일보 | 2013. 12. 31

마을은 어둠에서 해방되었다. 리우칸 마을의 인공태양거울 이야기가 노르웨이 국내는 물론 외국에까지 알려지면서 이를 보러 방문하는 국내와 관광객으로 늘고 있다. 어둠의 마을이 일약 관광명소로 바뀌어 거울이 주민 소득에도 보탬이 되는 일석이조가 된 것이다.

리우칸 마을의 인공태양거울프로젝트는 한 예술가의 아이디어에서 출발하였지만, 자신의 이웃과 삶터에 대한 배려와 고민의 결과이다. 이처럼 문화예술인의 상상력이 도시에 커다란 영향을 주는 사례가 적지 않다. 상당수의 예술인들은 자신이 살고 있는 공간과 장소를 관조하고 투시하면서 작업하기 때문에 도시공학자만큼이나 자신의 삶터를 바꿀 수 있는 아이디어를 가지고 있다. 서울시의 청계천 복원 아이디어를 처음 제시하고 시민적 공감대를 형성한 것은 돌아가신 소설가 박경리 선생이었다는 사실을 아는 사람은 많지 않다. 만년에 생명사상을 실천하는 일에 앞장선 박경리 선생은 청계천을 생태하천으로 복원하는 시민모임을 오래 이끌었는데, 을씨년스런 고가도로를 철거하는 대신 청계천에 생명을 불어넣는 방안을 제시했다. 박경리 선생이 꿈꾸었던 청계천은 시냇물을 복원하여 수달과 너구리가 살 수 있고, 천변에는 상추를 심고, 한국적인 주택을 세워 우리 문화, 생명 존중의 자연주의적 공간을 수도 한복판에 만드는 것이었다.

최근 욕망의 정글로만 여겨온 도시에 새로운 흐름이 나타나고 있다. '마을만들기' 사업이 그것이다. 그동안 투자의 수단으로 여기던 주택과 투기의 눈으로만 바라보던 구도심 지역을 사람들이 사는 '마을'로 만들어 보려는 시도들이 다양하게 이뤄지고 있다. 금융위기 이후 침체된 부동산 경기 때문에 중단된 재개발 사업의 대안으로 선택한 고육지책인 경우도 있다. 그러나 몇몇 지역에서는 마을의 문제를 지역운동가들과 주민들이 스스로 해결하며 공동체를 회복해가는 사례가 나타나고 있다.

예술가들은 자신이 살고 있는 공간에 대한 관심이 높으며 기존의 공간을 창의적으로 해석하여 새롭게 표현하려는 경향이 강하다. 또 예술가들의 활동은 그 자체로 일반 시민들의 관심이 되며, 이들의 자유로운 표현과 행동도 주민들의 관습화된 일상에 변화를 줄 수 있는 계기가 된다.

예술인과 마을의 관계가 늘 조화로운 것은 아니다. 예술인들의 활동이 주민들과 갈등을 빚는 경우도 적지 않다. 또 홍대 앞을 문화의 거리로 만든 예술가들처럼, 예술인들의 활동으로 쇠락한 도심이 활성화하게 되면 높아진 작업실 임대료를 감당하지 못해 쫓겨나는 역설적 상황도 발생한다. 이런 역설을 알면서도 구도심의 미로 같은 골목길을 누비고 다니는 '마을예술가'들이 있다. 새해에는 마을 예술가들처럼, 리우칸 마을을 밝힌 안드레센처럼, 시민들도 자신이 살고 있는 도시와 마을을 찬찬히 돌아 봤으면 좋겠다.

생활문화 지원 정책이 절실하다

국내 도시들은 비중은 조금씩 다르지만 대부분 문화도시를 중요한 목표로 설정하고 있다. 문화예술을 발전시켜 시민의 삶의 질을 높이고 도시발전의 동력으로 삼겠다는 전략이다. 문화도시란 시민들의 문화향유의 양적 질적 확대는 물론 대다수의 시민들이 문화 창조의 주체가 되어 자율적이고 일상적인 문화활동을 할 수 있는 상태를 말한다. 그런데 정부와 지자체의 문화정책은 문화예술 인프라 확충을 통한 문화예술 향유 수준을 향상시킨다는 하드웨어 위주의 '고색창연한' 방법을 크게 벗어나지 못하고 있다. 전문예술인들은 문화예술 작품을 창작(생산)하고 시민들은 그 생산물을 향유(소비)하며 정부를 비롯한 공공영역은 이 향유 활동을 확대할 수 있는 공간인 문화시설을 확충한다는 전략인 것이다.

이 같은 공급자 중심의 정책은 대다수의 시민들을 문화예술의 수동적 소비자로만 머물러 있게 만든다. 시민은 문화예술을 일상적으로 향유하는 소비자를 넘어 문화예술의 능동적 주체가 될 수 있도록 해야 한다. 문화예술 지원 정책에서 문화예술 활동을 주체를 기준으

---

* 경인일보 | 2013. 11. 20.

로 직업적이고 전문적인 문화예술가나 그 활동과 아마추어적 문화예술로 구별하고 있지만, 문화예술 활동 현장에서 그 차이는 점차 줄어들고 있는 추세이다.

문화예술 통계를 보면 인천시민의 경우 동호회 참여 경험은 8.7%이며, 문화예술 동호회 활동을 희망하는 비율은 약 30%에 달하고 있다. 시민문화 활성화는 이러한 시민들의 자발적 노력을 어떻게 지원하는가에 달려 있음에도 불구하고 이에 대한 지원정책은 아직 초보적 수준에 머물러 있다. 정부나 지자체가 생활체육에 대해 보이는 관심이나 지원 규모를 감안하면 생활문화에 대한 관심이나 지원은 극히 저조한 실정이다.

이제 문화예술의 향유자나 대중문화의 소비자, 객체에 머물러 있는 시민들을 문화예술의 능동적 주체, 생산의 주체가 되도록 지원하는 일을 문화예술 정책의 중요한 목표로 설정해야 할 시점이다. 생활문화의 활성화를 통해 시민들은 물질적 성공신화의 유혹, 속도에 대한 강박중에서 벗어나 자신의 삶을 관조하고 성찰하며 대안적 생활스타일을 만들어나가며 스스로 삶의 질을 향상시킬 수 있다. 시민문화의 활성화는 시민들의 취미활동을 지원하는 데서 그치는 것이 아니라 쇠퇴한 구도심을 재생하는 동력으로, 창조경제와 관광을 활성화하는 원동력이 될 수 있기 때문에 더욱 중요하다. 일본 가나자와시(金澤市)는 시민문화 활성화를 통해 도시 발전을 이룬 대표적 사례이다. 가나자와시는 시민 생활문화를 효과적으로 지원하기 위해 섬유산업 공장 건물을 리모델링하여 시민예술촌을 조성한 뒤 시민들에게 제공하였다. 시민예술촌을 창작연습과 발표공간 등 다양한 장르의 공방으로 꾸며 시민들이 연중무휴로 사용할 수 있도록 한 것이다. 가나자와 시민예술촌은 시민들 스스로 문화를 창조하는 주체가 되는 거점, '창조계급의 산실'을 만들어 낸 사례이며, 이 창조적 에너지는 지역의 공예산업과 문화산업으로 연쇄 파급되고 있으며, 시민예술촌 자체가 외지인의 중요한 방문 장소가 되어 관광산업에 미치는 효과도 막대하다.

  시민 생활예술을 지원하기 위해서는 우선 실태조사를 통해 시민들의 자발적 문화 활동 현황과 정책 수요를 조사한 다음 필요한 제도적 정비와 재원을 마련하는 것이 순서이다. 시민들의 자발적 문화예술 활동에 가장 기초적인 지원은 창작 교육, 연습, 공방, 발표에 필요한 복합문화공간(시민예술촌)을 지원하는 것일 터이다. 다만 이러한 시민예술촌조성 사업은 상당한 예산이 소요되므로 단계적으로 접근해야 하며, 체육시설과 유휴공간이나 폐공장을 활용하는 것이 바람직하다. 시민 생활문화에 대한 지원을 통해 더 많은 시민들이 창조적 예술활동을 하고, 예술활동을 생활화할 수 있는 효과적 지원 정책이 절실한 시점이다.

잠들어 있는 지방기록물관리법

검찰이 경기도 성남에 있는 국가기록원을 압수 수색한 지 나흘째이지만 대통령기록물을 확인했다는 소식은 들려오지 않는다. 국정원의 대선개입 논란이 노무현 대통령의 NLL 포기 논란으로 옮겨붙자, 국정원에서 대화록 사본을 전격적으로 공개한 이후 대화록 실종사건으로 번진 것이다. 국정원 대선개입 관련 국회의 국정조사는 여야 사이의 설전만 오갈 뿐 사실관계가 규명될 조짐은 없어 보인다. 결국, 대통령기록물 실종이라는 국가적 망신만 부각된 셈이다.

일련의 사태 전개에서 우리의 국가기록물을 대하는 자세와 기록물 관리수준에 심각한 문제가 있음이 드러났다. 특히 국가기록물을 정쟁의 재료로 사용하려는 의도는 우려스럽다. 이번 논란으로 대통령기록물관리법을 제정한 취지가 크게 훼손되었으며, 이번 대화록 공개 사건을 보면서 대통령들은 가급적 기록을 남기지 않으려 할 것이기 때문이다. 국가기록물 관리 차원에서 보면 커다란 손실이다. 여야는 정파적 관점에서 벗어나 국가기록물을 역사의 '귀감(龜鑑)'으로 삼으려 했던 본연의 취지를 되돌아보고 제도의 문제점이 있다면 보완

---

* 경인일보 | 2013. 8. 20.

해야 할 것이다.

지방의 기록물 관리도 풀어야 할 과제이다. 우리나라는 해방 이후 현재까지 지방자치단체의 기록들이 제대로 관리되지 않고 있다. 지자체들은 대부분 기록보존소를 설립하지 않고 있으며 관리를 위한 기구나 예산, 전문 인력도 제대로 배치되지 않고 있다. 지방의 기록관리는 증명서 발급에 필요한 근거 문서뿐이다. 공공기관이 생산한 문서는 보존 기간이 지나면 대부분 폐기되고 일부 영구보존문서만 정부기록보존소로 이관된다. 지방자치제가 시행된 지 20년이 되어가는데도 아직 기록의 지방자치화는 요원하다. 지방 자신의 기억을 중앙(정부)에 맡겨두고 있는 셈이다. 지방 아카이브는 우리가 만들고 있는 문화유산을 보존하는 박물관이자 언제든지 열어볼 수 있는 타임캡슐이라 할 수 있다. 지자체가 생산한 행정기록 뿐 아니라 역사와 문화 시민생활 기록물들을 체계적으로 수집, 분류, 보관한다면 행정업무의 효율화와 투명화를 이룰 수 있다. 그리고 시민들의 지방에 대한 이해도를 높이고 지방의 정체성을 확립하는 효과도 얻을 수 있다.

사실 지방기록물 관리를 위한 제도적 장치는 이미 마련되어 있다. 2007년에 개정하면서 「공공기록물관리에 관한 법률」에 전국 16개 광역시도는 시·도 기록물 관리기관의 설치를 의무화하고 기본계획을 수립할 것을 명시하였다. 지방기록물 관리기관 설치와 운영에 필요한 경비 일부를 국가가 보조할 수 있다는 재정지원 근거도 명문화되어 있으며 기록물관리 전문요원을 배치하라는 추진 일정도 제시되어 있다. 지방기록보존소 설립 논의는 법 제정까지만 활발히 이뤄지고 정작 법 제정 이후에는 실종되고 만 것이다. 기록물에 대한 지방자치단체의 인식이나 의지부족이 한 요인이지만 재원 부족을 내세워 지자체의 계획을 반려한 중앙정부의 탓이 크다. 잠들어 있던 이 법을 깨운 것은 서울시이다. 박원순 시장이 열린시정을 위한 주요 사업 중의 하나로 전국지방자치단체 중 최초로 기록원 건립을 추진하고 있다. 그러나 총예산 1천억 원 중 500억 원의 국비 지원을 받는 문제로 정부와 의견차가 좁혀지지 않아 답보상태에 머물러 있다.

기록관리를 철저히 하게 되면 투명하고 책임 있는 행정이 가능하다. 누구나 지방행정과 관련되는 기록을 열람할 수 있고, 그 기록을 토대로 연구자는 더 현실적인 대안을 찾을 수 있다. 이것은 절차적 민주주의를 넘어 우리가 도달해야 할 진정한 민주주의를 달성할 수 있는 첩경이다. 기록물을 체계적이고 과학적으로 관리하지 않고서는 선진사회가 되기 어렵다는 점은 최근의 대통령기록물 논란에서도 확인되었다. 지방 기록문화유산과 지자체가 생산하고 있는 기록들을 자체적으로 보존할 수 있는 기록보존소 설립에 대한 논의를 다시 시작해야 할 때이다. 정부는 법 제정의 취지를 살릴 수 있도록 지방정부의 기록물 관리기관 설립 요청에 적극적 지원으로 화답해야 할 것이다.

이야기로 회복하는 공동체

도서관 관련 검색을 하다 보니 '걸어다니는 도서관' 사업을 확대한다는 기사가 눈에 띄었다. 새로운 방식의 이동도서관으로 지레짐작했는데 실은 주민들이 집에서 걸어서 다닐 수 있는 가까운 거리에 마을 도서관을 건립하는 사업이었다. '걸어' 다니는 도서관이 아니라 '걸어서' 다니는 도서관이었다. 요즘말로 '낚인' 셈이다.

진짜 '걸어다니는 도서관'은 노인들이다. "노인 한 사람이 죽으면 도서관 하나가 불타 없어진 것이다"라는 소말리아 속담이 있다. 노인을 도서관에 비유한 소말리아 속담은 사람이란 사람에게 배우고 사람에 기대어 산다는 지극히 평범한 사실을 새삼스럽게 깨닫게 만든다. 사람이야말로 지식과 지혜의 원천이므로 갑년(甲年)을 넘기고 살아온 분들이 온축한 경험과 지혜야말로 생생한 책이다. 꼭 공부를 많이 한 박식한 노인이나 사회적 지위가 높다고 '도서관'이라고 말하는 것은 아닐 것이다. 평범하게 살아온 분들의 삶과 경험도 소중하다. 오히려 소박하게 살아온 분들의 삶과 꾸밈없는 이야기가 감동적인 경우가 많다.

---

* 경인일보 | 2013. 6. 11.

전통사회에서 노인은 갈등의 조정자요, 난제를 해결하는 해결사였다. 설화 속의 주인공들이 위기에 처했을 경우 '수염이 허연 백발노인'이 나타나 해결의 실마리를 주는 경우가 많다. 마치 일상생활에서 할머니가 만능 해결사였듯이. 지혜의 상징이었던 노인에 대한 존경이 급격히 옅어진 것은 농경 공동체가 해체되고 성장 만능주의 사회로 바뀐 탓이다. 노인 대신 '어르신'이라고 부르자는 제안이나 고령(高齡) 대신 '실버'라는 말을 사용하는 것도 기실 노인에 대한 관념의 변화를 반영한 것이다.

그런데 몇 년 사이 '욕망의 도시'에서 중요한 성찰의 흐름이 일고 있다. 투자의 수단으로 여기던 집과 투기의 대상으로만 여기던 땅을 사람들이 사는 '마을'로 만들어 보려는 움직임이다. 아직은 침체된 부동산 경기 때문에 재개발의 대안으로 선택한 고육지책인 경우도 있다. 그러나 몇몇 지역에서의 마을의 문제를 주민들이 스스로 해결하고 무너진 공동체를 회복해가는 사례가 나타나고 있다.

마을 공동체 회복 과정에서 이야기꾼의 역할이 중요하다. 마을 이야기꾼은 마을이 변해온 이야기와 마을에 살았던 사람들의 이야기를 전해주는 음유시인이다. 한 마을에 오랫동안 살아온 분들, '걸어다니는 도서관'이 들려주는 이야기를 통해 마을 구성원들이 소통하고 이야기를 바탕으로 축제나 문화행사를 기획할 수 있다.

이야기는 서로 다른 세대가 대화하는 마당이 될 수 있다. 핵가족화로 인해 대부분의 아이들은 할아버지 할머니와 생활해보지 못하고 자란다. 이들은 부모세대의 지혜에만 의존해야 하니 생각이나 간접 체험의 폭이 좁아질 수밖에 없다. 초중등학교 학생들에게 할머니 할아버지가 이야기를 들려주는 프로그램을 마을 단위로 기획해서 추진해봄직하다. 도시에 곳곳에 어른들의 이야기가 꽃핀다면 그곳은 '마실'이 된다. 이런 이야기 프로젝트는 아이들에게 사유과 경험의 폭을 넓혀 줄 뿐만 아니라, 꼭 동화책이나 설화집에 나오는 이야기일 필요는 없다. 구술자 자신이 살아온 이야기, 직접 보고 체험한 이야기도 재미있는 이야깃거리이다. 우리말의 특성에 맞는 생활 언어를 익히게 하는 부수적 효과도 있다. '옛날 옛날 한 옛날에'로 시작하는 옛날이야기의 리듬은 사실 민요의 가락과 같다

마을의 이야기를 기록하는 일도 중요하다. 특히 마을에서 오래 살아온 분들이 세상을 뜨기 전에 삶에 대한 이야기를 듣고 기록하는 일을 해야 한다. 이 같은 구술채록사업은 지자체 단위별로 추진해야 한다. 광역시도나 기초자치단체 차원에서 진행하는 것과 별개로 마을 단위에서 구술채록사업을 진행해야 한다. 가정에서도 집안 어른의 이야기를 차분히 듣고 기록해 둘 필요가 있다. '걸어다니는 도서관'들이 이야기할 수 있는 공간과 프로그램, 이야기를 기록하는 구술채록 사업, 이야기를 편찬하는 마을지(誌) 사업이 마을마다 이뤄졌으면 좋겠다.

문화기본법과 문화재정

박근혜 대통령이 취임사에서 문화 분야를 주요 국정 목표로 선정한 것은 고무적이다. 새 정부는 '경제부흥'과 '국민행복' 그리고 '문화융성'을 통해 새로운 희망의 시대를 열어갈 것을 선언했다. 이명박 정부의 5대 국정지표에 문화가 빠져 있었던 것과 비교하면 그 비중은 전례 없이 높아진 것이다. 새 정부가 문화 분야의 과제를 국정의 주요 목표로 채택하게 된 데에는 한류 문화의 세계화로 한국의 문화적 자긍심이 높아지고 있으며, 문화예술과 창의정신이 경제와 국력의 기초가 된다는 전향적 인식이 깔려있다.

박근혜 대통령은 선거 기간 중 임기 내 문화재정 2% 달성을 목표로 단계적으로 확대한다는 공약을 제시했고 인수위원회도 이 과제를 비중있게 다루면서 문화재정 2% 실현에 대한 기대감이 높아지고 있다. 인수위가 발표한 국정과제에서도 문화 분야 과제가 비중 있게 다뤄짐에 따라 문화재정 2% 실현에 대한 문화계와 국민들의 기대감은 높아지고 있다.

문제는 재원이다. 문화부의 올해 예산은 역대 최대인 4조 1천억 원으로 정부재정에서 차지하는 비율은 1.22%에 불과한 형편이다. 문화부는 지난 2000년에 '문화재정 1%' 시대를 열었으나 이후 예산 확충을 재원 대책을 세우지 못해 지난 13년간 0.22% 증가에 그쳤다. 그만큼 문화재정 확대는 쉽지 않다. 더구나 박근혜 정부는 국정운영을 증세 없이 복지를 확대하겠다고 약속했기 때문에 문화재정 확대는 험로가 예상된다. 그렇다면 정부의 재정 부담을 완화하면서 문화재정 2%를 임기 내에 달성하는 방법은 획기적인 기금 재원의 확충방안을 별도로 마련하는 길밖에 없다. 새 정부는 "국민 모두가 문화가 있는 삶을 누리게 하겠다"는 목표를 제시하고, 그 일환으로 '문화기본법' 제정을 추진하기로 했다. 문화기본법에는 국민의 문화기본권을 보장하고 문화예술의 진흥을 국가적 책무를 규정하는 내용이 담길 것이다. 문화기본법이 제정되면 문화적 약자와 소수자에게 문화적 권리, 향유의 평등권을 법적으로 보장된다. 아마 최저 임금제처럼 국민들이 누려야 할 최소의 문화향유가 무엇인지도 논의될 것이다. 이 법이 지역문화진흥법, 문화다양성 보호증진법과 같은 연계법 제정이 성공적으로 추진된다면 그 파장과 효과는 대단히 클 것이다. 문화기본법 재정을 위한 노력은 국민의 정부, 참여정부를 거치는 동안 계속돼 왔으나 아직 실현되지 못한 법안이었다.

새 정부가 국민들에게 약속한 문화재정 2% 달성, 문화기본법을 비롯한 연계법안 제정 작업이 순조롭게 추진하기를 기대한다. 문화기본법은 문화의 가치로 사회를 치유하고, 지역과 세대와 계층 간의 문화 격차를 해소하고, 생활 속의 문화, 문화가 있는 복지, 문화로 더 행복한 나라를 만들겠다는 대통령의 약속과 문화 비전을 실현하는 시금석이기 때문이다.

기로에 선 문예회관 정책

문화예술회관 운영 정책이 일대 전환점을 맞고 있다. 가장 대표적 문화기반시설인 문예회관 시설현황은 2010년 말 현재 192개로 나타나고 있는데 이는 10년 전에 비해 두 배가량 증가한 것이다. 이 같은 결과는 정부와 지자체가 광역시도와 기초자치단체당 1개소 이상의 문예회관 건립을 목표로 확충하는 정책을 꾸준히 추진해왔기 때문이다.

인천의 경우 종합문화예술회관을 비롯하여 강화·계양·서구·부평구·남동구·중구에 문예회관이 건립되어 운영되고 있다. 다른 자치단체도 문화회관을 조성하거나 건립을 추진하고 있다. 몇몇 지자체는 지역 문화예술 활동의 거점인 문예회관이 없어 문화 활동의 어려움을 겪고 있다. 그런데 문예회관을 건립한 지자체도 운영비와 인력 부족으로 정상적인 운영을 하지 못하고 있는 실정이다.

문예회관은 공연과 전시를 중심으로 예술작품의 발표와 문화행사가 이뤄지는 복합문화예술 시설이기 때문에 전문인력으로 구성된 기관에 의해 운영되어야 한다. 그러나 대부분의 자치단체에서는 문예회관 운영비를 절감하기 위한 방안으로 시설공단에 위탁하여 운영하고

* 경인일보 | 2012. 3. 13.

있다. 이 경우 최소 인원으로 시설을 운영하기 때문에 비용절감 효과는 거둘 수 있으나, 공연장 대관 업무 위주의 소극적 운영에 머무를 가능성이 높다. 많은 예산을 투입하여 시설을 지어놓고 정작 가동은 하지 못하는 셈이니 이런 문예회관은 문화적 '전시물'에 가깝다.

그래서 수도권의 일부 지자체는 문예회관의 전문화와 효율적 운영을 명분으로 지역의 문예회관을 민간 위탁으로 전환하여 운영하고 있다. 이 경우 문예회관운영에 전문성과 자율성의 조화를 이룰 수 있다. 기획과 홍보는 물론 회관운영과 관련된 다양한 전문가를 필요에 따라 탄력적으로 채용할 수 있으며, 운영 기술도 축적될 수 있다. 그러나 위탁운영 업체로서 비용절감과 수익 창출에 급급할 경우 예술의 상업화와 공공성을 훼손할 우려도 높아진다.

공공 공연장이 경영 효율화를 추구할 경우, 결국 시장에서 흥행에 성공한 대중성 있는 문화예술을 주로 공연하는 상업공간으로 변질하게 되고 그것은 문화생태계를 단순화하는 역효과를 낳게 된다. 시민의 입장에서 보면 다양한 예술서비스를 받을 기회를 상실하는 것이며, 공연장은 특정한 예술 취향과 소비 능력을 갖춘 계층의 전유물이 될 수 있다. 한 문예회관이 흥행에 성공을 거둔 뮤지컬 중심의 공연만 계속한다고 가정해보면 그 폐해를 짐작할 수 있다.

이처럼 공공 공연장이 상업화하게 되면, 기초 예술과 순수예술, 실험적 예술 영역이 위축되거나 고사하는 현상을 초래할 가능성이 높아지게 된다. 결국, 문화생태계를 파괴하는 역기능을 수행하게 되는 것이다. 또 문예회관의 상업화는 지역 문예회관을 시울의 문화예술을 지역에 보급하는 역할로 제한하게 되는 경향을 띠게 된다. 이 같은 일방적 소통 기능으로 축소되면 문예회관은 지역 문화 발전의 '요람'이 아니라, 지역 문화를 서울 문화에 종속시키고, 자생성을 위축시키는 '무덤'이 될 수도 있다.

현재 각 지자체가 추진하는 문예회관 운영정책을 보면, 지자체 직영이나 시설관리공단에 위탁하는 소극적인 정책과 전문성과 효율성을 높이려는 민간 위탁과 같은 적극적 정책 사이에서 표류하고 있다. 문제는 두 운영 방식의 한계나 문제점이 뚜렷하다는 점이다. 이 같은 현실에서 광역 문예회관과 기초 문예회관을 연계통합운영하는 방안은 하나의 돌파구가 될 수 있다. 문예회관을 연계 운영할 경우, 예산 절감이 가능하며, 인력과 시설, 직영 예술단, 프로그램의 공유를 통해 풍부하고 다양한 문화서비스가 가능해진다. 군구의 문예회관은 문화권역별 특성과 구군별 특성이 있으므로 획일적 통합이 아니라 지자체별 특성화 전략을 기조로 단계적으로 추진해간다면, 문예회관 본연의 기능을 회복하는 한 우회로가 될 수 있을 것이다.

해양과학관과 옛 인천수족관

인천시민들이 국립해양과학관 유치 운동에 본격적으로 나섰다. 해양과학관은 해양도시인 인천이 진작 갖추고 있어야 할 시설 중의 하나다. 해양과학관의 입지 조건상, 유치경쟁을 벌이고 있는 부산이나 여수에 비해 인천이 객관적으로 우위에 있음은 분명하다.

인천시민은 물론 수도권에 거주하는 국민들이 쉽게 접근할 수 있을 뿐 아니라, 인천국제공항과 연계하여 대규모의 외국인 관광객을 유치, 단시일 내에 국제적 관광명소가 될 수도 있다. KDI나 해양수산부의 실무자들이 긍정적으로 평가한 것도 국내외적 접근성과 자립 가능성, 발전 잠재력을 고려한 결과일 것이다.

그런데 인천에 한국해양과학관의 효시인 초대형 수족관이 90여년 전에 이미 건립된 적이 있었다는 사실을 기억하는 이는 드물다. '인천수족관'은 공진회 행사의 일환으로 1915년 8월 20일에 인천 축항 부근의 매립지에 건립되었는데, 수족관의 내부에는 총 22개의 대형 수조(水槽)에 수백 종의 진귀한 해양동물을 전시하였다. 야외의 커다란 연못에는 대형 어류를 전시하였으며 부내시설로 휴게실과 귀빈실, 식

* 경인일보 시침분침 | 2003. 6. 16.

당과 화장실을 갖추었다 하니 당시로써는 굉장한 시설이었겠다.

'인천수족관'을 보기 위해 전국 각지의 관광객들이 인천으로 몰려와 연일 인산인해를 이루었다. 수족관 관람객들을 안내하기 위해 축현역(동인천역)과 인천역에 배치된 안내원들만 70여 명이나 달했으며, 이들은 수족관 관람을 끝낸 관광객들에게 인천항만 시설과 만국공원(자유공원), 관측소, 인천항에 정박 중인 군함, 송림동의 수도시설도 소개하였다고 한다.

인천수족관이 개관한 며칠 뒤에 희한한 사건이 있었으니, 바로 인천 앞바다에서 큰 고래 한 마리가 어부들의 그물에 걸려든 것이다. 산 채로 잡힌 이 고래는 인천수족관 연못에 넣어 전시되었는데, 그날부터 수족관 최고의 명물이 되었다고 한다. 『매일신보』의 보도를 보면, 당시의 관람객들은 온갖 해양동물로 가득한 인천수족관을 '용궁'의 재현인 것처럼 진기하게 여겼다 한다. 한 세기 전 인천에서 성대하게 펼쳐졌던 '해양체험행사'를 상기하면 지금의 인천항 일대는 참으로 황량하다. 해수욕객이 득실거리던 월미도 해변, 물 위에 뜬 음식점 용궁각, 해수 목욕탕(潮湯) 등은 간 곳이 없다.

인천시민들은 국립해양과학관 유치 운동을 계기로 해방 전 한국 최고의 근대적 종합레저타운이었던 이 일대의 영화가 재현되기를 간절히 고대하고 있다. 그런데 이 운동을 더 힘있게 펼치기 위해서는 건립부지를 둘러싼 이견을 먼저 해소해야 한다. 인천의 보배이자 수도권 주민들의 휴식처인 월미공원 내에 대규모 시설을 건립하는 것은 신중에 신중을 기해야 한다. 임해공원인 월미산은 그 자체로 천혜의 관광자원이기 때문이다.

쓰레기 폐기장을 '꿈의 경기장'으로 전환한 상암동 월드컵경기장이나, 시드니 올림픽파크를 타산지석으로 삼는 것이 좋겠다. 버려둔 곳이나 공해로 찌든 곳을 '생명의 땅'으로 되살리면서 세워진 시설들은 두고두고 만인의 갈채를 받을 수 있다. 물론 이러한 대안을 당장 찾기는 쉽지 않다. 그러나 온 인천시민들이 흔쾌히 동의하는 사업이 되기 위해서는 먼 길을 돌아갈 수도 있어야 한다.

건립부지에 관한 기존의 계획에 얽매이지 말고 원점으로 돌아가 모든 지혜를 짜내야 할 것이다. 한편 해양과학관의 입지로 볼 때, 인천이 명백한 우위에 있음에도 불구하고 일각에서는 정치적 판단이 끼어들어 일을 그르치지나 않을까 우려하고 있다. 이러한 우려를 불식시키기 위해서는 유치 운동의 범위를 확대할 필요가 있다.

한국관광학회의 설문 조사결과 수도권 주민들은 해양과학관 건립 후보지로 인천이 가장 적합하다고 판단하고 있음이 밝혀졌다. 해양교육과 관광의 기념비적 사업이 될 해양과학관 인천 유치를 성사시키기 위해 인천시민들의 서명과 함께 수도권 주민들의 지지를 확보하는 방법을 모색할 때이다.

익명의 가치에 대하여

정보통신부가 인터넷 게시판 실명제의 도입 여부를 검토하고 있다는 소식이 전해지자 이를 둘러싼 논쟁이 확산되고 있다. 지금까지 인터넷에 올라온 비방 음해성 글들이 위법적이라고 판단될 경우에는 IP 주소를 추적해서 수사해 왔지만, 인터넷의 영향이 확대되면서 근본적인 해결책을 강구하지 않을 수 없다는 것이 정통부의 입장이다.

인터넷 공간에서의 허위 정보와 언어폭력, 이로 인한 인권침해 사례가 증가하고 있어 이에 대한 대안의 마련이 필요하다는 주장에 반대할 사람은 없다. 그러나 실명제의 도입을 통해 문제를 해결하자는 방법론에 이르면 찬반의 경계가 뚜렷하게 갈라진다.

논쟁은 각종 인터넷 범죄의 원인에 대한 시각의 차이에서 비롯된 것이다. 실명제 도입론자들은 익명성이 그 원흉인 것으로 바라보고 있으나, 사이버상의 다양한 소통이 ID와 익명성에 기초하고 있다는 사실을 간과하고 있다. 인터넷이 직업과 신분, 연령과 성의 차별이 없는 자유로운 소통공간이 될 수 있는 것은 바로 ID만으로 대면하기 때문이다.

* 경인일보 시침분침 | 2003. 3. 17.

인터넷 실명제는 사회를 투명하게 만들어나가려는 금융실명제나 행정실명제와는 전혀 다른 것이다. 인터넷 실명제는 '표현의 자유'를 심각하게 침해하게 된다. ID 자체도 네티즌 개인들이 자신을 표현하려는 정체성이자 표현행위이다. 이는 문학작품 특히 서정시의 화자(Persona)와 흡사하다.

김소월의 본명은 김정식이다. 소월은 작품에서 또 다른 사람으로 분장한다. '진달래꽃'에서는 사랑의 파국을 염려하는 연인으로, '엄마야 누나야'에서는 어린 소년이 되어 자신의 내밀한 정서를 전달하고 있다. 김소월의 시를 실명제로 하자면, 평북 정주 출생의 동아일보 지국장, 혹은 실패한 광산업자 김정식의 목소리가 될 텐데, 그렇다면 다른 목소리들은 거짓일까?

인터넷에서의 시민은 새로운 정체성을 갖는다. 그곳은 가면무도회장이자 탈춤판이다. 체면이나 격식을 버리고 가장 진솔한 욕망을 드러내면서 즐기고 또 지탄의 대상을 풍자할 수 있다. 인터넷의 익명성이 문제라고 해서 실명화해야 한다는 주장은 가면무도회의 참가자를 모두 잠재적 범죄자로 간주하고 가면을 벗고 참여하라는 격이다. 탈춤의 광대가 위선으로 가득한 양반계층과 사회체제를 맵게 풍자했다고 광대의 탈을 벗기거나 처벌하자는 격이 아닌가?

실명제는 직접민주주의와 평등, 표현의 자유의 바탕이 되는 ID와 익명성을 부정하고, 인터넷 공동체를 파괴하는 교각살우(矯角殺牛)하는 결과를 초래할 수 있다. 최근 한나라당도 실명제 도입을 검토하고 있는 중이라고 한다. 이 문제를 둘러싸고 관료주의적 시각에 정치적 이해까지 겹치게 되는 형국이다.

실명제가 도입되면 인터넷에서, 근거 없는 비방이나 음해성 글은 줄어들지 모른다. 그렇지만 인터넷의 특성상 악의적 선동자들을 완전히 차단하는 방법은 없으며, 오히려 사회적 억압이나 금기, 감시로부터 해방된 곳에서 움틀 수 있는 창조적 발상과 발랄한 기운도, 관료주의와 권력화로 위험해진 사회에 대한 비판과 고발의 목소리도 사라지게 될 것이라는 점이다.

인터넷 사회를 보존하면서 폐단을 바로잡는 방안을 찾아야 한다. 실명제는 네티즌의 선택에 맡기고, 자율정화능력에 의해 악의적 선동자들을 추방해 나가기를 기다려야 할 것이다. 당분간은 '관용'의 자세가 필요한 시기이다. 새로운 윤리가 만들어지는 데에는 시간이 필요하다.

현대 사회는 조지 오웰의 '1984년'을 이미 능가하고 있다. 각종 CCTV와 같은 이동전화의 위치정보시스템에 의해 일상이 감시당하고 있는 우리 삶의 공간을 누가 '익명의 섬'이라 할 수 있겠는가. 익명성에 대한 비난을 잠시 중단하고 그것의 가치를 생각해봐야 한다. 통제가 내면화된 정보사회에서 인터넷은 무의식의 휴게실 기능도 수행하고 있다.

초등학교 교정의 조형물

　문화와 예술의 중요성은 이제 강조하지 않아도 된다. 문화예술정책은 21세기의 국가 전략 속에서, 그리고 지방 발전 전략 속에서 중요한 항목이 되었기 때문이다. 그러한 정책의 요점들은 대부분 문화회관이나 박물관과 문화시설을 확충하는 것이나, 문화예술행사에 대한 지원을 강화하는 것인데, 그런 가시적인 사업들만으로 우리가 바라는 '문화의 세기'는 오지 않는다. 문화선진국이 되기 위해서는 문화예술 교육과 환경에 눈을 돌려야 한다.

　주위에 있는 초등학교 교정을 둘러보면 참으로 신기하다. 학교 건물은 하루가 다르게 변화하는 주변 환경과 달리 수십 년 전의 표정 그대로여서 사뭇 향수를 느낄 만하다. 그러나 그것은 아이들이 공부하고 생활하는 환경에 대해 그동안 방치해 왔다는 것을 말하는 것이다. 초등학교의 건물은 대부분 시멘트벽이며 미색 페인트로 거친 살결을 가리고 있다. 아이들만 빠져나가면 수용소나 군사시설물처럼 무표정하고 썰렁하다.

　교육기관 중 대학은 예외이다. 캠퍼스의 조경과 건축에 비용을 아

---

* 경인일보 시침분침 | 2003. 2. 17.

끼지 않아 예술품 수준의 건물이 상당수에 달한다. 사실 초등학교의 건물이 더 아름다워야 하는 것 아닐까? 어떤 예술적 고려도 없이 지어놓은 황량한 건물들을 바라보고 그 속에서 생활하는 아이들의 심성을 생각해야 한다.

초등학교 교정의 조형물은 더욱 가관이다. 대부분의 초등학교에는 '세종대왕 상'과 '이순신 장군 상'이 설치되어 있으며 '독서하는 학생 상'이 그다음 순이다. 초등학교 교정이 학교 나름의 특색이 없는 것은 이런 상투적인 교육용 조형물도 한몫을 하고 있다. 아이들의 키보다 높은 작품대 위에 서 있는 '세종대왕'과 '이순신 장군'은 진짜 동상처럼 보이게 하기 위해 구리색이나 청색 페인트를 입혀 놓았지만, 군데군데 칠이 벗겨져 재질이 시멘트나 플라스틱이라는 사실을 숨기지 못한다.

이 복제품들은 예술적 완성도는 말할 것도 없고 최소의 사실성도 발견하기 어려운 저급한 상징물들이다. 모든 학교에 동일한 상징물을 설치하여 애국심이나 민족문화를 고양하겠다는 구태의연한 발상은 이제 사라져야 한다. 조악한 모조품들을 대부분의 초등학교에 '표준 조형물'처럼 세워두고 우리가 문화예술의 발전을 이야기한다는 것은 부끄러운 일이다.

학교가 위치한 지역의 정체성과 관련되거나 예술성이 뛰어난 작품을 설치해야 한다. 그리고 높다란 작품대 위에 위인들을 모셔놓고 숭배를 강요하지만, 아이들의 관심을 끌지 못하는 시멘트 덩어리에 불과하다. 차라리 아이들이 다가가서 만질 수 있는 인간적인 조형물이 필요하다.

입시 위주의 지식중심교육으로는 '홍익인간'을 길러낼 수 없다. 백화점의 끼워팔기 상품처럼 전락한 예체능 과목을 강화하고 교육과정 전체를 문화교육의 관점으로 개편하는 것이 황폐해진 교육을 치유하는 대안이다.

아울러 학교의 조악한 문화환경 개선도 미룰 일이 아니다. 예술성이나 최소한의 인간미도 없는 가짜들을 걷어내고 진품을 설치해야 한다. 예술단체나 작가들이 활동하는 지역이나 자신의 모교에 예술품을 보내는 운동을 벌이는 것은 어떨까? 필자의 연구실에서는 십정초등학교가 내려다 보인다.

내 아이들이 다니는 이 학교의 교정에도 '이순신 상'과 '세종대왕 상' 같은 볼품없는 모조품들이 어김없이 서 있다. 그런데 이 학교 건물 전면에 "우리 학교는 날마다 내가 새롭게 크는 곳입니다"라고 커다랗게 써놓았다. 이 말을 가만히 생각해보면 한편으로는 공허하고, 또 한편으로는 부끄럽다. 우리 어른들은 아이들에게만 '환경정리'를 시키고 있구나!

3 도시의 장소와 인물

근대문화유산과 식민잔재
장소성 회복과 공유성
도시재생과 산업 유산
미로도시와 정위 감각
세계유산의 보편성
망구할매 이야기
섬과 예술적 영감
인천 앞바다의 신기루
소사나무 예찬
인천감리서 터를 국가 사적지로
조선인의 신발개량에 몸 바친 사람 ─ 발명가 이성원
백령도의 해양설화
인천 600년 2013년
도시와 기념물
해방 직후 인천신사에서 벌어진 소동
백령도 잔점박이 물범 이야기
이주노동자와 다문화 도시
만국 공원이라는 타임캡슐
짜장면의 탄생 ─ 문화융합도시로서의 인천
도시의 장소성과 문화기획
시민에게 광장을
전등사 나녀상 전설
인천학의 출범
인천과 여성선각자 김란사
우현 고유섭의 샘물과 달

근대문화유산과 식민잔재

인천 중구청 앞 일본풍 조형물이 철거됐다. 인천 중구청 앞 인도에 세워진 일본 복고양이(마네키네코) 조형물 한 쌍과 인력거 동상에 대한 적절성 논란이 커지자 구청이 철거한 것이다. 이 조형물들은 중구청이 개항장 거리를 장식하는 소품으로 설치할 때부터 개항장 일대를 지나치게 일본풍으로 치장했다는 비판이 제기되었다. 또 조선 청년의 인력거 노역을 관광기념용으로 만들어 놓은 것도 부적절하다는 지적이 높았으며 최근에는 청와대 국민청원 게시판의 민원으로 올랐다.

제국주의 침략을 당한 한국의 근대문화유산은 그 자체로 논란거리이다. 문화유산이란 역사와 문화의 발전에 현저하게 기여한 유산이며, 중요한 시기의 역사적 변화를 이해할 수 있는 유산을 말한다. 문화유산 가운데 일제강점기나 냉전시대와 관련되는 근대문화유산은 첨예한 논란의 대상이 된다. 일제강점기의 유산이나 유물을 근본적으로 부정하는 관점도 있다. 식민지 시대에 만들어졌다 해도 일제의 식민통치와 직접 관계되지 않은 유산이나 유물까지 수탈의 잔재나 치욕스러운 과거로 치부하는 것은 성급한 판단이거나 패배주의적

* 경인일보 | 2019. 9. 3.

역사의식의 소산이다. 이런 논리라면 식민지 근대를 겪으면서 형성된 일체의 문화, 그 시대를 겪으며 형성된 주체인 우리의 정신까지 모두 부정하는 결과를 낳게 된다. 이 같은 주장이 근대문화유산의 문화재 지정으로 재산권을 침해받을 것을 우려하는 주민들에 문화재 지정 해제나 철거 요구의 행동으로 나타나기도 한다.

한편 "아픈 과거도 역사의 한 부분"이라는 보존론도 일면적이기는 마찬가지이다. 유태인 학살의 아우슈비츠나 히로시마 원폭 현장과 같은 부정적인 유산도 보존의 대상이 된다. 그러나 해방 70년이 지난 지금까지 일제 잔재를 제대로 청산하지 못하고 있으며, 일본은 강제징용, 일본군 위안부 등의 전쟁범죄에 대한 사죄나 배상을 하고 있지 않으며 독도영유권을 둘러싼 한일간의 갈등도 깊다. 일제강점기의 역사 유산의 경우 역사적 맥락을 제대로 밝혀야 한다. 오직 막연한 향수나 과거지향적 동경을 역사 문화자원을 활용하다가는 식민지배와 침탈의 역사를 합리화하거나 미화하는 식민사관으로 기울기 십상이다.

인천시는 문화지구로 지정되어 있는 개항장의 문화유산을 보존 활용하는 기본방향을 다시 설정해야 될 것으로 보인다. 한국의 개항은 모순적이다. 개항으로부터 근대가 시작되었지만, 개항 이후 일본의 식민지로 전락했다는 점을 유념해야 한다. 개항장에서 보존해야 할 것이 무엇인지, 보존된 유산에서 되새겨야 할 역사적 교훈이 무엇인지를 따지지 않는다면, 개항장은 1회용 영화 세트장처럼 훼손되거나 식민지를 미화하는 공간으로 전락하여, 관광 활성화는 고사하고 사람들이 외면하는 곳이 되고 말 것이다. 중구청이 예산을 들여 복원해 놓은 일본인 거리도 여전히 논란거리이다. 일본인 거리는 기존의 콘크리트나 벽돌조 건축물에다 일본 상가건물의 나무기둥과 지붕 모양만 붙여 놓은 모조 일본건축물이기 때문이다. 영화 세트장과 같은 외형 복원이 한때의 눈요깃거리는 될지 모르나 지속 가능한 관광상품이 되기는 어렵다.

개항문화도시를 표방하고 있는 중구청의 급선무는 개항의 의미를 진지하게 재성찰하는 일이다. 개항장 제물포는 일본인과 중국인을 비롯한 서양인들이 조계지를 형성하여 거주한 것은 역사적 사실이다. 한국과 중국, 일본을 비롯한 미국과 서양의 여러 나라 문화가 공존했던 장소로서 가치가 있다. 그러나 개항장은 서구열강을 비롯한 제국주의의 패권 쟁탈장이었으며, 1905년 이후의 인천은 러일전쟁에 승리한 일본이 조선을 식민지화는 교두보이자 수탈의 관문이 되고 말았다. 당시 인천이 일본인이 지배하는 도시로 바뀌고 난 후 조선 안의 작은 일본, '해외의 소일본(小日本)'으로 불렸던 아픈 역사의 현장이었다는 사실도 함께 기억해야 한다.

장소성 회복과 공유성

장소성의 회복은 도시재생과 마을만들기 사업 도시와 지역혁신 사업에서 중요한 과제 중의 하나이다. 장소성(placeness)이란 장소가 갖고 있다고 여기는 고유한 성격이나 분위기, 혹은 사람들이 느끼는 독특한 감정이다. 일반적으로 일정한 지역이나 건축물을 가리키는데 '공간(space)'이나 '장소(place)'라는 말을 구별하지 않고 사용하고 있으나 그 어감은 대조적이다. '장소'라는 말이 오래된 성터나 고향 마을과 같은 곳을 환기한다면, '공간'은 현대적인 건축의 내부나 합리적으로 구획된 영역, 혹은 신화 속의 환상적 배경 등을 가리킨다. '장소'는 낯익고 정겨운 곳으로 받아들이지만 '공간'은 낯선 곳으로 여긴다.

그런데 공간과 장소의 차이는 단순히 심리적인 것이 아니라 특정한 영역의 소유나 점유방식, 기능상의 특성과 관련되는 것이다. 장소는 마을의 빨래터나 실개천에 놓인 징검다리처럼 구체적이며 주변의 다른 장소들과 어떻게 연결되어 있는지도 분명하다. 그만큼 투명하고 가시적이다. 장소와 관련된 기억은 상대적으로 밝고 긍정적인 것들이다. 장소는 비교적 좁은 면적을 차지하며 한 점으로 수렴되는 양

---

* 경인일보 | 2018. 3. 13.

상을 띠고 있어 아늑하고 친근한 곳으로 체험된다. 장소는 주체의 특수한 기억이 아로새겨져 있지만 대체로 공동체의 구성원들이 함께 공유하는 곳이다.

공간은 대학의 강의실이나 호텔의 객실과 같이 곳이다. 특정한 목적을 위해 규칙적으로 구획되어 있으며 고유성이 없는 숫자나 기호로 구분된다. 공간은 특정한 기능을 위해 만들어진 영역이므로 주체의 행위를 은연중 강요한다. 자동차는 도로 위에 올라서면 달려야하고 교실은 공부하는 곳이고 공장은 제품을 만드는 곳이며 미술관에 들어서면 '진지하게' 그림을 감상해야 한다. 공간은 기능 때문에 더 규격화되고 균질적으로 바뀌며 거대한 아파트 단지처럼 사람들에겐 정서적으로는 더 낯선 곳이 된다.

근대 이후의 사회적 변화는 산업화와 이에 필연적으로 수반되는 도시화였다. 거주자의 입장에서 보면 도시화야말로 정든 장소를 낯선 공간으로 바꾼 제 1원인이라 할 수 있다. 본질적으로는 삶의 영역과 터전들이 자본에 의해 사적 소유로 점유되면서 삶터가 가지고 있던 공동체적 성격과 본래의 아우라(aura)를 상실하고 만 것이다. 서울 중구 소공동의 환구단(圜丘壇)은 조선 시대와 대한제국기 제천행사가 열렸던 국가사적지임에도 불구하고 시민들의 기억에서 사라지고 말았다. 현재의 환구단 유적은 조선호텔의 정원처럼 여겨지고 있는 실정이다.

장소성의 회복이란 결국 터가 가지고 있던 공유 기능의 회복이다. 개인이 점유하거나 상품이나 상품생산용으로 변질된 공간을 다시 시민들이 자유롭게 접근할 수 있는 공유 가능 영역으로 만드는 것이다. 특정한 지역이나 터전이 사람들과 가졌던 본연의 관계, 사회적 역할과 정서적 기능을 살펴보고 현시점에서 다시 살려낼 수 있는 요소를 찾아야 한다. 치밀한 고증을 통해 망각된 이야기들, 역사와 기억을 되살려내야 한다. 즉물적 발상이나 일방적 기억에만 의존한다면, 그것은 대중의 복고심리를 자극하는 일회용 소모품이 되고 만다. 장소성은 장소의 역사이며 장소를 체험한 사람들의 이야기이다. 진정한 기억이란 미담이나 신화도 있지만, 장소가 겪어온 고통이나 시련도 응당 되살려야 하는 것이다.

도시재생과 산업 유산

도시의 문화유산을 다시 주목해야 한다. 문화유산은 도시가 겪어온 과거에 속하지만, 현재의 바탕을 이루고 있다. 도시의 미래를 기획하고자 한다면 마땅히 과거이자 현재를 치밀하게 재성찰해야 할 것이다. 한 도시에 대한 통시적 고찰은 복잡한 과업이지만 의외로 풍부한 시사점을 얻을 수 있다. 최근 도시 비전의 패러다임으로 강조되고 있는 '지속가능성'도 근대도시가 지향했던 기능과 생산성 우선주의의 폐단에 대한 대안적 개념이듯 '슬로시티'나 '힐링시티'와 같은 비전들도 기실 근대도시가 표방해왔던 기능주의에 대한 반성에서 비롯된 것이다.

문화유산 가운데 산업유산은 여러 가지 형태로 도시 공간에 그 흔적을 남기고 있는데 그 중요성을 인식하지 못해 일순간 사라지기 일쑤이다. 그래서 생활문화나 산업유산과 관련된 유산들은 '생시(生時)'에는 홀대하다가 멸실된 후에야 뒤늦게 그 가치를 깨닫고 '탄식'하는 경우가 많다. 인천의 경우 대불호텔(중화루) 부지에 상업용 건물을 신축하는 과정에서 개항기 건축의 유구(遺構)가 발견되어 문화재위원회

* 인천발전연구원 시정이슈제안 | 2016. 12. 9.

에서 보존 결정이 내려져 공사가 중단된 사례가 있다. 또 남한 최초의 소주공장이었던 조일양조 건물을 철거하고 주차장을 건립하는 과정에서 건물의 문화 유산적 가치를 고려하여 보존해야 한다는 주장이 제기된 적도 있었다.

산업유산을 문화예술 공간으로 재창조하여 도시재생을 성공시킨 사례는 다양하다. 런던의 템즈 강변을 일약 관광명소로 바꾼 테이트 모던미술관은 1981년 이래 폐허로 남아 있던 뱅크사이드(Bankside) 발전소를 개조한 것이다. 프랑스의 오르세미술관 역시 1939년 문을 닫은 뒤 방치해왔던 오르세역을 1986년에 미술관으로 재탄생시켜 도시 활성화에 활용한 사례이다. 일본의 가나자와시는 폐업한 방적공장의 창고들을 매입하여 시민문화창작 공간으로 리모델링한 뒤 시민들에게 개방하였는데, 가나자와시민예술촌은 전통문화 보존과 시민생활문화 발전을 동시에 이룬 대표적 사례가 되었다.

문화유산의 활용이 이뤄지기 위해서는 문화유산 정책이 보존 중심주의를 넘어서야 한다.

우리나라에서는 문화유산을 '문화재'(cultural property)로 통칭해 왔으며 "인위적·자연적으로 형성된 국가적·민족적·세계적 유산으로서의 역사적·예술적·학술적·경관적 가치가 큰 것"이라고 정의해왔다. 이 같은 정의는 고고학적·건축미학적 가치가 현저한 문화재만 중시하고 여타의 문화자원을 경시하는 결과를 낳았다. '문화재'라는 명칭도 보존을 강조하는 소극적 뉘앙스가 다분하다. 고고학적 유물이나 전통시대의 문화유산의 경우 보존 자체가 중요하나 근대 문화유산의 경우 그 숫자도 많을뿐더러 시민의 주거나 생업과 밀착된 공간에 위치하고 있는 경우가 많으므로 보존 중심의 정책은 주민들의 재산권이나 경제적 활동과 상충되어 여러 가지 갈등을 야기할 수 있다. 문화유산의 보존과 활용, 주민 생활과 지역경제 활성화라는 여러 목적을 동시에 이루려면 충분한 조사연구를 토대로 지역 주민의 참여 하에 그 활용 방안을 수립해나가야 한다.

이와 함께 도시재생의 개념에 대한 재인식도 필요하다. 지금까지 기반시설을 확충함으로써 쇠퇴한 건물과 주거환경을 개선하는 물리적 재생, 그리고 고용 창출이나 관광 활성화를 통한 경제적 재생이 강조되었다면 도시의 역사 문화 자산을 활용한 문화적 재생과 주민들의 삶의 지속성을 보장하는 삶의 재생으로 확장되어야 한다.

미래 도시의 경쟁력은 도시가 온축하고 있는 고유한 문화자원을 창조적으로 활용할 수 있는 역량에 달려 있으며 그 의존도는 점차 높아질 것으로 예측된다. 도시의 문화유산은 유물이 아니라 그 자체로 문화적 콘텐츠이며, 도시재생의 중요한 수단이기 때문이다. 그런데 인천의 경우 도시와 지역의 문화유산에 대한 체계적 조사와 연구는 아직 초보적 수준이다. 문화자원을 효과적으로 활용하기 위한 지역의 유·무형 문화유산에 대한 종합적 조사와 재평가 사업, 보전대상, 활용 가능 유산 목록을 체계적으로 작성하는 작업, 이를 아카이브화하는 일을 시작해야 한다.

미로도시와 정위 감각

도시들은 자꾸만 미로를 닮아 가고 있다. 구불구불한 길들은 없애거나 직선화하고, 다양한 모양과 표정의 가옥들을 허물고 비슷비슷한 주택으로 바뀌었다가 점점 기하학적인 공간으로 바꾸는 것이 최종 목표인 것처럼 말이다. 홀로 길 찾기가 점점 어려워진다. 도시의 곳곳에 서 있는 마천루가 위치를 대략 가늠하는 데 도움을 주기도 하지만 늘 볼 수 있는 것도 산정에서 내려다볼 때 외엔 별반 도움이 되지 않는다. 매트릭스 같은 도시에서 믿을 것이라곤 내비게이션이나 스마트폰의 지도 앱이다. 위치파악시스템(GPS) 없이 생활할 수 없는 도시인들의 황량한 영혼, 손상된 정위(正位) 감각을 회복할 길은 없는 것일까.

정위 감각이란 생명체들의 생명 활동의 필수적인 능력이다. 식물의 뿌리는 아래로 향하고 가지는 태양을 향한다. 철새들은 수백, 수천 킬로의 하늘을 착오 없이 오가면서 한 해를 보낸다. 연어같은 회귀어 종들은 강에서 태어나 바다로 나가 살다가 자신이 태어난 강으로 되돌아와 알을 낳고 일생을 마친다. 이런 신비한 능력은 정위 본능과

---

* 경인일보 | 2015. 8. 18.

관련되는 것으로 알려져 있다. 물론 사람들도 나침반이나 지도 없이도 감각을 통해 지각되는 환경 단서와 지리적·공간적 특징을 활용하여 적절하게 방향정위(orientation)를 하는 능력을 본래 갖추고 있었던 것이다.

정위 감각의 손상은 인간 스스로 불러온 측면이 없지 않다. 현대인들은 온통 시각만 절대화하고 후각이나 촉각 같은 감각들을 추방해 버린 것이다. 우리가 일상에서 냄새를 추방하기 위해 들이는 노력과 비용을 보라. 탈취제, 방향제, 향수, 화장품 등등 대부분 사물이나 장소 고유의 냄새를 제거하거나 다른 냄새로 대체하는 것이다. 상당수의 동물들은 후각에 의지하여 이동한다는 사실을 상기해보면 인간은 중요한 선택지를 버린 것이라 할 수 있다.

지명이나 주소체계의 잦은 변동도 혼란의 원인이다. 대도시의 행정구역 명칭도 주요한 환경 단서와 지표 중의 하나이며 방위개념이 포함된 지명은 직관적인 방향 정보이다. 서울의 경우 도시 확장이 이루어졌지만, 중구, 동대문구, 서대문구, 성북구 등의 행정구역 명칭은 이동자의 정위에 여전히 유용한 정보를 담고 있는 지명이라 할 수 있겠다. 정치적 중심을 정부청사가 있는 광화문 일대로 인식하고 있기 때문이다. 그러나 도시가 확장되거나 행정중심지가 이동할 경우 방위식 지명은 방향 정보의 기능을 잃어버리게 된다.

전통적으로 한국인들은 생활공간에 알맞은 이름을 부여하여 사용해왔다. 지명 속에는 해당 지역의 경관이나 자연적 특성이 나타나 있을 뿐 아니라, 거주민들의 생활상, 지역에 대한 생각이나 희망과 같은 사회적 특징도 담겨 있어서 지역의 역사나 문화적 변화상이 투영된 문화유산의 성격이 다분하므로 소중하게 다루어야 한다. 잘못 명명된 땅이름, 특히 행정구역 명칭의 변경은 상당히 어렵기 때문에 새로운 지명을 부여할 때는 신중에 신중을 기해야 한다. 평소에 지역별로 지명을 조사하여 오류나 문제가 있는 명칭을 미리 확인하고 대안 명칭 및 개선 기본방향을 제시할 필요가 있다. 지명실태조사로 유서 깊은 전통지명과 어감이 좋은 순우리말 고유지명을 선별하여 권장지명 목록을 작성한다면 새로운 지명부여의 지침서로 활용함으로써 지명오류를 사전에 방지할 수 있을 것이다.

한편 도시별로 추진하고 있는 재생사업 과정에서, 버려두었던 언덕이나 개천의 기능을 복원시키고 잊힌 땅이름들을 되찾고, 잘못된 지명을 바로잡는다면 시민들의 정위 감각을 회복하는 데 크게 도움이 될 것이다. 그 점에서 본다면 최근 인천시 부평구가 굴포천 유역을 일대를 중심으로 추진하고 도시재생 사업 전략은 주목할만하다. 이미 굴포천 일부는 복원되어 시민휴식과 문화 활동의 공간으로 바뀌고 있다. 만약 굴포천 유역 재생이 계획대로 추진되어 상류가 복원된다면 부평구의 도심 주거환경과 지역경제 활성화에 큰 기여를 할 것이며, 장소성을 회복하는 데에도 결정적인 역할을 할 수 있을 것으로 보이기 때문이다.

세계유산의 보편성

결국 하시마(端島)를 비롯한 일본 근대산업시설들이 세계유산으로 등재되었다. 일본이 등재 신청한 이른바 '메이지 산업혁명 유산'은 규슈와 야마구치 지역 8개 현 11개 시에 소재한 총 23개 시설이다. 이들 시설 중 7개 시설은 일제강점기 조선인의 강제징용의 한이 서린 시설로, 약 5만 7900명의 조선인이 강제 동원되어 노역해야 했던 곳이다. 특히 나가사키의 하시마 섬은 '지옥섬'으로 불릴 정도로 혹독한 강제 노역의 현장이었다. 한국과 일본은 7개 시설에서의 조선인 강제노동이 있었다는 역사적 사실을 반영하는 방법을 놓고 논쟁하였으나 합의를 이뤄 등재안이 통과됐다.

등재 결정 직후, 윤병세 외교부 장관은 일본 정부가 세계문화유산위원회에서 "과거 1940년대에 한국인 등 자기 의사에 반해 동원되어 가혹한 조건 하에서 '강제로 노역한(forced to work)' 사실이 있었음과 희생자를 기리기 위한 인포메이션 센터 설치"를 중심으로 한 합의 내용을 설명하고, 이를 계기로 '한일 양국관계가 선순환적으로 발전' 해 나갈 수 있을 것이라고 논평했다. 그런데 일본 외무성은 해당 문

* 경인일보 | 2015. 7. 7.

구를 '강제 노역'이 아니라 '노동을 하게 됐다'는 의미라고 주장해 파문이 일었다. '강제노동(forced labour)'이라는 명백한 개념어 대신 '일을 시켰다(forced to work)'라는 애매한 표현을 허용한 것과 합의 내용을 주석(註釋) 형식으로 삽입기로 한 것도 실수였던 것으로 보인다.

유네스코 세계유산의 등재 기준은 해당 유산이 '탁월한 보편적 가치(Outstanding Universal Value)'을 지니고 있는 지 여부이다. 일본이 메이지 산업혁명유산이라고 자랑하는 근대 산업시설은 러일전쟁과 태평양 전쟁 등의 전쟁을 직간접적으로 지원하는 기능을 수행하였으며, 상당수가 조선인을 비롯한 강제 동원된 노동자들에 의해 가동되었던 시설이었다는 점에서 보면 인류의 '보편적 가치를 훼손하는' 성격을 다분히 지니고 있다. 물론 아우슈비츠수용소도 세계문화유산으로 등재되어 있다. 그렇지만 히틀러와 나치의 야수적인 만행을 밝히고, 유대인이 당했던 수난을 기억하기 위한 반성과 교훈으로 삼기 위해 보존하기로 결정한 것이다. 만약 일본이 향후 강제 노역의 역사를 충실하게 밝히라는 유네스코의 권장 사항을 제대로 이행한다면 보편적 가치를 충족시킬 수 있게 될 것이다.

일본의 역사 왜곡은 어제오늘의 일이 아니다. 히로시마 원폭 돔을 세계문화유산으로 지정할 당시, 핵폭탄의 가공할 위력과 핵전쟁의 참혹함을 생생하게 증거하고 평화의 소중함을 일깨우기 위한 것이었다. 그런데 일본은 세계문화유산 원폭 돔을 통해 이러한 보편적 가치를 환기하는 것이 아니라 일본이 입은 전쟁의 피해를 강조하는 수단으로, 심지어는 국가주의와 재무장론을 선전하는 도구로까지 활용한다는 점이다. 보편적 가치를 국가주의적 가치로 변질 왜곡시킨 것이다. 문제는 이 같은 왜곡이 결코 일본의 진정한 국가적 이익에도 부합하지 않는다는 점을 확인시켜야 한다.

'지옥의 섬'이 포함된 일본 근대 산업 유산의 등재 논란을 계기로 국내의 근대역사유산에 대한 우리의 시각도 바뀌어야 한다. 특히 일본인들이 남긴 식민 유산과 전쟁 유적에 대해 깊은 관심을 가져야 한다. 제주도에 남긴 일본 진지들은 확인된 곳만 450곳에 이르고 있다. 이 같은 전쟁 유적지는 치욕의 유산이 아니라 침략전쟁 역사에 대한 교육 장소로 보존 활용해야 한다. 일본인들의 조선 진출 교두보였던 인천의 근대역사유산도 엄정한 역사적 관점에서 평가되어야 한다. 인천의 경우 부평 미군기지에 남아 있는 인천 육군조병창의 지하시설물과 관련 유적에 대한 조사와 보존에 관심을 기울여야 한다. 또 각종 개항기 문화유적이 식민지기에 수행한 기능들을 소상하게 밝혀야 한다. 그래야 개항기 유산의 근대적 성격만 강조하다가 식민통치를 합리화하는 오류를 막을 수 있기 때문이다.

망구할매 이야기

인천에는 168개의 유무인도가 있다. 이 섬들은 저마다 아름다운 풍광을 지니고 있거니와 무궁무진한 이야기의 보고(寶庫)이기도 하다. 섬이 품은 이야기들은 주로 섬이 형성된 유래담으로 인천 해양설화의 주요한 내용을 이룬다. 섬의 형성과 관련한 설화 중에서 가장 흥미로운 이야기는 선단여와 관련된 망구할매 설화이다. 옛날 덕적군도에 사는 망구할매가 산을 쌓다가 그만 무너지자 주먹으로 쳐서 각흘도와 선단여가 생겼다는 것이다. '여(礖)'란 바닷물에 잠겨 보이지 않는 바위를 한자말이지만 도서지방 주민들은 바위섬을 '여'라고 부른다. 선단여는 기둥처럼 우뚝 선 세 개의 바위로 이뤄진 섬이다. 망구할매 이야기의 주인공 망구할매는 제주도의 선문대할망, 지리산 마고할미 등 우리나라 전역에서 나타나고 있는 마고할미 혹은 마귀할멈이라는 신과 궤를 같이하는 여신이라 할 수 있다.

    망구할매와 선단여 이야기는 이렇다. 옛날 덕적군도에 망구할매가 살았는데, 하루는 망구할매가 치마폭에 흙을 가득 담고 선접산을 쌓다가 그만 무너지자 무너진 흙을 주먹으로 쳐서 산산이 흩어져 섬들

---

* 인천발전연구원 제10회 도시인문학세미나 자료집 | 2015. 5. 28.

이 되었는데, 그중 하나가 굴업도 근방에 있는 바위섬 선단여가 되었다고 한다. 망구할매는 이 선단여를 평소에 오줌을 누는 봇돌로 사용했는데, 이 오줌 덕에 덕적군도의 바다가 마르지 않게 되었다고 한다. 망구할매의 키가 어찌나 컸던지 서해 바다가 할매의 무릎에 겨우 찰 정도였다. 할매가 첨벙첨벙 바다 위를 걸어 다니던 어느 날 풍도골에 가니 수심이 깊어 놀기 좋아서 한참을 놀다 일어나보니 입고 있던 중우 단속곳에 새우가 가득 찼다는 이야기가 전해온다.

이 설화의 주인공 '망구할매'는 우리나라 해안 도서 지역에 전래되는 거인 천지창조담의 주인공인 신모(神母)에 해당한다. 신모는 키가 커서 바닷물이 무릎이나 속곳에 겨우 찰 정도로 묘사된다. 강화도에 전래 되는 '마귀할멈' 이야기도 그 잔존형태 중의 하나이다. 마귀할멍이 온 바다를 다 돌아다녀도 발등에 찰 물도 안 되었는데, 강화 외포리 정포에 다다르니 정강이까지 쑥 들어가므로 '아이쿠 여기가 정통이구만' 하였다. 그래서 거기가 정포가 되었다는 이야기이다.

망구할매가 손으로 흙을 모으거나 던져서 섬과 땅을 만들었다는 이야기도 다른 천지창조담과 궤를 같이 한다. 또 망구할매의 오줌 덕에 서해 바다를 마르지 않는다는 이야기는 신모가 생산과 풍요의 상징임을 유머러스하게 표현한 것이다. 다만 풍도 앞바다에서 멱을 감다 일어서니 단속곳에 새우가 가득 들어 있었다는 이야기는 섬주민들이 망구할매를 인천 앞바다의 해신(海神) 중의 하나로 생각하고 있었다는 것을 말한다. 망구할매의 속곳에 가득 찬 새우는 섬 주민들이 그불 가득 고기를 잡는 꿈의 상싱석 표현으로 해석된다. 임경업 장군이 연평도에 설치한 어살에 조기가 가득 잡혔다는 설화에 조기 풍어를 바라는 어미들의 꿈이 담겨 있듯이.

망구할매 신화에서 할매가 오줌 누는 봇돌이었던 백아도 선단여 바위에는 다른 비극적 이야기도 전해 온다. 덕적도에서 멀리 떨어진 백아도에 노부부와 남매가 살고 있었다고 한다. 그런데 어느 날 부부가 하루 사이에 모두 죽게 되었다. 그러자 인근 외딴 섬에 홀로 살고 있던 마귀할멈이 동생을 납치하여 자기가 살고 있는 외딴곳으로 데리고 갔다. 그 후 세월이 흘러 장성한 오라비는 조각배를 타고 낚시를 하다 풍랑을 만나 어떤 섬에 정박하게 되었다. 그런데 그곳에서 어여쁜 처녀를 발견한 총각은 사랑을 느끼게 되고 둘은 마귀할멈이 없는 틈을 타서 몰래 만나 사랑을 나누게 되었다. 이루어질 수 없는 남매의 사랑을 하늘에서 본 선녀가 이를 안타까워하며 그들이 친남매 관계임을 알려주었다. 그러나 남매는 선녀의 말을 믿지 못하고 오히려 함께 죽는 편이 좋겠다고 고집했다. 하늘은 이들에게 천둥과 번개를 쳐서 금기를 어기고 관계를 맺었던 남매와 그렇게 되도록 만든 마귀할멈을 모두 죽여 버리고 만다. 그 후 그곳에는 세 개의 바위가 우뚝 솟아올라 사람들은 이것을 '오빠바위', '누이바위', '할미바위'라 하고, 또 다른 이름으로는 선녀의 말을 믿지 못하고 고집하다 벼락을 맞아 선녀들이 너무 안타까워 붉은 눈물을 흘리며 하늘로 올라간 곳이라 하여 선녀단이라 하던 것이 점차 선단여 바위로 불리게 되었다고 한다. 선단여의 세 바위돌을 멀리서 보면 마치 세 사람이 서있는 것처럼 보여 바위섬에 얽힌 비극적 전설이 더욱 실감이 난다.

　망구할매 설화가 서해의 여러 섬들이 만들어진 기원, 풍어의 꿈이 담긴 해피엔딩이라면 선단여의 남매설화는 비극적 내용과 결말로 이뤄져 있다. 전자가 신화에 가깝고 후자는 전형적인 전설에 해당한다. 신화가 성공담이라면 전설은 대부분 실패담으로 이뤄져 있다. 또 신화의 비교적 넓은 공간을 배경으로 삼고 있는데 비해 전설은 특정한 지역이나 자연물에 국한된 경우가 많으며, 이야기가 전승되는 범위도 특정지역에 국한된다.

　등장인물의 성격도 바뀌었다. 서해의 섬을 창조하고 섬사람들의 풍어를 보장해주던 신모였던 망구할매는 외로움 때문에 여자를 납치하여 남매를 헤어지게 하고 결국 비극적 죽음으로 몰아넣은 사악한 노파로 그려져 있다. 물론 자신도 하늘의 징벌을 피하지 못하는 존재로 나타난다. 이처럼 신화가 아득한 고대 인류의 역동적 상상력을 간직하고 있다면 전설은 운명론 세계관을 담고 있다. 가족이나 남녀에 대한 관념도 문명사회의 윤리의식이나 종교의식에 가깝다. 선단여 남매설화는 망고할매 이야기의 잔존형, 근대 버전에 해당한다 하겠다.

　최근 지역과 장소의 가치에 관한 관심이 높아지고 있다. 장소의 이야기는 문화와 관광의 특성화, 장소성에 기반한 도시재생의 중요한 자원이기 때문이다. 그런데 문화자원으로 활용 가능한 이야기는 거저 얻을 수 있는 것이 아니다. 전래 설화를 체계적으로 수집해서 데이터베이스로 축적한 다음 연구자들이 유형별로 구분하고 유사한 이야기들을 비교 분석하여 이야기의 원형을 발굴하는 작업을 거쳐야 한다. 발굴된 이야기 원형은 문화산업에 의미 있는 창작 소재로도 활용될 수 있다. 특히 망구할매 이야기는 거인신화 혹은 태모신화의 계열에 속하는 신화적 요소를 내포하고 있어 그 자체로 흥미로운 설화이다. 이 유형의 설화들은 신비로우면서도 환상적이어서 창의적으로 재구성할 수 있는 여지가 많다. 이야기 원형을 재구성하여 '스토리텔링' 한다면 만화와 애니메이션, 캐릭터, 모바일 앱, 게임, 영화, 축제 등과 같은 다양한 콘텐츠로 활용될 수 있을 것이다.

섬과 예술적 영감

 최근 인천시가 추진하고 있는 섬예술 레지던시 사업은 주목할 만하다. 작가 지원사업인 섬 레지던시 사업은 작가들을 창작 활동을 지원하는 프로그램이지만 예술적 영감의 원천인 섬을 살리면서 동시에 섬 주민들에게는 문화예술의 향기를 체감하는 계기를 마련할 수 있는 일석삼조의 효과를 거둘 수 있기 때문이다.

 흔히 섬을 예술과 문학, 특히 시적인 영감을 주는 장소라고 생각한다. 섬을 주제로 한 시문학 작품이 많다는 것도 사실이지만, 섬에서 나고 생활한 시인들의 활동이 의외로 역력하다. 덕적도의 장석남, 문갑도의 이세기, 자월도의 김영언 시인을 떠올려 보면 섬은 시인을 기르는 땅이라는 착각이 들 때가 있다. 또 요절한 기형도 시인 역시 연평도 태생이라는 걸 상기하면 더욱 그렇다. 장석남에게 덕적도는 시심의 요람이다. 밀물이 모래를 적시는 소리에서 '아버지'를 느낄 정도로 그의 시는 섬에서 생활한 원형체험이 바탕을 이루고 있다. 이세기 시인의 시집 『먹염 바다』나 『언손』에 나타난 정서도 섬사람들의 터전인 바다와 갯티, 바닷물 냄새인 갯내로 오롯하다. 자월도 출신 김영

---

* 경인일보 | 2015. 4. 20.

언의 시집 『아무도 주워 가지 않는 세월』에는 서해의 섬과 섬사람들의 정서를 생생하게도 옮겨 놓았다. 섬에서 태어나 섬사람들의 생활과 말을 거듭해서 들어 왔으며, 그리고 그들의 목소리를 시의 리듬과 조화시키는 비결을 터득했기에 가능한 일이다.

이들의 작품들이 그저 유년 체험이나 정서의 원천이나 향수를 환기하는 대상으로 국한되는 것은 아니다. 날로 척박해지는 섬 생활의 고통이 있으며, 정부나 기업이 관광과 개발의 이름으로 오래 살아야 할 섬을 망가뜨리려는 소행들에 대한 안타까움과 분노도 크다. 장석남의 「덕적소」, 이세기의 「굴업도」, 김영언의 「한리포 전설」은 시인들의 꿈 집이었던 아름다운 서해의 섬들이 사라질 위기에 대한 긴박한 경고이자 세상에 보내는 절절한 호소문이기도 하다.

섬은 바다로 둘러쌓인 땅이다. 물길로 어디로든 갈 수 있을 듯 하지만 실은 하루 두 차례 드나드는 조석(潮汐)처럼 하루 한두 차례의 뱃길로만 사람이 오갈 수 있는 고립된 장소이다. 절해(絶海)의 장소성이 섬에서 살아가는 사람들이 자연을 더 깊이 생각하고, 사람과 사람의 마음을 더 소중하게 여기며 살아가게 만든 것인지 모른다. 섬사람들은 이웃집 밥숟가락이 몇 개인지 다 안다고 말한다. 아침저녁으로 마주치지만 정작 이웃의 속사정은 모르고 살아가는 도시인들과 달리 섬에서는 구구절절 말하지 않아도 소통할 수 있다.

섬은 마지막 남은 이야기의 고향이기도 하다. 서해의 섬에는 망구할매나 개양할미같은 창세 신화로부터 섬과 지명유래담은 물론 조선 시대의 전설까지 숱한 이야기들을 아직까지 진승되고 있다. 도시에서는 개발의 광풍에 휩쓸려 사라지고 없는 풍속이다. 섬의 매력 중의 하나는 마르지 않은 시학의 원천이자 이야기의 고향이라는 점이다. 섬 관광과 섬 개발 사업의 미명 하에 섬이 가진 자연과 경관의 매력은 물론 섬의 풍속과 섬사람들의 마음씨까지 훼손하고 있는 것은 큰 문제다. 물론 섬 주민들이 언제까지 불편한 교통과 낙후한 생활을 계속해야 한다는 말이 아니다. 주민들의 삶을 윤택하게 가꾸어 가되, 영원무궁 이어가야 할 섬의 가치들도 살려 나가야 한다는 대원칙을 지키는 도서정책을 추진해야 한다는 말이다.

인천 앞바다의 신기루

비현실적인 이야기나 토대가 취약한 사물, 근거가 없는 말을 가리킬 때 흔히 사상누각(砂上樓閣), 혹은 공중누각(空中樓閣)이라는 말을 사용한다. 그런데 사상누각이나 공중누각이라는 말은 모두 신기루 현상을 가리키는 말이다. 신기루는 바다나 사막에서 먼 곳에 있는 물체가 공중에 떠올라 보이거나 거꾸로 비쳐 보이는 신비로운 자연 현상이다. 신기루를 다른 명칭은 해시(海市)인데, 일본에서는 '나고노 와다리' 혹은 '하마소비'라고 부른다. 신기루라는 명칭을 보면 무명조개 신(蜃)자는 대합이나 이무기를 말한다. 고대인들은 이 풍경들이 거대한 조개나 이무기가 뿜어낸 입김이 누대나 성곽의 형상을 나타낸다고 믿었던 모양이다. 영어로는 미라지(mirage)인데 사물을 비춰주는 거울(mirror)이라고 여겼던 것으로 짐작된다. 이 기묘한 현상을 빛의 굴절현상 때문에 발생한다는 사실을 과학적으로 규명한 사람은 수학자 G.몽지만이다. 신기루는 지표나 수면 부근의 대기와 그것에 접한 대기 간에 기온의 차가 클 경우, 두 개의 서로 다른 기온층 사이를 빛이 통과할 때 굴절되기 때문에 일어나는 현상이다.

---

* 경인일보 | 2014. 12. 10.

세계적으로 이름난 신기루 발현 장소는 중국 산둥성 옌타이의 펑라이거(蓬萊閣) 앞바다와 이탈리아 메시나 해협이다. 펑라이거 앞바다의 신기루는 주로 늦은 봄과 여름 사이에 나타나는 데 서너 시간에 걸쳐 계속되며 거대한 배나 다리, 산, 도시 모습으로 바뀌는 대장관을 연출한다고 한다. 펑라이거 신기루가 나타날 때면 이 광경을 보러 수많은 구경꾼들이 몰려든다고 한다. 이탈리아 메시나해협에서는 공기의 온도가 높아지고 물이 잔잔해지면, 구름 위로 아름답고 웅장한 항구도시의 모습이 반영되고, 다시 그 위에 제2, 제3의 도시가 솟아올라 현란한 탑이나 화려한 궁전 같은 장관이 겹겹이 펼쳐진다고 한다. 우리나라의 경우 인천 앞바다가 유명한 신기루 발현처였지만 잊힌지 오래다. 월미도 왼편 해상의 수평선에는 봄철 바람이 없는 날이면 섬의 모양, 커다란 선박이나 건축물의 모습이 마치 거울에 비친 모습처럼 출현했다는 사실을 향토사담이나 신문 기사에서 확인할 수 있다. 당시 인천관측소장이 신기루의 발현을 과학적으로 설명한 기사도 보인다. 고려 시대 문호인 이규보의 수필 「계양산에서 바다를 보다」를 보면 '산에 올라 조수가 밀려오는 것과 해시(海市)의 변괴를 구경하였다'는 언급이 나오는데, 고려시대에도 인천의 신기루는 큰 구경거리였음을 알 수 있다.

신기루가 부정적 의미로만 사용되는 것은 아니다. 상상적 신기루의 산물이라 할 수 있는 판타지는 문학이나 음악, 영화의 한 장르로 분류되고 있을 만큼 많이 창작되고 대중적 인기가 높다. 오랫동안 민속놀이로 이어져 온 불꽃놀이나 그 현대적 재현인 불꽃 축제는 인위적으로 만들어낸 신기루라 할 수 있다. 불꽃 축제는 자체로 열리기도 하지만 대규모 행사의 시작과 끝을 불꽃 쇼로 구성하는 것을 보면 가장 매력적인 볼거리임을 알 수 있다. 신기루나 불꽃놀이의 매력은 환상적 풍경이 보는 이의 상상력을 자극하기 때문일 것이다. 신기루는 홀연히 나타나 짧은 시간 동안 유지되다가 사라지는 아름답고 환상적인 일이나 현상이다. 바로 출현의 의외성과 순간성, 비현실적 환상적 아름다움이 신기루와 판타지의 매력인 셈이다.

  뜬금없이 신기루 타령을 하는 것도 이 같은 신비로운 자연현상이 사라진 것에 대한 아쉬움과 함께 그 현상의 발현처인 월미도나 인천 내항 일대의 문화 콘텐츠로 재현할 수 없는가 하는 생각 때문이다. 신기루를 다시 볼 수 없다면 인천의 축제 프로그램으로 월미도 해상에 인천의 신기루를 재현하는 해상 레이져 쇼 같은 건 어떨까? 아니면 대형 건축물을 스크린 삼아 미디어 파사드(media facade)를 설치하여 천변만화(千變萬化)하는 풍경을 디지털로 재현한다면 쇠퇴하는 구도심의 새로운 매력물이 되고 관광자원이 되어 사람들을 불러 모을 수 있지 않을까 하는 '신기루 같은' 생각을 해보는 것이다.

소사나무 예찬

소나무는 한국인들이 사랑하고 한국을 표상하는 나무이다. 한국을 표상할 수 있으면서 한국인에게 사랑받아야 할 나무 중의 하나로 소사나무를 추천하고 싶다. 지난여름 영흥도 십리포 해수욕장의 소사나무 군락지가 피서객들로 몸살을 앓고 있다는 소식을 듣고 소사나무의 가치를 새삼 깨닫게 되었다. 무엇보다 척박한 환경을 견디는 소사나무의 강인한 기질이 우리 민족과 닮았다. 태곳적의 원시림을 연상케 하는 구불구불한 줄기와 작은 잎사귀가 어우러진 모습은 한국인의 미적 취향과도 잘 어울린다.

소사나무는 이미 국민들의 사랑을 받고 있는 나무이다. 소사나무는 분재용으로 태어난 나무라고 불릴 정도로 분재목으로 인기가 높다. 고목나무 같은 나무 모양 때문에 분재용으로 많이 쓰이고 있는 것이다. 물론 분재업자나 애호가들이 소사나무의 성장을 억제하거나 가지를 억지로 구부려서 분재로 만드는 것에 대해서는 논란의 여지가 있다. 이 또한 소사나무가 지닌 독특한 조형성 때문에 겪어야 하는 수난인 것이다.

* 경인일보 | 2014. 9. 16.

마니산 참성단의 소사나무도 유명하다. 천연기념물로 지정된 이 소사나무는 비록 높이는 4.8미터, 수령은 150여 년에 불과하지만 마니산 정상을 촬영한 사진 작품 속에서는 실제보다 훨씬 크고 신비로운 나무처럼 보인다. 다른 문화재급 노거수들에 비하면 크기나 나이는 내세울 게 없지만, 단군신화에 나오는 신단수(神檀樹)나 신의 거처인 천상과 인간의 지상을 연결하는 우주목(宇宙木)처럼 신비로운 분위기를 자아내는 나무이다. 한 줌의 흙도 변변치 않은 참성단 돌 틈에서, 바람막이 없는 산 정상에서, 비바람과 눈보라를 견뎌온 나무의 모습이 참성단에 오른 이들에게 더욱 경건한 느낌을 주고 실제보다 큰 나무로 여기게 만든 것인지도 모른다.

소사나무는 강한 바람이나 척박한 토양에도 잘 자라는 억센 나무이다. 해풍을 막아야 하는 영흥도 주민들이 소사나무로 방풍림을 조성한 이유이다. 모래와 자갈투성이의 해변에서 해풍과 맞설 나무로 가장 적당했던 것이다. 하늘로 키를 높이기보다는 옆으로 줄기를 늘려 가는 것이 소사나무의 '겸손한' 생존 전략 덕에 어민들은 바람을 막고 그늘을 얻을 수 있었다. 이가림 시인이 그의 시 「소사나무 숲」에서 영흥도 십리포의 소사나무 숲을 황해의 파도와 해풍에 맞서는 '방파제'이자 '바리케이트'이며, 십리포 해변을 지키는 '옹이투성이의 노인들, 최후의 민병대'라고 노래한 것도 그 강인한 생존력에 대한 경외감 때문일 터이다.

영흥도 십리포 소사나무 군락지는 방풍림으로 조성된 국내 최대 군락지이자 어촌 생활문화 사원의 가치도 지니고 있어 국가적으로 보호해야 할 숲이다. 그러나 인천시와 옹진군은 피서객 편의를 제공한다는 명분으로 보호림 훼손을 방치하고 있다. 피서객들이 산책로로 이용할 수 있도록 하되 취사행위나 야영은 금지해야 한다. 무엇보다 국내 유일의 천연보호림의 가치를 설명하여 관광객이나 국민들이 스스로 소사나무를 보호할 수 있도록 해야 한다.

 소사나무는 서해의 옹진군 백아도에서 주로 분포하고 있으며, 바람이 드센 해변이나 산 정상부에 서식하고 있다는 점을 주목할 필요가 있다. 인천 지역 일대의 수목을 연구해온 권전오 박사는 소사나무의 분포와 서식 특성이 인천의 정체성에 부합한다고 지적한 바 있다. 그리고 보면 인천 시목(市木)으로 지정된 나무인 목백합은 인천과는 그리 연고가 없는 나무이다. 인천시가 소사나무와 소사나무 군락지에 더 관심을 갖고 인천의 명물로 가꿔 나가는 정책을 제안해야겠다. 소사나무는 역사·문화적 가치를 지닌 나무일 뿐 아니라 그 군락지나 자생지도 관광지로 가꿔 나가야 할 장소들 아닌가. 게다가 한국 특산종인 소사나무는 분재로 각광받고 있듯이 경제적 가치도 풍부한 생물유전자 자원이다.

인천감리서 터를 국가 사적지로

 인천감리서는 1883년 제물포개항 이후 조선 정부가 국제 통상(通商) 사무와 외교 등의 업무를 수행하기 위해 인천항에 설치한 근대 행정기관이었다. 1876년 강화도조약을 계기로 조선의 문호가 개방되고 국제관계가 확대되면서 외교사절의 교환, 주재외국인의 거류지 설정, 개항장과 개시장의 설정, 외국 선박과 상인의 출입, 무역량 증가와 같은 새로운 국가적 업무가 크게 증가하였으나, 이 같은 업무를 처리할 수 있는 적절할 기구가 없었다. 그래서 오늘날의 외교통상부에 해당하는 통리교섭사무아문을 설치하고 개항장의 행정기관으로 인천항감리아문(仁川港監理衙門)을 세우고 그 책임자로 감리(監理)를 파견한 것이다. 당시의 감리서는 통상사무뿐 아니라 지방행정 업무인 치안과 사법, 군사 업무까지 담당하고 있어서 감리서 내에 재판소와 감옥 등도 함께 있었다. 정부가 서구열강의 각축장으로 변화하고 있는 개항도시에 특별행정기구를 즉각 설치한 것은 문호개방에 능동적으로 대처하려는 시도였다. 그러나 러일전쟁이 일본의 승리로 끝나면서 을사늑약이 체결된 이듬해인 1906년, 인천감리서가 폐지되고 그 주요 기

* 경인일보 | 2013. 12. 11.

능은 일본의 인천이사청(理事廳)으로 이관되었다. 인천감리서의 국제 통상업무가 일본에 이관되었다는 것은 조선이 스스로 외교 기능을 행사할 수 없는 종속국가로 바뀌었음을 의미하는 것이다.

조선의 국가적 명운을 단적으로 보여주었던 인천감리서는 뒷날 임시정부의 수반이 되는 김구(1876~1949) 선생이 두 차례나 투옥되어 옥살이를 했던 곳이기도 하다. 백범이 처음 인천과 인연을 맺은 것은 그의 나이 20세 때인 1896년 명성황후 시해사건을 듣고 분노하여 일본군 중위 쓰치다를 살해한 이른바 '치하포사건'으로 체포되어 인천감리서의 감옥에 2년간 수감되면서이다. 김구 선생이 인천감옥으로 이감된 이유는 당시 외국인 관계 사건을 재판하는 특별재판소가 인천감리서에 설치되어 있었기 때문이다. 그는 1897년 인천감옥에서 사형선고를 받았으나 극적으로 무기수로 감형되었고 이듬해인 1898년 봄에 탈옥 도주하였다. 김구 선생이 인천 감옥을 탈출하여 삼남지방으로 도피할 수 있었던 것은 김구 선생의 인격에 감화를 입은 감리서의 순검 김정근 비롯한 여러 사람의 도움이 있어서 가능했다. 백범은 당시 '인천감옥에서 수형생활을 하는 동안, 인천 개항장을 통해 유입된 신문물을 익히며 항일운동가로서의 사상을 정립했다'고 기록하였다. 인천감옥은 그를 불굴의 민족지도자로 단련시킨 용광로이자 다른 수형자와 간수들, 심지어 옥문 밖의 인천 사람들에게도 감화를 준 옥중학교였던 것이다. 선생이 훗날 인천을 가리켜 '내 일생에 뜻깊은 곳'이었다고 술회하면서 당시 인천 감옥 시절을 자세하게 기록한 것도 그런 인연 때문이었을 것이다.

김구 선생은 1911년 안악사건으로 체포 투옥되어 17년형을 언도 받고 서대문 감옥 등에서 옥살이를 하게 되는데, 1914년에 인천감옥으로 이감하여 이듬해 가출옥할 때까지 힘든 수형생활을 하였다. 당시 일제는 인천항에 갑문식 도크 공사를 하고 있었는데 공사를 서두르기 위해 인천감옥의 죄수들을 동원하였다. 김구 선생도 다른 죄수들과 함께 붉은 죄수복을 입고 철사로 허리에 묶인 채 공사장에서 일해야 했다. 공사장 노역은 흙 지게를 지고 수십 미터의 사다리를 오르내려야 했기 때문에 반나절이면 어깨가 붓고 발이 부어서 몸을 가누기 힘들 지경이었다고 한다. 이 노역이 너무 고통스러워 몇 번이나 떨어져 죽을 결심을 했으나 철사로 묶여 있어 함께 떨어져 죽어야 하는 동료 죄수를 생각하고는 마음을 고쳐먹었다고 한다.

김구 선생이 다시 인천을 찾은 것은 해방 후 임시정부 요인으로 환국한 이듬해인 1946년 봄 전국 순회를 시작하면서였다. 첫 방문지로 인천을 택한 것은 인천감리서 내의 인천감옥과의 인연 때문이다. 인천에 온 김구 선생은 반세기전 감옥살이를 했던 인천감리서 터를 둘러보았으나 이미 옛 모습을 찾을 길 없었고, 자신의 탈옥을 도와주었던 감리서 순검을 수소문하였는데 방문 보름 전 세상을 떠나 만나지 못해 안타까워했다고 한다.* 그가 「백범일지」에서 '인천은 의미심장한 역사지대'라고 한 것은 한국 근대사에 차지하는 인천의 위상에 대한 언급뿐 아니라 인천감옥에서 사형 언도와 수형생활, 모진 노역을 견디며 민족의 지도자로 성장했던 자신의 단련장이었다는 의미도 포함되어 있었던 것이다.

인천대공원에는 1997년 인천 시민들의 성금을 모아 건립한 백범 김구의 동상이 서 있다. 이 동상 곁에는 백범이 인천에서 모진 감옥

---

* 『大衆日報』1946. 4. 17.

살이를 할 때 옥바라지를 했던 모친 곽낙원(郭樂園) 여사의 동상도 세워졌다. 그러나 이곳은 백범과 큰 연고가 없는 곳인 데다 접근성도 떨어져 백범의 업적을 기리는 장소로는 적합지 않다. 오히려 백범 동상은 그가 옥살이를 했던 인천 감리서가 있었던 내동 언덕이나 인근의 그가 흙짐을 지고 까마득한 사다리를 오르내리던 축항 공사장이 더 적절해 보인다.

현재의 인천감리서 터에 옛 흔적은 가뭇없다. 인천감리서는 대한민국 임시정부 수반이었던 김구 선생이 두 차례나 투옥되었던 곳이며 옥살이를 하면서 '옥중학교'를 열어 죄수들에게 글을 가르치는 한편 스스로 근대적 각성을 한 곳이며, 인천 주민들의 도움을 받아 탈옥에 성공했던 곳이다. 진작에 독립운동의 중요한 사적지로 보전되어야 했다. 한편 인천감리서의 지척에 있는 자유공원도 3.1운동 직후 전국 13도 대표가 모여 한성정부 수립을 결의한 곳으로 역시 중요한 유적지이다. 그동안의 무관심 때문에 인천감리서가 위치했던 인천 중구 내동 83번지 일대는 아파트와 개인 주택지로 바뀌고 말았다. 지금이라도 감리서 일대를 항일독립운동의 사적지로 지정하고 그 역사적 의의에 부합하는 시설을 도입하여 김구 선생이 간난신고의 옥중 투쟁을 벌였던 현장을 제대로 돌아볼 수 있는 장소로 가꾸어 나가야 한다.

조선인의 신발개량에 몸 바친 사람
— 발명가 이성원

헐벗은 조선인의 발을 위해 평생을 바친 사람이 있다. 근대 복식사 연구자나 인천 연구자들에겐 익히 알려진 인천 삼성태(三成泰)의 대표 이성원(李盛園) 씨가 그다. 맹인들을 위해 점자를 고안한 송암 박두성 선생에 비견할 만한 인물이다. 일제강점기 동아일보를 비롯한 언론은 이성원을 전 조선인이 각광했던 개량 신발인 '경제화'(經濟靴)와 10여 종의 특허품을 발명한 '천재'로 여러 차례 특필했다. 그는 자신이 고안한 만능 접착제인 '만능호'의 전매특허를 받기 위해 태평양 건너 미국행까지 감행했던 인물이다. 이성원은 신발과 관련 기술에 관한 한 일본인들의 기술을 능가한 장인(匠人)이었을 뿐 아니라 세계를 무대로 기술 경쟁을 벌였던 선구적 경제인이기도 했다.

이성원의 활동에 대한 관심과 환호는 세월에 묻혀 지금은 몇몇 회고담을 제외하면 잊힌 전설이 되었다. 그의 화려한 발명 신화가 상업적 성공으로 이어지지 못했다는 점이 한 원인이겠다. 또 그가 발명한 특허품에 관한 단편적 기사 외에 그의 생애에 관한 자료가 전무한 탓도 클 것이다. 그렇지만 이성원이 61세를 일기로 타계했다는 고일의

---

* 경인일보 | 2013. 7. 16.

회고(『仁川昔수』)나 그가 아홉 살이 되던 해인 을미년(1895)에 인천으로 이주해왔다는 이성원 자신의 회상기를 참고하면 성글게나마 그의 생애사를 복원할 수 있다.

경기도 수원 태생인 이성원은 어린 나이에 아버지를 여의고 아홉 살이 되던 해인 1895년 개항장 인천으로 이주하였다. 인천에 와서 관립일어학교에 합격하였으나 집안 사정이 어려워 입학을 포기하고 만다. 한문서당 공부도 가난 때문에 그만두고 어린 나이에 포목점과 운송회사 등에서 점원 생활을 하였다. 이성원은 7년간 점원 생활로 모은 돈으로 처음에는 고급가구인 목칠기(木漆器) 공장을 운영하였으나 사업이 여의치 않자 개화 문물 중의 하나인 양화점을 열기로 결심한다. 이성원이 약관의 나이에 개점한 이 양화점이 바로 한국의 근대 신발인 '경제화'를 탄생시킨 삼성태이다.

이성원이 1911년에 고안한 경제화는 1913년에 특허등록이 이뤄졌다. 헝겊과 가죽을 이용한 이 발명품은 가벼우면서도 질길 뿐 아니라 값도 싸서 곧바로 전국에서 날개 돋친 듯 팔려나갔다. 짚신과 나막신으로 살았던 당시 한국인들에게 큰 인기 상품이었다. 이성원은 경제화로 상당한 돈을 벌었지만, 여기에 만족하지 않고 '개량화'와 '삼성화'라는 신발을 개발하는 데 투자했으며 제화에 필요한 재료의 개발에 나섰다. 그가 발명한 만능호(萬能糊)는 헝겊과 고무를 강하게 결합시키는 접착제의 일종이다. 이 접착제는 종래 바느질로 신 밑창을 붙이는 제화방식을 접착제로 붙이는 방식으로 바꾸어 놓았다. 제작비는 줄고 가격은 더욱 저렴해졌다. 그 외에도 튼튼한 신발바닥(만력저), 연결 쇠못(ㄷ자못), 신발 앞뒤에 넣는 고무(고무만주) 등을 발명하였다. 그의 계속된 발명으로 동경 박람회에서 수상을 하고, 일본군 병참부대에서 공장과 제품을 조사하고 군수품으로 납품을 타진할 정도로 유명해졌다. 그런데 이성원의 삶은 고난의 연속이었다. 성공의 기쁨은 잠시였고 발명 자금은 늘 부족했다. 때로는 특허등록이 취소되는 커다란 좌절을 맛보기도 했지만 한 번도 특허권을 팔지 않았다. 고락을 같이한 동업자들과 공장 직원들 위해서였다. 그의 재능과 끈기를 믿고 재력가들이 큰 자금을 지원해준 덕택에 한때 사세를 크게 확장한 적도 있었지만, 재료의 개발비용을 감당하기에는 역부족이었다. 결국, 거액을 호가하던 특허권도, 공장도 모두 남의 손으로 넘어가고 다시 빈손이 되었다. 평생을 가난한 조선 사람들의 신발을 개량하는 데 바친 그는 안타깝게도 61세 되던 해인 1947년에 쓰러지고 만다. 이 백절불굴의 삶은 어떤 성공신화보다 감동적이다. 그는 나막신이나 짚신 밖에 모르던 가난한 동포들을 위해 고뇌했던 기업인이었으며 신발 개량에 몸을 던진 선구자의 표상이다. 이번 주말에는 발명가 이성원의 실험실 삼성태가 있었던 애관극장 부근을 다시 둘러봐야겠다.

백령도의 해양설화

지난 주말 예술인들과 함께 백령도를 다녀왔다. 이번 백령도 기행은 분쟁의 현장이 된 서해의 섬들을 평화의 섬으로 전환시키려는 정부와 인천시의 사업에 예술인들이 어떻게 기여할 수 있는지를 모색하는 프로젝트의 일환이었다. 두무진의 절경과 콩돌해안의 잔자갈, 사곶 해변의 탄탄한 모래밭은 서해의 파도와 해풍이 창조한 백령도의 관광자원이다.

백령도의 새로운 명물인 심청각은 소설 심청전과 그 근원 설화를 바탕으로 마련한 관광콘텐츠이다. 맹인 심학규의 딸 심청은 아버지가 공양미 삼백 석을 시주하면 눈을 뜨게 해주겠다는 화주승의 말을 믿고 시주를 약속 때문에 중국 뱃사람들의 제물로 팔려 인당수에 몸을 던진다. 용왕으로 도움으로 용궁에서 죽은 어머니를 만나고 연꽃으로 피어나 인간계로 환생하여 황후가 되고, 맹인잔치연을 베풀어 재회한 아버지가 소원대로 눈을 뜨게 된다는 이야기이다.

백령도의 심청각은 효행으로 맹인이 눈을 뜨게 된다는 맹인개안(盲人開眼) 이야기를 강조하여 심청이 바다에 몸을 던지는 모습의 조

* 경인일보 | 2013. 5. 28.

형물을 세우고 전시실에는 여러 효자효녀 관련 자료를 보여주고 있다. 그런데 심청각의 콘텐츠는 효행의 교훈을 너무 강조하다 보니 스토리가 평면적이어서 여운이 부족하다. 그것은 심청 설화의 흥미로운 모티브인 해저 세계에 대한 옛사람들의 상상이 담긴 용궁설화(龍宮說話), 그리고 저승으로 갔던 사람이 다시 인간으로 태어나는 이야기인 환생설화(幻生說話)를 간과한 탓으로 보인다.

백령도가 가진 스토리텔링 자원은 신라 진성여왕 때의 괴물 퇴치담인 거타지(居陀知) 설화와 고려 태조 왕건과 관련되는 작제건(作帝建) 설화이다. 거타지 설화는『삼국유사』에 실려 있다. 거타지는 신라 진성여왕 때 사신으로 당나라로 가던 아찬 양패의 호위 무사 가운데 한 명이었다. 신라 사신 일행이 당나라로 가던 중 풍랑이 심해져서 백령도(鵠島)에 머물고 있던 중 서해의 해신인 '약(若)'이 승려의 꼴을 한 괴물에게 시달리고 있다는 사실을 알게 된다. 거타지는 해신을 죽이려는 사미승을 쏘아 죽인다. 해신은 은혜의 보답으로 딸을 꽃으로 변신하게 해 거타지에게 준다. 당나라에서 무사히 돌아온 거타지는 해신이 준 꽃을 사람으로 변신시켜 아내로 맞이하여 살게 된다는 이야기이다.

이 거타지 설화는 고려 태조 왕건의 가문설화인 작제건 설화의 모티브와 흡사하다.『고려사』의 고려세계(高麗世系)에는 왕건의 조상인 작제건의 이야기가 실려 있다. 작제건은 활을 잘 쏘았는데, 상선을 타고 가다가 바다 한가운데서 서해의 용왕이라는 노인을 만났다. 용왕은 여래불(如來佛)로 변장한 요괴에게 괴롭힘을 당하고 있었다. 작제건은 용왕의 요청으로 한 늙은 여우를 쏘아 죽인다. 용왕은 그 보답으로 딸을 주어 작제건은 용왕의 딸에게 장가를 들었다. 승려를 가장한 요괴의 등장, 그로 인해 곤경에 빠진 해신이나 용왕, 요괴 퇴치의 보답으로 꽃으로 변신한 딸을 준다는 이야기는 작제건 설화가 거타지 설화의 뿌리가 같다는 것을 말해 준다. 이 두 설화에 나타나는 공통요소들, 위기에 처한 용왕이나 해신이 등장하고, 꽃을 통해 여인이 환생한다는 이야기는 다시 심청전(설화)으로 이어지고 있다. 백령도는 이들 설화의 원형에 해당하는 거타지 설화를 주목하고 백령도의 스토리로 가꿔 나갈 필요가 있다.

  이들 위기 극복의 설화가 모두 아름다운 백령도를 배경으로 하고 있다는 점은 희귀한 사례이고 의미심장한 것이다. 지금은 백령도가 분단의 볼모가 되어 남북대결의 높은 파고에 흔들리고 있지만, 거타지와 작제건, 심청과 같은 설화 속의 주인공들이 커다란 위기를 타개한 것처럼 남북의 대결, 서해 도서들이 겪고 있는 위기가 예술인들이 백령도에서 발신하는 평화의 메시지로 극복되기를 기대해 본다. 그러고 보면 서해를 지켜주는 신들은 더 있다. 강화도 바람의 신 손돌, 연평도 조기잡이의 신 임경업, 덕적군도 새우잡이의 신 망구할매 등과 같은 서해의 여러 해신들도 다시 살펴봐야 하겠다.

인천 600년 2013년

지난 2012년은 유달리 사건도 많고 탈도 많은 임진년이었다. 그런데 역사적으로는 몽골이 침입으로 고려가 강화로 피난했던 해인 1232년(고려 고종 19)과 토요토미 히데요시가 조선을 침략한 1592년(선조 25)도 모두 임진년이었다니, 우리가 지난해 겪은 일들은 오히려 액땜 정도로 위안해야겠다.

이제 2013년, 계사년(癸巳年)의 새해가 시작되었다. 올해로 지명을 얻은 지 600년이 지방이 여럿 있다. 인천시를 비롯하여 경기도의 고양시와 양주시, 용인시, 충북 제천시, 전남 함평군 등의 전국의 지자체가 지명 600돌을 맞이하여 다채로운 기념행사를 개최할 계획을 세우고 있다. 600년 '묵은' 지명은 대부분 조선 태종 13년에 중앙집권체제를 강화하기 위해 고려 시대의 군현체제를 재편하는 과정에서 명명된 것으로 당시 이웃 군현과 통폐합되거나 지위가 격하된 경우도 있으나 이후 600년 동안 같은 땅이름으로 '장기지속(Longue Duree!)'해온 것만도 장엄하지 않은가. 사람으로 따지면 회갑을 10번째 맞이하는 10주갑(周甲)에 해당하며, 30년을 한세대로 치면 무려

* 경인일보 | 2013. 1. 2.

20세대가 바뀌어 갔으니 참으로 장구한 역사이다.

이 가운데 인천의 변화는 극적이다. 1413년 당시 기초 단위였던 군(群)에서 도호부로, 직할시로, 광역시로 바뀌면서 지금은 한국 제3의 도시로 성장했기 때문이다. 물론 고려 시대의 인천의 위상은 인주 이씨가 고려왕실과 7차례나 중첩된 혼인관계를 맺을 만큼 긴밀한 관계를 맺고 있었다. 고려 시대의 인천 지명이었던 경원(慶源)이니 인주(仁州)니 하는 지명은 고려 왕실의 왕비들이 태어난 고향이라는 말이며 '고려 왕실 경사의 근원'이라는 의미를 지니고 있었으며 대체로 도호부 격의 위상을 지니고 있었다.

올해는 제물포개항 130년이 되는 해이기도 하다. 1883년의 개항이 이뤄지면서 수도 한양의 방어 진지였던 제물포는 국제항구도시로 탈바꿈했다. 그런데 제물포개항은 조선 정부의 능동적 의지가 아니라 일본을 비롯한 열강의 요구를 수용하여 이뤄졌다는 점이다. 개항과 동시에 조선은 세계열강의 이권 쟁탈장으로, 청일전쟁과 러일전쟁을 거치면서 일본의 식민지로 떨어지고 말았다. 제물포개항이 자랑스러운 역사는 아니지만, 한국 근대사의 가장 중요한 분수령이기에 해당하므로 그 과정을 찬찬히 되새겨 봐야할 것이다. 1883년 제물포개항은 인천이라는 도시의 역사에서도 중요하지만, 그 이후에 파급된 문화 변동의 결과는 오늘의 한국, 오늘의 한국인에게도 여전히 영향을 미치고 있기 때문이다.

계사년에 기억해야 할 문화적 '사건' 하나가 더 있다. 600년 전인 1413년(조선 태종 13년) 계사년에는 조선왕조실록의 첫 작업인 태조실록 편찬이 시작됐다는 점이다. 조선왕조실록은 조선 태조에서 철종까지 25대 472년간의 역사를 왕별로 기록한 편년체 사서로, 조선의 역사와 문화를 연구하는 기본 사료이다. 현재 유네스코 세계기록유산 및 국보 제151호로 지정돼 있다. 조선왕조가 국력을 기울여 사료 편찬사업을 지속했던 것은 단순 과거의 기록이 아니라 현재와 미래를 보는 '거울'이라고 인식하였기 때문이었다.

 600년 '묵은' 땅이름을 돌아보면서 인천을 비롯한 여러 도시들이 해야 할 일은 그동안 변화한 것이 무엇인지를 찬찬히 살펴보는 일이다. 경계해야 할 일은 행사 치레에 급급하여 애초의 동기나 목적을 망각하지 말아야 한다는 것이다. 그런데 더 중요한 것은 그 변화의 현상만 주목하게 되면 역사로부터 교훈을 얻지 못하게 된다. 변화 속에서도 변화하지 않는 것, 구조적 요인이 무엇인지도 찾아야 한다. 인천이라는 도시는 예나 지금이나 '바다'에 의존하며 변화 발전해왔다는 사실이다. 그것은 이 도시의 미래도 결국 '바다'에 달려 있다는 점일 터이다. '미추홀'이라는 가장 오래된 인천의 지명이 '해상도시'를 의미하듯이.

도시와 기념물

　에펠탑의 경제적 가치가 무려 616조 원에 달한다는 연구결과가 발표되었다. 이탈리아 몬자-브리안자 상공회의소(CCMB)가 최근 유럽의 주요 기념물·유적들을 이미지, 브랜드가치, 경관가치, 고용 창출 효과, 관광객 수 등 10가지 지표를 토대로 평가한 것이다. 이 연구에 의하면 프랑스 파리의 랜드마크인 에펠탑의 경제 가치가 무려 3천430억 파운드(한화 616조 원)에 이른다니 놀랍고 부럽다. 다른 기념물·유적의 경제적 가치평가도 제시되었는데, 로마의 콜로세움은 약 129조 원, 스페인 바르셀로나의 파밀리아 성당은 약 127조 원, 이탈리아 밀라노의 도오모 성당은 약 116조 원에 달하는 것으로 나타났다. 1889년 세워진 에펠탑은 매년 관광객 800만 명이 찾고 있는 유럽 최고의 관광명소이다. 616조 원은 프랑스 연간 국내총생산(GDP)의 5분의 1에 해당한다고 하니 실감이 나지 않는다. 더구나 에펠탑은 유럽 도시의 기념물 유적 가운데 최상위 상위 7위 안에 들어간 다른 기념물이나 명소의 경제 가치를 합한 것보다도 높은 가치를 지닌 것으로 나타났다. 이 같은 평가 결과는 도시의 랜드마크나 창의적 기

---

* 경인일보 | 2012. 8. 28.

념물이 갖는 중요성을 재확인시켜준 것이다.

　에펠탑이나 콜로세움과 같은 역사적 명소는 아니지만, 방문객을 불러들이는 매력적 상징물을 가진 도시는 의외로 많다. 인어공주 이야기를 조형물로 만들어 유명해진 코펜하겐이나, 물고기의 몸에 사자의 얼굴을 한 머라이언(Merlion)으로 유명한 싱가포르도 그 사례이다.

　덴마크 코펜하겐 항구에는 항구를 상징하는 작은 인어공주 동상이 있다. 가스텔레트 요새가 잇는 해안에 위치한 이 인어공주 상은 조각가 에드바르트 에릭슨이 안데르센의 '인어공주'를 참고로 하여 자신의 아내를 모델로 하여 만든 조각이다. 80㎝에 불과한 작은 동상이지만 코펜하겐을 찾는 관광객이 반드시 방문하는 관광 명소가 되었다. 그런데, 코펜하겐 항구의 '외로운' 인어공주가 최근 꿈에 그리던 왕자를 찾게 되었다는 것이다. 코펜하겐 북부의 항구에 인어공주의 짝이 됨직한 멋진 왕자 상을 세웠기 때문이다. 이 왕자 상은 인어공주상과는 50㎞나 떨어진 곳에 위치하고 있지만 인어공주와 비슷한 자세로 앉아 인어공주를 바라보는 듯한 모습을 하고 있어 코펜하겐 사람들의 새로운 이야기거리가 되었다 한다.

　싱가포르의 머라이언상 이야기도 재미있다. 머라이언상의 머리는 사자이고 몸은 물고기의 모습을 한 석상(石像)으로 싱가포르의 상징처럼 여겨지고 있다. 이 상징물은 옛날 수마트라 왕자가 새로운 영토를 찾아 이곳에 당도했을 때 흰 갈기를 가진 사자가 살고 있는 것을 보고, 이 지역을 '사자의 도읍'이라는 뜻의 '싱가푸라'라고 이름 지었다는 지명유래에 착안하여 만들었다고 한다. 이 지역에 사자가 나타났다는 것은 사실성이 없는 이야기다. 그렇지만 낮에는 분수를 내뿜고, 밤이면 조명을 받으며 바다를 향해 서 있는 머라이언 상의 늠름한 모습은 많은 관광객을 모으고 싱가포르에 대한 강한 인상을 남기게 하는 명물이 되었다. 머라이언 공원의 연간 방문객은 800만 명에 달하는데 그 핵심적 매력물은 싱가포르의 신비한 전설을 들려주는 머라이언상이라 한다. 해양설화와 도시 공간을 결합시켜 매력적인 장소를 창조해낸 대표적 사례이다. 싱가포르 당국은 머라이언 공원외에 또 다른 머라이언상을 세웠는데, 센토사 섬에 위치한 높이 37미터의 거대한 머라이언 타워가 그것이다. 밤이면 형형색색으로 빛나는 이 머라이언상은 섬 전체를 조망하는 전망탑으로도 쓰인다.

철탑 하나로 616조 원의 가치를 창조한 파리, 인어공주 이야기를 도시에 재현하고 재현된 조각 작품을 소재로 다시 새로운 로맨스를 창조한 코펜하겐, 단순한 지명유래담에 상상력을 보태 항구 도시의 매력과 가치를 높인 싱가포르의 사례에 견주어 보면, 우리나라의 도시들은 기능주의의 과잉으로 을씨년스럽기만하다. 시멘트 숲으로 남아 있는 도시에 이야기와 감동을 이입하여 '이야기를 들려주는 장소'로 바꾸는 일을 실천할 때가 되었다.

해방 직후 인천신사에서 벌어진 소동

얼마 전 요시하라(吉原)라는 한 일본인의 회고담을 흥미롭게 읽었다. 해방 전후의 인천 체험을 담은 이 회고록에는 인천신사의 제례를 주관하던 궁사(宮詞)였던 이소노(磯野)가 인천신사의 신체(神體) 은닉했던 과정에 대해 증언한 내용이 나온다. 이소노의 증언에 따르면 인천신사에는 큰 구리 거울 두 개를 포함한 신체가 보관되어 있었는데, 해방 직후인 8월 17일 오후 4시에 인천신사의 궁사들과 인천부윤, 부두관리국장이 입회한 가운데 인천 앞바다의 한 지점에 그 신체를 가라앉혔다는 것이다.

인천신사의 신체를 숨긴 사실에 대해서는 여러 기록에서 나타나기 때문에 그의 증언에 크게 새로운 사실은 없다. 다만 은닉 당시에 입회자가 누구였는지를 밝혔고, 'ㅇㅇ지점'이라고만 알려진 장소를 '인천항 앞바다 한가운데'라고 조금 구체화했을 뿐이다. 그런데 일본인들이 '숨은 신'의 은닉처에 대해 굳게 함구하고 있는 것은, "언젠가는 다시 신전으로 맞아들일 때를 기다리는 임시조처"로 여기고 있기 때문이라는 것이다.

* 경인일보 | 2011. 8. 17.

이처럼 해방 직후에 일본인들이 벌인 소란 중의 하나는 한국에 설치했던 신궁과 신사에 보관된 신체를 숨기는 일이었다. 천상의 최고 신이자 천황의 조상인 아마테라스 오오미가미(天照大神)를 비롯한 제 신들의 신체가 훼손되는 것을 막기 위한 대책을 마련하느라 전전긍긍했다. 실제로 8월 15일 저녁 평양 신사를 비롯한 전국 중요 신사에 대한 방화와 파괴가 시작되었다. 신사 건물은 가장 일본적인 건축물이자 잔혹한 식민통치의 상징이었기 때문에 당연한 일이었다.

조선총독부는 '일본과 조선은 한 뿌리이며 일체'라는 이른바 '내선일체'를 내세우며 조선인을 천황의 신민으로 만드는 정책을 집중적으로 추진했다. 신사참배는 천황제 이데올로기를 중심으로 한 군국주의 표상이었다. 일본인들의 민간신앙이었던 신도(神道)를 국가종교로 둔갑시켜 일본인은 물론 조선인들에게도 강요했던 것이다. 이를 위해 총독부는 신사의 건립을 독려하여 1945년 6월까지 전 조선에 신궁(神宮) 2개, 신사(神社) 77개, 면 단위에 건립된 소규모 신사 1062개가 세워졌으며, 각급 학교 등에는 '호안덴(奉安殿)'을 세우고, 각 가정에는 '가미다나(神棚)'라는 가정 신단(神壇)까지 만들어 아침마다 참배하도록 하였다.

현인신인 천황이 항복 선언을 하게 되자, 최고 신 아마테라스도 몸을 숨겨야 하는 위기를 맞이한 것이다. 초유의 사태를 맞아 조선총독부와 신궁의 궁사(宮詞)들이 8월 16일 대책회의를 하고 작성한 시나리오는 전 조선의 신궁과 신사에 '강림'해 있던 신들을 하늘로 되돌아가도록 하는 이른바 '승신식(昇神式)'을 올리자는 것이었다. 그런데 신령은 승신식으로 하늘로 되돌아간다고 해도 신사에 보관하고 있던 신의 상징인 신체가 문제였다. 신체는 신령이 깃든 거울, 구슬, 칼 따위로 참배의 대상이 되는 물건이다. 총독부에서는 8월 16일에서 17일까지 전국의 신사에 승신식을 거행할 것과 중요한 신궁과 신사의 신체는 항공편으로 '봉환'하고 불가능할 경우 적절히 은닉하라는 지시를 하달했던 것이다. 그러나 경성의 조선신궁에 보관해 오던 신체인 메이지 천황의 보검만 항공편으로 반납되었을 뿐 대부분의 지방 신사의 신체는 땅속에 파묻었으며, 드물게는 인천의 경우처럼 바다에 던졌다. 애써 지상에 '모신' 신들을 하늘나라로 되돌려 보내고 신체를 땅속이나 바닷속에 숨기는 참으로 기이한 의식이었다.

일제가 '황민화 정책'의 일환으로 강요한 신사참배는 처음부터 종교인들을 비롯한 민중의 격렬한 저항에 부딪혔다. 기독교를 비롯한 여러 종교의 교역자와 신자들은 물론 일반인들의 참배거부 운동은 다양한 방식으로 전개되었다.

신사참배에 대한 한국인들의 극도의 반감은 해방 직후 대부분의 신사에 대한 방화와 파괴로 표현되었다. 일본 군국주의자들은 신앙은 강요될 수 없다는 사실을 깨닫지 못했을 뿐 아니라, 그들이 벌인 '승신식' 소동이 얼마나 우스꽝스러운 일이었는지 알지 못했던 것이다.

백령도 잔점박이 물범 이야기

백령도 잔점박이 물범에 대한 관심이 높아지고 있다. 백령도 물범은 1982년 천연기념물(331호)로 지정되었음에도 불구하고 그동안 주목받지 못했다. 물범에 대한 일반인들의 관심은 2005년 멸종위기야생동물로 지정된 것이 한 계기였는데, 이후 물범의 생태에 대한 본격적인 연구가 시작되고 다큐 영화 제작되거나 언론 보도가 이어지고 있기 때문이다. 물범이 2014년 인천아시안게임의 마스코트로 선정되면서 대중적인 관심의 대상으로 떠올랐다.

　백령도 잔점박이 물범은 여러모로 특이한 해양생물이다. 고래를 제외하면 서해안 유일의 해양 포유류로서, 유전자 검사 결과 이들은 북태평양 점박이물범과 동일한 개체이지만 고유한 유전자를 가지고 있어 오랜 세월 동안 황해의 해역 생태계에 적응하여 진화한 집단으로 파악되고 있어 황해에 정착하게 된 과정도 흥미로운 연구과제이다.

　잔점박이 물범의 둥근 얼굴에 눈을 동그랗게 뜨고 코를 벌름거리는 모습은 천진난만한 아이를 연상케 한다. 바닷물에서 자맥질할 때면 날렵하지만 바위섬에 올라 통통한 몸통을 땅에 대고 기어 다니는

* 경인일보 | 2011. 7. 12.

모습도 친근감을 불러일으킨다. 물범의 '몸매'는 육상에서 진화하여 바다로 되돌아간 해양 포유류들이 바다에 적응한 결과이다. 차가운 바닷물 속에서 체온을 유지하고 물의 저항을 줄이기 위해서 유선형의 둥근 몸으로 바뀌었으며, 오래 잠수하기 위해서 귀와 콧구멍은 여닫을 수 있는 구조로 진화하였다 한다.

백령도 물범의 이동 경로는 한국과 중국 북한 해역에 걸쳐 있다. 최근의 조사에 의하면 물범들은 3월부터 12월까지 백령도 근해에서 보낸 다음 북한 해안을 따라 북상하여 중국 발해만까지 이동하여 얼음 바다 위에서 새끼를 낳고 겨울을 보낸 다음 이듬해 3월경 다시 북한 해역을 따라 남하하여, 한 해를 보내는 것으로 확인되었다. 이 물범을 '백령도 물범'이라 부르는 것은 한해의 대부분을 백령도 일대에서 보내기 때문이다. 대부분의 물범류들은 북위 45도 이북의 북극권에서만 서식한다. 물범이 북극권에 서식하는 이유는 얼음 위에서 새끼를 낳는 해양 포유류이기 때문이다. 특이하게도 백령도 물범은 38도 이남에서 서식하고 있다.

그런데 한때 8천 마리를 헤아리던 이 점박이물범의 개체 수는 현재 1천 마리 이하로 급감하여 백령도에서 확인되는 개체 수는 2~3백 마리에 불과한 것으로 알려지고 있다. 기후변화와 산업화에 따른 서식환경의 파괴가 주된 요인이다. 중국 측의 불법 포획과 백령도 물범바위 근해의 어로 활동도 개체 수 감소의 원인이다. 중국도 이 물범을 국가중점보호동물로 지정하고 우리도 멸종위기야생동물로 지정하였지만, 근본적인 대책은 아직 마련되지 못하고 있다. 이들의 집단 서식지가 어민들의 주된 조업 구역이기 때문이다. 물범의 서식지 보호는 어민들의 어로 활동을 제한하는 결과를 가져오기 때문에 이 문제를 해결하는 것이 큰 과제이다. 생태관광 등으로 얻은 수익으로 어민들의 어획 손실을 보상하는 방안이 하나의 대안일 수 있겠다. 그래서 물범의 효과적인 보호를 위해서는 인천시와 해양수산부, 문화재청이 머리를 맞대어야 하며, 중국과 북한과도 보조를 같이해야만 이룰 수 있다.

　잔점박이 물범이 지금 우리에게 긴급 조난신호를 보내고 있다. 불법 포획과 서식지 환경 악화로 멸종의 위기에 몰린 물범들은 그냥 두고 마스코트만 보고 즐거워할 수는 없지 않은가. 아시안 게임 개최 이전에 물범을 보호를 위한 대안을 마련해야 할 것이다. 이 기회에 아시아의 해양 포유류 보존을 위한 여러 나라의 지혜와 경험을 모으는 국제학술대회를 개최한다면 인천아시안게임이 한결 품격 높은 행사가 될 수 있을 것이다. 백령도 잔점박이 물범을 보호하기 위한 국제적 노력이 비단 환경보호 차원에 머무는 것이 아니다. 천안함 사건과 연평도 포격사건 이래 '동아시아의 화약고'로 다시 긴장의 파고가 높아진 서해의 평화를 정착시키는 일과 무관치 않기 때문이다.

이주노동자와 다문화 도시

인천의 거주하는 이주노동자가 공식적으로 4만 명을 넘어섰으며 실제 체류자는 6만 명으로 추산된다고 한다. 이처럼 이주노동자 수는 가파르게 늘어나고 있지만, 제도나 의식 수준은 이를 뒷받침하지 못하고 있어 상당수의 외국인들은 불법체류자로 단속대상이 되거나 혹은 온갖 차별을 감수하며 살아가고 있다. 이주노동자들이 우리 사회에 정착하여 일하게 하기 위한 노력이 다양하게 이루어지고 있긴 하나 정작 정부의 정책이 이주노동자의 정주화 방지를 목표로 하고 있어 성과를 거두지 못하고 있다.

이주노동자들이 겪고 있는 또 다른 문제의 원인은 한국인 특유의 혈통 중심주의나 단일민족 신화와 같은 폐쇄적 국민관일지도 모른다. 세계화 시대에는 한국인들이 세계 각국으로 진출하여 다른 인종과 함께 살아가듯이 다른 인종도 국민의 일원으로 받아들이는 개방적 국민관으로 전환해야 한다. 이러한 인식의 전환은 상황 논리가 아니라 사회 구성원의 삶과 문화를 더욱 풍요롭고 창의적으로 만들 수 있다는 적극적 가치로 받아들일 필요가 있다.

* 인천일보 | 2008. 1. 23.

유네스코가 2005년 말 〈문화다양성협약〉을 채택하였던 사실을 상기해보자. 이 협약은 154개국 가운데 148개국의 압도적 찬성을 얻어 통과되었는데, 문화적 관점에서 국제 관계를 바라보는 최초의 국제 협약이다. 이 협약의 정신은 2001년 유네스코 총회에서 채택한 〈문화다양성 선언〉에 바탕을 두고 있는데, "생태의 다양성이 자연에 필요한 것처럼 문화다양성(Cultural Diversity)은 교류와 혁신, 창의성의 원천으로 인류에게 필요한 공동의 유산"으로 규정하고 있다.

이보다 앞서 캐나다 정부는 다문화주의(Multi-Culturalism)을 국시로 정한 바 있다. 캐나다 정부는 각국으로부터 유입되는 다양한 문화들을 단일한 문화로 통합하기보다는 각 민족 고유의 문화를 인정하고 이를 계승 발전시켜 캐나다 문화를 창조하는 원동력으로 삼겠다는 문화전략을 선택한 것이다. 캐나다 정부의 다문화주의 정책은 다방면으로 추진되고 있는데, 인디언과 이누이트를 위한 학교의 설립과 여러 민족 고유의 문화를 유지 발전시킬 수 있는 프로그램들을 지원하는 것이 대표적 사례이다.

인천의 경우 동아시아 허브 도시를 지향하며 경제특구를 도시 성장의 발판으로 설정하고 있는데, 외국인들이 인천을 활동하기에 매력적인 도시로 여기느냐에 그 성패가 달려 있을 것이다. 그래서 인천은 다른 도시보다 이주노동자와 그 문화에 대해 적극적 관심을 가질 필요가 있는 것이다. 최근 인천에서 시민단체의 노력으로 개최되고 있는 이주노동자 문화제나 자료전과 같은 프로그램들은 퍽 고무적인 실험이다. 이러한 성과를 바탕으로 인천의 시민사회와 시 정부는 인천을 다문화도시로 선포하는 정책을 검토해 볼 필요가 있다.

인천은 외국기업이 활동하기에 좋은 도시이자 외국인 노동자들이 일하기 좋은 도시로 만들어나가는 것은 우리 사회가 당면한 문제를 해결하는 일이기도 하지만 인천의 미래와 밀접하게 관련되어 있기 때문이다. 문화적으로 소외되어있는 이주노동자들을 인천문화의 새로운 주체로 활동할 수 있도록 하기 위한 교육 사업과 문화프그램 지원과 같은 사업이 절실하다.

만국 공원이라는 타임캡슐

/

　인천시가 만국공원(萬國公園·현 자유공원) 복원 계획을 적극적으로 검토하면서 이 사업을 둘러싼 논의가 새로운 의제로 부상하고 있다. 지난해 자유공원의 맥아더 동상 철거를 둘러싼 대립이 격화되고 급기야 국민적 관심사로까지 확대된 사실을 감안하면 두 해 동안이나 이 공원은 뉴스의 초점이 되는 셈이다. 그것은 자유공원이 개항도시이자 한국의 관문도시인 인천의 상징적 공간이기 때문일 것이다.

　자유공원은 1888년에 조성된 한국 최초의 공원으로, 개항장에서 국제항구도시로 변모해온 인천의 역사, 파란만장한 한국의 근대사가 켜켜이 간직되어있는 타임캡슐과 같은 공간이다. 공원 조성 당시 '각국공원'으로 명명되었지만, 인천 사람들은 오랫동안 '만국공원'으로 불러 왔다. 만국공원에 오르면 이 땅의 운명을 바꾸어 놓은 청일전쟁과 러일전쟁, 한국전쟁의 전장(戰場)이었던 월미도 앞바다와 경기만의 다도해가 한눈에 들어온다. 한국 최초의 서양식 건축이었던 세창양행 사옥, 인천의 랜드마크였던 존스턴 별장, 근대식 기상관측시설인 관측소의 유적이 경내(境內)에 있었던 곳이다. 그리고 개항 이래 근

---
* 조선일보 오피니언 | 2006. 7. 30.

대문물이 유입되고 내외국인이 드나들던 인천항과 갑문시설을 굽어볼 수 있는 곳이기도 하다. 또 이 공원은 1919년 3·1운동 당시 만세시위를 전개했던 장소였으며, 그해 4월 2일 홍진 이규갑을 비롯한 애국지사들이 임시정부 수립을 추진하기 위해 13도 대표자회의를 소집했던 자랑스러운 독립운동의 현장이기도 하다.

복원논의가 시작되면서 만국공원이 식민지 시대의 유산이므로 복원할 가치가 없다는 주장이 제기되었다. 식민지 시대에 만들어졌다해도 일제의 식민통치와 직접 관계되지 않은 유산이나 유물까지 수탈의 잔재나 치욕스러운 과거로 치부하는 것은 성급한 판단이거나 패배주의적 역사의식의 소산이다. 이런 논리라면 일제강점기를 경과하면서 형성된 일체의 문화는 물론 그 시대를 겪으며 형성된 주체인 우리의 정신까지 부정하는 결과를 낳게 된다.

만국공원 경내에 있었던 근대건축물의 복원할 수 있는 자료가 부족하기 때문에 진정한 공원의 재기획이 어렵다고 보는 시각도 있다. 멸실 건축물을 복원하자면 마땅히 엄밀한 고증이 뒷받침되어야 한다. 주요 복원 대상 건축물의 건축대장과 평면도, 현존하는 건축물의 이미지 자료와, 복원 기술을 동시에 고려하면 외관 복원이 불가능할 정도는 아니라고 본다. 무엇보다 우리가 궁극적으로 복원하고자 하는 것은 공원의 구성요소인 건축물 자체가 아니라 세계 각국의 문화가 공존하고 서로 어우러지면서 새로운 문화발신지 역할을 하였던 다문화공존지대로서의 만국공원이다. 자유공원이 우리의 근현대사를 되돌이 볼 수 있는 역사문화공원으로 한국의 개항 역사와 서해 바다를 동시에 조망하는 매력적 공원으로 거듭날 수 있도록 행정당국과 전문가들이 지혜를 모을 때다.

짜장면의 탄생
- 문화융합도시로서의 인천

1. 인천의 지리-문화적 특성

동아시아에서 인천과 가장 흡사한 지리·문화적 특성을 지닌 도시는 아마도 일본의 요코하마(橫浜)일 것이다. 두 도시 모두 수도의 해양 관문 도시이다. 도시의 규모로 볼 때 인천이 서울, 부산에 이은 제3의 도시이듯이 요코하마 역시 도쿄, 오사카에 이은 제3의 도시이다. 요코하마는 1859년에 개항했고 인천은 1883년에 개항했다. 24년이라는 시차가 있지만 두 도시의 개항이 일본과 조선이라는 봉건국가가 본격적으로 자본주의 세계체제로 편입되는 기점이 된다는 점에서 유사하다. 인천의 만국공원(자유공원)과 요코하마의 야마테 공원을 비교해보면 놀랄 만큼 유사하다. 둘 다 관광객들이 항구와 바다를 내려다볼 수 있는 임해공원이며, 공원 경내에 개항 초기에 지어진 양관들이 잘 보존되어 있어 이국적 분위기가 강하다. 두 도시는 개항 이후 도시 전체가 초토화된 역사적 경험도 흡사하다. 요코하마는 1923년 9월 관동대지진으로 파괴되었고, 인천은 1950년 9월 인천상

---

* 인천발전연구원(2005). 『한 권으로 읽는 인천』

류작전으로 파괴되었던 도시이다. 그런데 두 도시 사람들에 대한 별명이 지닌 뉘앙스는 사뭇 다르다. 외지인들은 인천 사람들을 '짠물'이라고 부르는데 이 말은 아무리 좋게 해석하려고 애써봐도 성정이 메마르거나 잇속에 집착하는 깍쟁이 같은 부정적 뉘앙스를 떨쳐버릴 수가 없다. 요코하마 사람들의 별명은 '하마꼬'(浜子)인 데 이 말은 '바닷가 사람들'이라는 뜻인데 '멋쟁이'와 같은 긍정적 어감이 첨가되어 있다. 요코하마는 '하마토라'* 패션의 본고장이기도 하다.

이런 차이는 어디에서 비롯된 것일까? 식민지 체험의 유무가 그 원인 중의 하나일지도 모른다. 개항장 제물포는 일본을 비롯한 열강의 조계지로 출발했기 때문에 1883년부터 사실상 식민도시의 성격을 강하게 지니고 있었으며 해방될 때까지 62년간 인천 사람들은 주인의 권리를 누리지 못했다는 사실이다. 해방 이후 지방자치제가 실시될 때까지 인천은 자립적 도시 발전의 길을 걷지 못했다. 수출공단과 물류 이동 루트의 기능만 강조되었을 뿐이다. 인천이 겪어 온 60여 년간의 식민체험과 서울의 변방으로 살아온 40년의 역사가 '짠물'과 같은 은근한 조롱도 묵묵히 감내하도록 만들었는지 모른다.

2. 문화발신지 혹은 문화융합도시로서의 인천

인천에 지방색이 없다거나 정체성이 모호한 도시라는 지적이 많다. 그러나 근대 인천은 단순히 박래품(舶來品)의 전시장이나 서구문물의 수입루트 기능을 넘어 새로운 문화가 생성되고 그것을 전국적

---

* 해변을 뜻하는 '하마'(浜)와 Tradition을 조합한 일본식 조어로 '해변풍' 혹은 '항도패션' 정도의 뜻을 지니고 있다.

으로 전파한 문화발신지였다는 사실을 되돌아볼 필요가 있다. 그 단적인 예는 짜장면이다. 짜장면은 중국음식점에서 판매되고 주요 식재료나 조리 방식은 중국의 것이 분명하나, 정작 중국 본국에서는 찾아보기 어려운 음식이며 중국인들이 즐겨 찾는 음식은 아니다. 짜장면은 한국인들이 가장 즐겨 먹는 국민 음식 중의 하나이다. 짜장면이 만들어진 과정을 되짚어보면 문화융합도시이자 문화실험실이었던 인천의 성격을 재확인할 수 있다. 짜장면은 원래 중국 된장인 춘장을 볶아 삶은 면 위에 얹어 비벼 먹는 부두노동자들의 간이음식으로 고안되었다고 한다. 짜장면(炸醬麵)의 말뜻은 '볶은 장 국수'이다. 볶은 장은 일반적으로 춘장에 돼지고기와 양파·생강·파 등의 다진 채소를 버무린 다음 센 불에 볶아 만든다. 다음 단계는 볶은 장에 전분을 푼 물을 부어 묽게 만든 뒤에 삶은 국수위에 끼얹는 일이다. 최근에는 감자나 당근을 썰어 넣는 경우도 있다. 짜장면이 윤기 나는 검은 색을 띠고 단맛이 나는 것은 캐러멜을 첨가한 탓이다.

  짜장면의 매력은 다른 중국 음식처럼 느끼하지 않으며, 짭짤한 것을 즐기는 한국인의 입맛과 잘 어울린다. 짜장면의 반찬은 단무지나 김치 몇 조각이면 그만이다. 짜장면은 우리가 먹고 있는 음식 중에서 가장 나중 만들어졌음에도 불구하고 누구나 즐기는 음식이다. 짜장면이 급속도로 전파될 수 있었던 것은 다른 음식이 갖지 못한 여러 가지 장점이 있기 때문이다. 우선 짜장면의 조리시간이 짧다는 점이다. 볶은 장은 미리 만들어 놓기 때문에 조리시간은 면을 삶는 시간과 같다. 먹는데 드는 시간도 몇 분이면 족하다. 단무지나 양파 외에 별도의 반찬을 추가할 필요가 없으며, 국물이나 육수가 없어 여러 그릇을 한꺼번에 배달할 수도 있다. 이러한 장점들은 판매자와 구매자 모두에게 만족을 준다. 짜장면은 부두의 노동자를 비롯한 서민들의 노동 조건과 미각에 조응했기 때문에 가장 대중적인 음식으로 발전할 수 있었다. 신속하고 간편하게 조리와 식사를 할 수 있는 짜장면은 식당에서 요리되고 판매되지만, 격식을 갖춘 요리라기보다는 간편하게 요기할 수 있는 패스트푸드에 더 가깝다. 짜장면은 라면과 함께 근대인, 특히 도시 서민의 생활패턴에 가장 잘 어울리는 음식이었기에 '국민적' 음식으로 정착될 수 있었던 것이다.

짜장면처럼 그 유래가 분명한 음식은 흔치 않다. 짜장면의 주된 식재료는 중국산이지만 일본의 단무지나 한국의 김치, 서양의 캐러멜까지 첨가되는 다국적 음식문화라고 할 수 있다. 이런 문화융합이 가능했던 것은 개항장 인천이 도시 자체가 다문화융합 공간이었기 때문이라고 할 수 있다. 제물포는 개항과 더불어 중국, 일본, 유럽의 조계지가 설치되어 있었으며, 동아시아 3국인과 구미 각국인들이 동거하는 곳이었다. 더 중요한 요소는 새로운 음식문화를 수용할 수 있는 새로운 계급, 노동자들이 형성되어 있었다는 점일 것이다. 보수적인 도시에서 새로운 문화, 특히 음식문화는 창조되기는 어려웠을 것이다. 인천에서 대중 음식이 발달할 수 있었던 사정을 고일(高逸)은 다음과 같이 회상하고 있다.

> 항도 인천은 부두 노동자와 정미직공, 목도꾼 자유노동자인 지게꾼이 많기로 유명하고 곡물관계의 객주업자와 거간, 미두꾼과 절치기기꾼이 섞여 살았던 곳이다. 관리도 별로 없었고 장사치도 그리 많지 않았다. 그래서 서울처럼 양반, 상놈의 구별이 없었고 굽실 대고 손내를 올릴 때가 없는 곳이었다. (중략) 이러한 인물로 구성된 항구이매 의복도 허름하고

음식도 대중적이며 값이 매우 쌌었다. 축항에 화물선이 가득차고 선창에 짐배가 몰켜들어 칠통마당이 한참 바쁘고 미구두꾼이 여관마다 만원인 시절에 인천에 느는 것은 음식점뿐이었다. 되도록 값싸고 맛좋고 분량 많은 것이 번영되는 것이니 우리나라 음식뿐 아니라 중국음식도 대중본위로 전국에 인천을 당해낼 곳이 없었던 것이다.*

문화융합도시로서의 인천의 특성은 만국공원(지금의 자유공원)에서도 확인될 수 있다. 만국공원이라는 공원 명칭 자체가 다문화 공존의 성격을 드러내고 있으며, 공원 경내에 위치했던 건축물들도 다양한 국적과 양식을 보여주고 있다. 만국공원은 공간적으로 유럽과 동아시아 열강이 점유한 조계지인 남촌과 한국인들이 주로 거주했던 북촌의 경계선에 위치하여 문화충돌을 조절하는 일종의 점이지대 역할을 맡기도 했다.

1900년에 건립된 강화의 성공회 성당 건물 역시 외래문화와 전통문화가 절묘하게 융합한 사례로 들 수 있다. 강화 성공회 성당의 외관은 전통적인 기와 건축 양식을 하고 있다. 성당의 정문은 솟을대문으로 양옆에는 태극무늬를 새겨 넣었으며, 본당 건물은 지붕 꼭대기의 십자가와 유리 창문을 제외하면 사찰 건물과 같다. 종각과 범종, 건물 중앙에 현판을 내건 것, 기둥에 세로로 글씨를 써 붙인 것도 전통적 사찰이나 유교적 양식이다. 다만 전통적 사찰 건물은 대부분 긴 면을 정면으로 삼고 있으나, 성공회 성당은 팔작지붕의 합각부를 정면으로 삼아 앞뒤가 긴 건물이다. 이는 서양의 교회 건축과 우리

---

* 고일(1955). 『인천석금』. 경기문화사. p. 131-133.

건축의 다른 점 중의 하나이다. 성당 내부는 기독교 건축의 특성대로 지어졌다. 즉 이 건물은 우리 전통 건축의 겉모습을 하고 내부는 기독교 건축 양식을 따른 것으로, 토착문화와의 갈등을 최소화하면서 종교활동을 펼치려 했던 성공회 특유의 선교방식을 볼 수 있는 문화유산인 동시에 동서양 문화의 융합이라는 의미를 부여할 수 있는 단적인 사례이기도 하다.

인천의 역사와 문화 속에 숨어 있는 매력과 장점은 외래적 요소를 배타적으로 대하지 않고 다양한 문화요소를 받아들일 수 있는 포용력, 명분에 집착하지 않고 실용을 숭상하는 정신이라 할 수 있겠다.

3. 인천문화의 미래

인천문화의 정체성을 '무정체성의 정체성'이나 '잡종성'이라고 진단하는 지적이 있다. 이러한 진단은 인천문화의 한 특성을 드러내주기는 하나 현상의 일면을 지적한 것일뿐더러 타의든 자의든 냉소적 시각이 다분히 개재되어 있어서 결코 미래지향적 발전 방안을 도출할 수 있는 근거는 되지 못한다. 인천문화의 특성과 지향점을 하나의 개념으로 일반화하는 일은 간단치 않으며 두고두고 고민해야 할 문제임에 분명하다.

인천이 체험한 근대는 그러한 과제를 해결하는 시금석이 될 수 있다. 개항장은 전통과 근대, 제국주의와 식민지, 서양과 동양, 대륙문화와 해양문화가 부딪혀 충돌하면서 새로운 문화를 탄생시킨 현장이었기 때문이다. 인천은 식민도시인 동시에 근대문명의 국내 발신지였다. 진정한 문화발신지가 되기 위해서는 다양한 문화가 공존할 수 있어야 하는데, 인천의 문화 속에는 이미 다양한 문화가 공존하고 있다. 인천은 이주자들이 건설한 도시이자 이민의 도시였으며 동아시아와 세계를 연결하면서 문물을 교환하는 해양관문도시였기 때문이다. 근대화 과정에서 수입된 서양의 문화뿐 아니라, 해방과 한국전쟁기의 와중에서 대대적 사회이동이 이루어지면서 은율탈춤과 같은 타지방의 문화들도 이주해왔다. 최근에는 아시아 각국으로부터 노동자들이 이주하고 있다. 인천국제공항과 경제특구 역시 다양한 문화의 기항지가 될 것이다. 생태계에서 종의 다양성이 생태적 건강의 척도이듯이 문화에서도 다양한 문화의 공존은 혼란이 아니라 새로운 문화 창조와 생성의 기회를 높이는 것이다.

문화의 다양성이 미덕이긴 하지만 모든 문화를 다 받아들일 수는 없다. 그리고 문화의 융합이란 일시적 절충이 아니라 이질적이고 모순된 문화들을 '견고하게' 종합(Synthesis)하는 것을 말한다. 그 점에서 볼 때, 짜장면의 '탄생'이야말로 다문화융합의 전형적 사례이며, 청관 거리에 폐허로 남아 있는 중국요리점 '공화춘(共和春)'은 그 역사적 현장인 셈이다. 인천문화의 요체가 다문화융합이라는 사실은 앞으로 인천을 새로운 문화발신지로, 창조도시로 만들어나가야 한다는 주장이기도 하다. 이러한 비전은 모든 문화주체들이 다양한 문화유전자를 배양, 증식, 혹은 결합하는 적극적 실험에 나설 때 비로소 실현될 수 있을 것이다.

도시의 장소성과 문화기획

일상적으로 건물이나 지역을 가리키는데 '공간'이나 '장소'라는 말을 구별하지 않고 사용하지만, 그 뉘앙스는 사뭇 다르다. 장소(place)가 오래된 성터나 고향 마을, 전설을 금방 떠올릴 수 있는 곳이라면, 공간(space)은 현대적인 건축의 내부나 합리적으로 구획된 영역을 가리키는 경우가 일반적이다. 그래서 장소는 우리에게 낯익고 정겨운 느낌을, 공간은 자유롭고 새롭지만 낯선 느낌을 받게 된다.

지방자치제 실시 이전의 도시들은 모두 특색 없는 공간적 확장이나 구획에 머물러 있었다. 전국 어느 도시를 가건 비슷비슷한 형태의 건물과 중구, 동구, 남구와 같은 기계적인 행정구역 명칭으로 구획된다. 지방화와 세계화가 동시에 이루어지고 있는 시점에서 지방은 더 이상 임의적으로 구획된 지표상의 영역으로 남아 있을 수는 없다. 세계화는 경제적 자립과 정치적 자치는 물론 문화적으로 고유한 정체성을 요구하고 있기 때문이다.

90년대 이후 많은 도시들이 잊힌 도시의 역사와 유적에 관심을 집중하고 지역축제에 막대한 예산을 투자하거나 관광자원의 개발을 강

---

* 경인일보 시침분침 | 2003. 4. 14.

조하고 있는 것은 무표정한 공간으로 남아 있는 도시를 개성적이고 정서적인 장소로 전환시키려는 노력인 셈이다. 그러나 이러한 노력 가운데 성공적인 사례를 발견하기란 쉽지 않다. 도시의 발전계획들은 상투적이며, 창의적인 축제의 모델을 찾기도 어렵다. 도시를 둘러싼 환경의 급격한 변화를 수용할 준비나 능력이 부족한 탓이다.

관광자원 개발이나 도시계획 분야에서의 시행착오는 훨씬 치명적인 결과를 낳는다. 예산 낭비와 환경파괴를 초래할 뿐 아니라 도시의 개성화 전략에 결정적 차질을 빚기 때문이다. 환경파괴가 심화되고 모든 지역이 도시화되고 있는 상황에서 '자연'은 그 자체로 최상의 관광자원임을 확인하고, 최소개발이 최선의 개발이라는 원칙을 잊지 말아야 한다.

역사 유적이나 유물들을 복원하고 전시할 때도 마찬가지이다. 치밀한 고증을 통해 망각된 역사와 기억을 되살려내지 않고 즉물적 발상이나 일방적 기억에만 의존한다면, 그것은 낭만주의나 속된 향수에 호소하는 상품에 불과한 것이다. 진정한 기억이란 달콤한 전설뿐 아니라 장소가 겪어온 고통이나 시련도 정당하게 환기시켜야 한다.

부평공원은 일제가 만주 침략의 군수물자 생산공장이었던 조병창이 있었던 자리였다. 당시에 식민지 민중이었던 한국인의 부녀자와 학생들이 근로정신대로 동원되어 또 다른 식민지를 침략하기 위한 군수물자를 만드는 노예노동을 강요당했던 비극적 역사를 생생하게 증언하는 장소였다. 그 흔적인 지하시설들이 최근까지 남아 있었지만, 조경공사 과정에서 깨끗이 '위생처리'되고 말았다. 부평공원은 아무런 기억도 환기하지 못하는 도심 공원에 불과한 것이다.

지금 월미도를 비롯한 중구 일대가 관광특구로 지정되어 갖가지

개발 계획들이 쏟아지고 있다. 가뜩이나 월미도는 상업주의만 난무하는 어지러운 유흥지가 되어 있는 터에, 항만청과 중구, 인천시가 내놓은 계획들이 경쟁적으로 집행된다면 난개발의 표본이 되고 말 것이다. 월미지구의 재정비는 중요하고도 시급하다. 이 일대는 인천의 근대 문화유산과 유적들이 집중적으로 분포되어있는 곳임에도 불구하고 그동안 방치되어왔다. 만약 이 일대의 재정비 사업이 제대로 이루어진다면 인천은 근대문화의 발신지였던 도시의 개성을 뚜렷이 회복할 수 있을 뿐 아니라, 침체된 중구와 동구에 새로운 활력을 불어넣는 효과를 기대할 수도 있을 것이다.

그러나 이 지역을 어떤 '장소'로 만들 것인지에 대해서 토론하고 합의하는 것이 선결 과제이다. 그 뒤에 개발의 순서와 방법을 정해야 한다. 만약 합의되지 못하는 것이 있다고 해도 안타까워할 필요는 전혀 없다. 우리뿐 아니라 다음 세대들의 몫도 남겨 둬야 하기 때문이다.

시민에게 광장을

　인천종합문화예술회관의 앞마당에 가면 언제나 볼 수 있는 풍경이 있다. 10대 후반의 스케이트보더들과 인라인스케이터들이 펼치는 묘기가 그것이다. 롤러스케이트를 즐기는 훨씬 나이가 어린 축들도 있다. 스케이트보더들이 펼치는 아슬아슬한 묘기는 어지간한 악천후만 아니면 1년 내내 볼 수 있는 구경거리이다. 물론 그들의 연기를 눈여겨보는 사람은 별로 없다. 그들 역시 주위의 시선을 그리 의식하지 않는다. 나는 그 광경을 볼 때마다 우리의 도시에도 광장다운 광장이 있었으면 좋겠다는 생각을 한다.

　그러나 한국의 도시를 둘러보면 온갖 '방'으로만 가득하다. 노래방과 PC방은 그렇다치고 비디오방과 전화방, 룸살롱과 같은 음습한 방들이 도시의 여가 문화를 주도하고 있다. 방은 본래 밀폐된 작은 공간이므로 사적이고 은밀한 분위기가 지배하는 곳이다. 물론 광장이 없는 것은 아니다. 토론광장, 독자광장, 민원광장, 만남의 광장 같은 광장들이 있지만 대부분 광장의 기호일 뿐이다. 어쩌면 진정한 광장에 대한 욕망을 무의식적으로 표출하고 있는지 모른다.

---

* 경인일보 시침분침 | 2002. 9. 30.

광장은 도시 속의 공공적 공지를 가리킨다. 서양의 도시는 이것을 중심으로 해서 발달해 나간 경우가 많다. 고대 그리스 도시에는 아고라(agora)라고 하는 광장이 있었다. 이 낱말은 '사람들이 모이는 곳'이란 뜻이다. 광장은 종교·정치·사법·상업·사교 등이 행해지는 사회생활의 중심지이기도 하였다. 토론 형식 중의 하나를 가리키는 포럼(forum)도 옛날에는 아고라와 마찬가지로 시민 생활의 중심을 이루는 광장이었다. 그런데 산업화 과정에서 광장에 대한 관심은 쇠퇴하였고, 광장 대신에 철도나 공장·빌딩 등 산업시설이 도심지에 들어섰다. 그 후 광장의 필요성이 다시 대두된 것은 공업화와 자동차 교통으로 현대도시가 삭막하게 변하면서부터이다. 또한, 무한 경쟁에 지친 현대인들이 '방'의 문화를 통해 위안을 얻고자 하지만 인간의 성정을 더욱 메마르게 만들 뿐이다.

광장 부재는 한국의 모든 도시에 나타나는 현상이다. 그중 문화공간의 부족과 정체성의 부재 현상이 심각한 인천의 경우 도심광장은 더욱 간절한 게 아닐까? 도심광장은 자동차가 점거한 위험한 거리, 상업주의에 침윤된 물신의 거리를 인간적인 공간, 문화적인 공간으로 바꾸어 놓을 수 있다. 만약 주안역에서 옛 시민회관 자리까지를 도심광장으로 만든다고 한번 상상해보라. 텅빈 거리는 마침내 각양각색의 자율적 문화행위로 메워질 것이다. 한쪽에서는 실험적인 퍼포먼스, 거리음악회와 전시회가 펼쳐지고, 즉석 토론회도 열릴 수 있다. 스케이트보더들은 마음 놓고 묘기를 보여줄 것이다. 비좁은 인도로 몰려다니던 시민들은 열린 상상으로 쏟아져 들어올 것이다.

광장은 말 그대로 텅빈 넓은 마당이어야 한다. 도심에 나무와 녹지가 부족하다고 하여 공간만 있으면 나무를 심어 조경하는 것이 능사는 아니다. 문화적 측면에서 본다면 도심광장은 공원보다 훨씬 효율적인 공간이다. 시청 앞 광장이나 옛 시민회관 자리는 멋진 도심광장을 만들 수 있는 공간이었으나 조경수를 심어 그만그만한 녹지로 만들어 버린 사실은 두고두고 안타까운 일이다. 중앙공원이나 부평공원과 같은 비교적 규모가 큰 도심 공원을 건설하는 데에도 광장에 대한 고민의 흔적은 찾아보기 힘들다. 시민들은 아름다운 정원을 구경하는 것보다 질주하는 자동차가 없는 거리를 마음껏 활보해 보고 싶어한다. 물론 이러한 희망은 여러 가지 현실적 제약 때문에 당장 현실화가 불가능해 보인다. 도심의 교통체증을 악화시킬 수 있다.

　문화의 거리를 조성하려던 계획들이 성공을 거두지 못한 경험들도 장애요소이다. 그렇다면 완전한 광장의 건설은 뒷날로 미루고, 보름이나 열흘 단위로 특정한 지역을 광장으로 선포하는 방식이나, 하루 중 특정한 시간을 문화광장으로 만드는 방식은 당장 실험할 수 있지 않을까?

　해마다 열리는 부평풍물축제가 은근히 기다려지는 것은 사물놀이도 흥겨움도 있지만, 평소에는 자동차들이 독점했던 부평대로의 아스팔트 위를 마음놓고 쏘다닐 수 있는 축복을 선사해주는 거리축제이기 때문이기도 하다. 한국인들이 스스로 놀라고 세계인들도 놀라게 한 6월의 거리 응원전은 밀실문화에 중독된 우리들에게 광장문화가 얼마나 절실한 것인지를 체험케 한 생생한 사례가 아닐까.

전등사 나녀상 전설

강화에 있는 전등사는 아름다운 사찰이다. 정족산성의 남문을 지나 대조루(對潮樓)에 오르면 누각의 이름 그대로 황해와 원근의 섬들이 안겨들어 온다. 그래선지 보물 178호인 전등사 대웅전도 멀리 황해 바다로 떠나갈 채비를 하고 정박하고 있는 범선처럼 느껴지는지 모른다. 하늘을 향해 날렵하게 들려 있는 처마의 곡선은 영락없는 배의 이물과 고물이며 대들보 양 끝에 조각된 용의 머리 또한 고해의 바다를 무사히 건너기 위한 준비 아니겠는가.

전등사를 찾는 사람들의 눈길이 먼저 닿는 곳은 대웅전 네 처마 밑의 목조 인물상이다. 사찰 건립과 관련된 이른바 '나녀상(裸女像) 전설'을 예비학습한 탓이다.

전설에 따르면, 대웅전 네 귀퉁이에서 무거운 지붕을 떠받들고 있는 것은 저주받은 여인의 형상이다. 광해군 때 대웅전 공사를 맡았던 도편수가 절 아랫마을에 사는 주모와 정이 들어 돈과 기물들을 맡겨두고 지냈는데 공사가 끝날 무렵 주모는 돈과 기물들을 가지고 도망가버렸다는 것이다. 울분을 참을 길 없었던 도편수는 그 여자를 본

---

* 경인일보 시침분침 | 2002. 7. 29.

뜬 형상을 만들어 무거운 지붕을 들도록 만들었다는 것이다. 공사가 끝난 뒤에 건축 구조적으로 극히 중요한 공포 부분에 조각상을 끼워 넣었다는 얘기도 어불성설이려니와 석가여래를 모신 대웅전에 도편수 개인의 사사로운 저주의 감정을 표현하였다는 것도 가능하지 않은 일이므로 '나녀상 전설'은 대부분의 전설이 그렇듯 꾸며낸 이야기임에 분명하다. 남녀의 사랑 이야기로 된 사찰 연기설화가 전등사에만 있는 것은 아니다. 불국사의 무영탑에는 아사달과 아사녀의 비극적인 사랑 이야기가 있고, 부석사에는 의상대사를 사랑한 당나라 여인 선묘의 지극한 사랑 이야기가 전해온다. 전등사의 전설 역시 이루어지지 못한 사랑이라는 점에서는 같지만, 악녀에게 배신당한 남자의 저주로 끝나버려 여운은 없고 앙상한 교훈만 남았다. 아마도 이 설화의 형성이 조선조에 이루어졌기 때문일 것이다. 그래서 제법 로맨틱하게 전개될 법한 도편수와 주모의 사랑은 썰렁한 악녀 징계담이 되고 말았다. 여성에 대한 조선 시대 특유의 편견과 완고한 윤리가 숨쉬고 있는 것이다.

인천시가 최근에 발행한 한 책자(『인천을 빛낸 자랑스러운 인물 및 문화유산』)에도 이 전설이 소개되어 있다. 그런데 전설을 소개하면서 추가된 개인의 감상과 장황한 교훈이 조선조의 그것을 능가한다. 그중 몇 대목을 보면, "인정과 사랑을 가장한 여인의 추악한 행각은 이 건물이 존재하는 한 영원토록 남을 것"이라고 하며, "(모든) 여인들은 옷깃을 여미고 나녀상의 교훈을 음미하라"고 자못 엄숙한 말투의 경고까지 곁들여 놓았다. 전설을 소개하는 마당에 불쑥 끼어든 메마른 목소리는 누구의 것일까?

'나녀상'이라고 불리는 조각을 가만히 들여다보면 여자의 나상이 아니라 원숭이처럼 보인다. 법당을 관리하는 한 보살은 그것이 '사천왕상(四天王像)'의 형상이라고 필자에게 가만히 일러주었다. 사천왕은 본래 고대 인도의 신들이었는데 나중에 부처의 감화를 받아 불법(佛法)을 수호하는 신이 되었다. 이들은 동서남북 네 방위를 지키며 불법을 지키고 사부 대중을 보호하는 임무를 맡고 있다. 대부분의 큰 사찰에는 천왕문이 따로 있고 사천왕상은 거기에 안치되어 있는데 전등사의 경우는 특이하게도 대웅전 처마에 천왕문이 있는 셈이다. 그러면 전등사의 대웅전은 천왕문의 기능과 합체된, 요즘 유행하는 말로 하자면 '토털' 건축인 셈이다.

안민(安民)의 신이자 부처의 법을 수호하는 신이 전설 속에서 '악녀'의 형상으로 둔갑하여 여성들을 훈계하는 교육자료(?)로 사용되고 있는 데서 볼 수 있듯이, 역사에는 주류들의 이해와 편견이 개입되기 일쑤다. 지방자치제 이후 지역의 역사에 대한 관심이 높아지고 있다. 삶터에 대한 주민들의 관심을 높이고 도시의 미래를 이야기하기 위해서 도시와 땅의 과거를 이야기하는 일은 당연히 중요하다. 그러나 전설과 역사를 구별하지 않는 향토사담류는 역사를 흥미위주로 전락시킬 수 있다. 그리고 사실과 의견을 구분하지 못하는 향토교육은 곤란하다. 개인의 생각을 사료 속에다 슬며시 끼워 넣은 예가 또 없는지 둘러보자.

인천학의 출범

인천학연구원(인천시립대부설)이 드디어 개원했다. 발족 한 달 만인 지난 4월 29일, 첫 세미나를 열고 지역학 연구의 과제를 논의했다. 월드컵대회, 대통령선거나 지방선거와 같은 커다란 행사들에 묻혀 인천학연구원의 출범이 시민들의 관심사가 되지 못하고 있지만, 지방화 시대가 본격적으로 열리고 있음을 알리는 중요한 '사건'이다. 이 세미나에서 인천학연구원은 '인천지역 정체성 연구'의 틀을 정립하겠다고 선언했는데 인천문화의 사정을 감안할 때 시급한 과업으로 여겨진다. 이 기획이 반드시 성과를 내기를 바란다.

서울을 중심으로 배치되어있는 수도권의 크고 작은 도시들이 비슷비슷하게 안고 있는 문제가 바로 도시기능과 시민의식 속에 자리하고 있는 '변두리'의식일 것이다.

모든 길은 서울을 향하고 있으며 몸과 마음도 서울을 향하고 있다. 인천의 경우도 마찬가지다. 인구 250만 명에 달하는 인천은 능히 작은 나라를 이룰 만하건만 인천인들은 인천을 하나의 독자적인 지역으로 여기지 못했다. 인천은 외세의 식민지 전진기지로 강점당

---
* 경인일보 시침분침 | 2002. 5. 6. 원제는 「입체적인 도시의 얼굴」

하여 개항한 이후 미추홀 이래의 역사적 전통을 거세당한 채 '과거가 없는 도시'가 되고 말았다. 또 오랜 중앙집권주의 정치와 서울 중심의 기능적 도시 배치의 결과로 정치 경제 문화의 종속성이 심화되어 결코 자족적으로 설 수 없었던 것이다. 잠만 자고 아침이면 떠나는 도시, 오로지 생산만 담당해야 하는 공단 도시에 무슨 애착을 가질 수 있을 것인가.

'인천학'의 본격적인 태동은 지금까지 정체성의 강박중에 시달려온 인천과 인천인의 모습을 제대로 비춰줄 수 있는 거울을 만드는 일이다. 최근 사회나 도시에 적용하여 사용하는 정체성이라는 말은 본래 개인의 자아정체성을 의미하는 심리학의 용어였다.

그것은 자기 자신이 주인이라는 의식이며, 시간과 장소의 변화 속에서도 일정하게 유지되고 지속되는 특성을 말한다. 정체성이 없다면 우리는 자신이 무엇이며, 또 무엇을 해야 하는지를 알지 못하게 된다. 정체성은 개인이나 사회의 역사 속에서 발견되는 것이지만 결코 기성품이 아니며 현재와 과거의 대화 속에서 구성되는 것임을 분명히 해야 한다.

즉 자기의 의지에 따라 정체성을 수정할 수도 있다. 오늘의 의사가 내일의 시인이 될 수도 있으며, 오늘의 시인이 내일 정치가로 변신할 수도 있다. 물론 시인이며 의사인 경우도 있다. 포스트모던 철학에서 정체성 자체를 문제시하며 그것이 일종의 신화이자 환상에 지나지 않는다고 비판하고 있는 것은 그 때문이다.

그런데 들뢰즈와 가타리가 통합된 정체성을 불안정한 것으로 보고 욕망과 주체성의 유목적(nomad) 분산을 오히려 찬양한다는 점은 다소 낯설지만 경청할 필요가 있다. 물론 '어제의 나와 오늘의 나'가 다르지 않아야만 개인과 사회는 안정감을 가질 수 있다. 그러나 인간을 비롯한 모든 사물은 끊임없이 변화하기에 '오늘의 내가 여전히 어제의 나'인 것도 문제다.

철학자 헤라클레이토스는 "우리들은 같은 냇물에 들어가며 또 들어갈 수 없다"고 말했다. 만물 변화에 대한 이 역설은 정체성의 이중적 성격에 대한 성찰과 과도한 정체성에 대한 우리의 생각이 유연해져야 됨을 일깨우고 있다. 개인의 단일 정체성에 대한 집착이 후기 산업사회에서 설득력을 지니기는 어렵다. 통합된 단일 정체성은 자본주의 경쟁체제가 요구하는 사회의 경직성에 조응하는 바, 소수자와 타자들을 배제시키는 논리로 전화할 가능성이 높기 때문이다.

소박한 향토주의는 이주민들을 종종 '뜨내기'로 만들곤 했다. 개인과 사회에 내재해온 다양성들이 급속히 외연화하고 있음을 주목해야 한다. 지역의 정체성 역시 고정되어있는 것이 아니라 변화하는 것으로 보아야 하며 단일성보다는 다양성이 더 역동적이며 생산적일 수 있다는 점을 재확인할 필요가 있다.

인천과 여성선각자 김란사

인천은 근대는 1883년 개항으로부터 시작한다. 개항 이후 인천은 근대문명을 국내에 전파하는 발신지이자 동서양 문화가 공존하는 실험실로 기능했으나 러일전쟁 후 일제의 조선 지배의 교두보로 바뀌었으며, 마침내 일본이 벌인 침략전쟁의 병참기지로 전락하고 만다. 일제강점기 동안 우리는 가혹한 억압과 감시를 견디며 살아가야 했으나, 나라를 되찾기 위한 투쟁을 멈추지 않았다.

을사늑약 이후에는 이능권·유명규·김덕순 등의 지사들은 강화도 일대에서 의병운동을 일으켜 일제와 투쟁하였으며, 인천 인명의숙의 설립자인 정재홍 열사는 스스로 목숨을 끊어 민족의 위기와 국권회복의 절박함을 알렸다. 1919년 3.1운동 당시 심혁성과 이담은 계양구 황어장터에서 대규모의 시위를 주도하였으며, 김명진의 주도로 인천공립보통학교(현 창영초등) 동맹휴교투쟁을 벌였으며, 유봉진은 강화읍에서, 임용우는 덕적도에서 독립만세운동을 각각 전개하였다. 이 무렵 홍진은 이규갑과 함께 만세운동 이후의 활동을 위해 나중 상해임시정부의 뿌리가 되는 '한성임시정부'를 조직하고 인천 만국공

---

* 인천시립예술단 공연 팸플릿 | 2019. 3. 1.

원(현 자유공원)에서 전국 13도 대표자회의를 소집하는 등 정부수립 운동을 전개했다.

일제가 군국주의로 치달아 감에 따라, 감시와 억압이 극에 달한 인천의 군수공장 내에서도 항일운동은 전개되었다. 1944년, 황장연과 그의 동료들은 육군조병창 인천공장 내에 30여 명의 노동자를 설득하여 고려재건당을 조직하고 조병창 내의 무기를 밀반출하여 고려재건당에 넘겨주는 과감한 활동을 전개했다. 1942년, 오순환·정은태·김군희 등은 항일결사를 조직한 다음 조병창에 입사하여 무기나 무기제작기술을 빼낼 계획을 세우는 등의 활동을 하였다.

여성 선각자인 김란사는 조선 후기인 1872년에 태어났지만, 이화학당과 일본 게이오의숙 미국 웨슬리안 대학교에 수학하면서 근대 지식과 새로운 문명을 익히면서 시대의 제약과 사회의 굴레를 스스로 극복한 신여성이었다. 김란사는 평범한 중산층의 삶 대신 여성의 권리를 일깨우고 식민지 백성의 민족의식을 일깨우는 여성교육가로서, 계몽운동가의 험난한 길을 택했다. 이화학당의 학생자치조직인 이문회를 중심으로 민족교육운동을 전개하여 당시 이화학당 학생이었던 유관순열사를 비롯한 학생들에게 민족의식을 고취시켰다. 김란사는 1919년 초 파리강화회의에 참석하기 위하여 의친왕(義親王)의 밀명을 받아 북경(北京)으로 건너갔으나 안타깝게도 유행병에 감염되어 1919년 4월 10일 북경의 한 병원에서 45세의 여성 선각자는 파란만장한 생을 마감했다. 정부에서는 고인의 공훈을 기리어 1995년에 건국훈장 애족장을 추서하였다.

김란사는 개항장의 특별행정기구인 인천감리서의 감리였던 하상기와 결혼하면서 인생의 전환점을 맞이한 것으로 보인다. 하상기는

1899년부터 1902년까지 인천감리로 있었으니 김란사의 연고지도 인천이었을 터이다. 인천감리서(仁川監理署)는 조선정부가 1883년 개항장 제물포의 조계지 관리, 외국인 입출항과 같은 외교 업무, 무역과 관세와 같은 통상(通商) 업무를 처리하기 위해 설치한 특별행정기구였다. 동서양의 근대문물이 드나드는 관문이었던 개항장 인천은 김란사의 문명에 대한 동경과 학문에 대한 열정을 자극했을 것으로 짐작된다.

이번 인천시립예술단의 합창극 공연을 통해 인천시민들이 여성 선각자 김란사가 꿈꾸었던 세상을 되새겨보는 한편 민족 해방과 독립을 위한 싸움에서 스러져간 수많은 별들을 다시 살펴보는 계기가 되었으면 좋겠다. 또 인천은 대한민국 임시정부의 수반이 되는 청년 김구가 인천감리서 감옥에서 1897년과 1914년에 두 차례나 모진 감옥살이를 하면서 근대적 각성을 하였던 곳이라는 사실도 자랑스레 기억해야 할 것이다.

우현 고유섭의 샘물과 달

고유섭 선생의 아호 '又玄'은 노자가 말한 현지우현(玄之又玄), 오묘하고 또 오묘한 학문의 경지, 그래서 공부길은 늘 '가물가물'하다는 뜻으로 짐작된다. 우현 선생은 급월당(汲月堂)은 아호도 즐겨 썼으며 급월인(汲月人), 급월학인(汲月學人) 등의 호도 사용했다. 이 아호는 산속에 살던 한 원숭이가 물을 마시러 왔다가 샘물에 비친 밝은 달을 보고 밤새 물을 퍼냈지만 결국 달은 건지지 못했다는 고사에서 따온 것이다.**

시선 이백(李白)이 술에 취해 장강의 수면에 비친 달을 건져 올리려다가 익사했다는 고사와 상통하는 바가 있다. 다만 이백이 본 달이 선가의 이상향이나 아름다움 자체를 상징하는 것이라면, 우현의 달은 저『월인천강지곡(月印千江之曲)』의 달처럼 진리의 상징이라고 할 수 있겠다.

우현 이후의 연구자들에게 던져진 과제는 그가 건지려 했던 달의 실체, 곧 미학 및 미술사 연구의 목적은 무엇이었을까, 그리고 그는 어떤 과정과 방법을 통해 그 목표에 접근하려 했던가를 밝혀내야 할

* 「제5회 우현예술제」 토론문 | 2005.11.25.
** 秦弘燮, 「又玄 高先生의 二十週忌를 맞이하여」, 『美術世界』 통권 46호

것이다. 미완으로 종결된 그의 연구 성과를 검토하여 여전히 유효한 문제 설정과 극복해야 할 과제를 가리는 일 자체가 한국 미학 및 미술사 연구를 갱신하는 종요로운 디딤돌이 될 것이다.

미학의 연구대상은 예술이 아니라 예술'미'이다. 예술미의 일반을 다루기 위한 기초는 고전주의나 낭만주의와 같은 여러 특수한 예술미의 형식 및 이상(理想)의 개념을 정립하는 일에서 출발하여, 이러한 예술양식과 관련하여 미의 특수한 양상을 특징짓는 미적 범주의 이론을 제시해야 한다. 미학 일반론은 다시 건축, 조각, 회화, 음악, 시 문학과 같은 개별 예술의 체계로 구체화하고, 이 작업을 미학 일반론으로 되먹임하는 과정을 반복하는 것을 근대 미학연구의 도정이라고 할 수 있겠다. 이 작업의 모델은 19세기 독일미학의 정초자인 헤겔이 보여 준 바 있다. 헤겔은 이념의 자기운동 단계에 따라 상징적·고전적·낭만적 예술양식을 구별하고, 숭고를 상징적 예술형식에, 좁은 뜻의 미를 고전적 예술형식에, 유머를 낭만적 예술형식의 최종단계에 대응시킨 바 있다.

우현이 『조선 미술문화의 몇낱 성격』(1940)에서 한국미술의 성격을 '상상력·구성력', 구수함, 고수함, 맵자함, 적조미(寂照美)로 나누어 살피고 있는데, 이 대목은 우현이 기초한 한국미술의 범주론이라 할 수 있다.

(1) 〈상상력·구성력〉은 창조성의 결과로 다채로운 효과를 주지만 과다하게 되면 진실미가 설여 되고 무중심·무통일·허령(虛浪)·부화(浮華)로 전락하게 된다.

(2) 〈구수함〉은 순박·순후하며 '온축이 있는 큰 맛(大味)'을 느끼게

하나 지나치면 텁텁하거나 무딘 결과를 낳게 된다. '구수함'은 신라의 미술품에서 주로 발견되는 '온아(溫雅)'한 아름다움이다.

(3) 〈고수함〉은 응집 동결된 '깊은 맛'으로 이조백자의 색과 윤택에서 느낄 수 있다. 자칫 '응체'(凝滯-굳어서 막힘)나 '고비'(固鄙-굳고 인색함)하게 될 수도 있다.

(4) 〈맵자함〉은 짜임새와 맵시가 느껴지는 것으로, 고려자기의 일부에서 발견할 수 있는 '단아(端雅)'한 아름다움이다.

(5) 〈적조미(寂照美)〉는 불교예술에서 비롯되었으며 고요하고 깊은 느낌을 준다. 과도한 적조미는 '애통함'으로 흘러 예술적 가치를 상실하게 된다.

우현은 이러한 범주론적 개념을 토대로 한국미술의 본질적 성격에 대해 탐구했습니다. 우현 미학의 압권이라 할 수 있는 『조선고미술의 특색과 그 전승문제』(1941)가 그것이다. 한국고미술은 시대의 변천, 문화의 교류를 따라 여러 가지 층절(層節)이 있음에도 불구하고, 변천을 통하여 흘러 내려오는 사이에 '노에마(Noema)'적으로 형성된 성격적 특색으로 '무기교의 기교'와 '무계획의 계획'을 지적했다. 그리고 이 두 특성은 한국 미술의 민예적 특성, 즉 신앙과 생활과 미술의 비분리에서 말미암은 것이며, 그 결과 정치(精緻)한 맛, 정돈(整頓)된 맛은 부족하지만 질박(質朴)한 맛, 순박(鈍厚)한 맛과 순진(純眞)한 맛이 두드러지게 되었다는 것이다.

「몇낱 성격」에서 우현은 각각의 범주들은 미묘한 감각적 균형을 유지하지 못하면 예술 미달의 상태로 떨어질 수 있다는 점을 강조하고 있다. 감각의 균형은 모순의 통일, 절제와 중용의 원리를 통해 유지될 수 있다는 논리에 기초한 것으로 보인다. 이러한 준거들은 「전승문제(傳承問題)」에서 한국미술의 특징적 일면으로 '구수한 큰 맛'을 설명하는 대목에서 확인할 수 있다.

> 조선미술에서 나는 항상 한 개의 모순을 본다. 그것은 작은 맛과 큰 맛이다. 조선의 미술은 端雅한 면을 갖고 있다. 이 단아라는 것은 작은 데서 오는 예술성이다. 그러나 다시 큰 맛이 있다. 큰 맛은 端雅치 않은 것이다. 그러면 이 두개의 모순은 어디서 오는가. 端雅한 작은 맛이란 외부적 자연적 지리적 환경의 소치가 아닐까. 즉 端雅란 자연의 제약에서 오는 면이요 큰 맛이란 생활의 면, 생활의 태도에서 오는 면이 아닐까. 즉 無關心·諦念 등에서 疎大가 나오고 破調가 나오는데 큰 맛이 있고 다시 생활력의 鈍質한 곳에 큰 맛이 있지 아니할까.*

여기서 우현은 '멋' 혹은 '멋지다'라는 말이 '아름답다'라는 말과 함께 한국인들이 즐겨 사용하는 형용사임에도 독자적인 범주로 설정하지 않았다는 데 의문이 생긴다. 우현은 '멋부리다' '멋쟁이'의 용어 사례를 들면서 '멋'을 상상력과 구성력이 과도한 상태로 규정했다. 그래서 '멋'은 "多樣性과 多彩性으로의 奇巧的 發作'을 뜻하며 虛浪性 과 浮華性이 많은 것이며 眞實味가 적은" 것이 된다. '멋'이 균형과 모순의 통일이라고 하는 기준을 갖추지 못한 상태로 보았기 때문이었을까? 그가 한국미술의 중요한 특징으로 '비정제성(非整齊性)'을 들었다는 점을 참조로 한다면 이 대목에서만 균형으로부터의 일탈을 허용

---

*『朝鮮 古美術의 特色과 그 傳承問題』(1941)

3. 도시의 장소와 인물   191

하지 않은 원인을 얼핏 짐작키 어렵다. 한편 한국미술의 특성을 표현하는 우현의 용어는 '무기교의 기교'에서 보듯 대부분 모순형용(oxymoron)으로 구성되어 있다. 이는 '기교에 대한 의도성의 배제'를 강조한 것으로 볼 수 있는데, 이것이 '멋'에 대한 부정적 뉘앙스와 관련된다고 해석할 수 있을까?

우현이 도출한 한국미술의 특징은 그 자체로 모순을 내포하고 있을 뿐 아니라, '구수한 큰 맛'과 같은 경우처럼 공감각(共感覺:synaesthesia)적 조어(措語)이다. '구수함'은 미각인 동시에 후각이며 또한 오감으로 인지할 수 없는 은근한 분위기(예컨대 '구수한 옛 이야기')까지 지칭하는 다의어이다. 우현이 제시한 '고수한', '맵자함'과 같은 미적 범주들은 스스로 지적했듯이 외국어로는 '번역할 수 없는' 술어이다. 그가 명료한 개념을 도구로 대상을 분석하는 근대학문의 일반적 방법론을 따르지 않은 일종의 '책략'이었을까? 그렇지 않다면 한국인의 인지감각에는 즉각적인 반응을 불러일으킬 수 있는 약호이지만 타자들에겐 사실상 비어(秘語)에 가까운 '구수함'과 같은 말을 미적 판단의 준거로 내세운 이유가 무엇일까?

우현이 1910년 이전의 한국예술에 천착하고 있을 동안 국내에는 강력한 문예운동이 펼쳐졌으며 이는 한-중-일 삼국이 공유하는 근대운동의 한 양상이었다. 이들이 제기하고 또 도달한 실천 미학의 문제의식과 우현의 미학 미술사 연구 작업 간에는 어떤 접속점도 없는 것처럼 보인다. 그렇다면 한국 근대 조각의 선구자 김복진이나 우현 같은 인물이 미술운동의 현장에 절실하다고 토로한 것은* 막연한 희

---

* 美術批評이란 實技家 이외에도 문사들이 맡아주었으면 하고, 또 개성박물관장 高裕燮 씨 같은 분이 맡아주었으면 하는데,...12-3년전부터 그의 문장을 애독하는데, 氏와 같

망에 불과한 것이었을까?

　대부분의 급월고사(汲月故事)는 실패담입니다. 우현도 목표로 삼았던 미학의 체계 수립, 그리고 체계적인 조선미술사의 완성도 보지 못하고 눈을 감았습니다. 우현이 목표로 삼았던 미술사는 에카르트나 세끼노 다다시, 야나기 무네요시 등이 보인 조선미술 연구 수준을 뛰어 넘는 것이었다. 그가 고대 미술연구에서 얻으려 한 것은 "잡다한 미술품을 횡(공간적)으로 종(시간적)으로 계열과 순차를 찾아 세우고 그곳에서 시대정신의 이해와 시대문화에 대한 어떠한 체관을 세우고자" 한 것이다. 미술에서 시대정신과 시대문화를 이해하는 열쇠를 얻고자 했던 것이다.

　우현은 '샘물에 뜬 달'을 건지지 못할 것을 스스로 예감했는지 모른다. 그가 목표로 삼았던 조선미술사를 서술하려면 방법론이 확립되어야하고 방대한 자료의 수집과 정리가 이루어져야 했습다. 또한 조각, 회화, 건축, 공예와 같은 주요 장르사 에 대한 기초적 연구도 진행되지 않은 실정이었다. 더 근본적인 난관은 비서구와 식민지를 타자화하는 가운데 정립된 근대학문의 체계와 방법론으로 식민지 문화를 연구하고 이를 민족 국가 재건의 이념적 토대로 삼아야하는 자기모순을 돌파하는 것이었다. 그런 점에서 우현의 삶, 그의 조선미술사 연구는 '적의 칼로 무장하고 적을 쳐야 하는' 식민지 지식인의 모순과 고뇌를 가장 극명하게 드러낸 경우라고 볼 수 있다. 그의 삶과 연구 작업에 틈입힐 수밖에 없었던 제국의 논리, 혹은 무의식적인 상

은 인물이 현대미술을 지도하는 역할들도 맡아가면 퍽이나 다행한 일이 아닐까?"- 金復鎭, 「조각생활20년기」, 『朝光』6권, 1940.

동구조를 근대를 넘어서는 인식체계의 관점에서 극복해야 할 과제이지, 편협한 민족주의의 논리나 재단할 성질의 것은 아니다.

　식민지 지식인이었던 우현에게 미술사 연구는 '신이 침묵하고 있는 어둠의 시대'(「靜寂한 神의 世界」)에 진정한 신을 찾는 길이었을 것이다. 그 길이 "악마 메피스토펠레스에 이끌려 지혜를 구하려한 파우스트의 운명"이라는 사실을 우현은 예감하고 있었으며, 그럼에도 불구하고 그 길을 수락하였던 것으로 보인다.

4 문화현장에서

300년 만의 입맞춤, 볼음도의 은행나무
집 이미지 혹은 삶의 환유, 이영욱
풍경의 변화와 지속, 김보섭
노동과 문화, 그리고 인천노동문화제
인천문화재단의 출범 원년을 돌아보며
주안영상미디어센터의 설립
다시 희망의 불씨를
문화 인천을 꿈꾸며

300년 만의 입맞춤, 볼음도의 은행나무

/

　지난주 토요일 교동도 교동초등학교에서 열린 '2018 서해평화예술 프로젝트'에 다녀왔다. 프로젝트 주제를 '모든 평화'로 삼고 '모든'을 강조한 것은 한반도와 세계가 전쟁의 위험으로부터 해방되는 것은 물론 대결과 갈등으로 가득한 사회, 불안한 개인의 일상까지 평화가 깃들기를 바라는 기획자의 의도일 게다. 이번 전시가 목하 종전과 평화체제를 향한 한반도 정세가 가팔라지고 있는 시점에 열리고 있어 더욱 뜻깊다. 올해 4월 27일 판문점에서의 역사적인 남북정상회담, 싱가포르에서의 6.12 북미정상회담이 70년 전쟁을 종식시키고 평화협력시대를 예고했다면, 9월 18일 평양에서 열린 남북정상회담과 금년 중 서울에서 열릴 남북정상회담, 2019년 초에 열릴 북미정상회담을 통해 평화체제로의 역사적 대전환을 고대하고 시점에 열렸기 때문이다.

　교동도를 전시장으로 택한 것도 적절했다. 교동도와 강화를 잇는 다리가 지난해에 완공되어 더 이상 섬이 아니지만, 인천 시내에서는 전시상이 있는 교동초등학교까지는 여전히 멀다. 김포를 지나 강화

---

* 서해평화예술프로젝트 제1전시 | 2018. 11. 7.

대교나 초지대교를 건너고 강화도를 가로질러 교동대교를 건너야 갈 수 있는 곳, 두 시간은 잡아야 하니 작심을 해야 갈 수 있으니 말이다. 그러나 무장한 병사들이 지키는 두 개의 검문소를 통과하고, 북녘땅 황해도를 지척에서 내려다볼 수 있는 화개산 언덕에 올라보면 이 먼 곳에다 전시장을 마련했는지 오히려 수긍이 간다. 제2 전시관은 교동 대룡시장의 주민 생활공간이나 커뮤니티 공간에 설치되어 있으며 공연 형식의 볼거리도 있었다. 교동읍에는 고향을 지척에 둔 채 바라보기만 하며 살아온 황해도민들이 적지 않다. 국토의 분단을 가족분단, 고향 상실로 겪고 있는 비극적 이산의 주인공들이다.

전시장에 들어서니 홍성담의 신작 「은행나무 키스-볼음도」가 압도한다. 이번 전시회의 화제작 중의 하나이다. 두 그루의 은행나무가 서로 껴안고 눈물을 흘리며 입 맞추고 있는 상상도이다. 이 상상도는 800년간 남북으로 이산하여 살아온 '부부은행나무의 전설'을 모티브로 삼은 것이다. 천연기념물 304호로 지정된 볼음도 은행나무는 800년 전 북한 연백 지방(황해남도 연안군)에서 큰 홍수가 났을 때 뿌리째 떠내려온 것을 볼음도의 어민들이 건져다 심어 살려낸 나무로 전해진다.

그런데 이 볼음도 은행나무는 수나무이기 때문에 열매를 맺지 못한다. 열매를 맺지 못하는 볼음도 은행나무의 짝은 황해도 연안군 호남리에 있다고 한다. 연안에 있는 은행나무 역시 볼음도 은행나무와 비슷한 수령으로 북한 천연기념물 165호로 지정됐다. 볼음도 주민들에 의하면 따르면 남북이 분단되기 전에는 양쪽 주민들이 서로 연락을 주고받아 음력 정월 그믐에 맞춰 남북으로 갈라져 사는 부부 은행나무에다 한날한시에 제사를 지내왔는데 분단 이후에 중단됐다고 한다.

문화재청이 '부부 나무'로 알려진 인천 강화군 볼음도 은행나무와 북한 황해도 연안 은행나무의 사연을 매개로 한 남북 협력 사업 추진하고 있다. 이 사업이 성사돼 70년간 중단됐던 두 마을 간의 교류가 다시 이어진다면, 은행나무로 이어진 두 마을의 인연이 남북의 화해를 상징하는 감동적 서사가 될 것이다.

홍성담의 그림에서 볼음도 은행나무와 연안 은행나무의 입맞춤은 뜨겁지만 두 나무가 뿌리내린 땅은 도처에 날카로운 칼날이 솟아 있고 바다는 가시 돋친 철책으로 갈라져 있다. 부부나무의 입맞춤이 우리의 간절한 꿈이라면 그들이 디디고 선 땅은 엄혹한 현실이다! 두 나무를 갈라놓았던 바다는 여전히 어둡고 죽음의 기운으로 가득하다. 진정한 평화, 화해의 날까지 갈 길은 멀고 험할 수밖에 없다는 뜻일 게다.

집 이미지 혹은 삶의 환유, 이영욱

/

　이영욱이 최근 주목하고 있는 것은 도시의 풍경과 집의 표정이다. 그가 내보이는 집들의 표정은 일견 무심해 보인다. 구도심을 걷노라면 흔히 마주칠 수 있는 풍경들이다. 그래서 오히려 눈여겨보지 않았던 집들이다. 물론 담쟁이가 벽과 창을 다 덮고 있는 옛 북성동 외과의원 건물이나 80여 년의 세월을 견디고 있는 2층짜리 인천흥업주식회사 건물은 향토사나 건축적 가치도 적지 않은 건물로 보이지만 뜯어보면 시간의 풍화 작용 속에서 남루해지고 있는 여느 살림집과 별반 다를 바 없다. 이웃이 문득 사라져 허리를 시린 바람에 내맡기고 있는 집(개항로 95-3번지)이나, 새로 대지를 구획하느라 몸통의 일부만 남아 잘린 벽체를 방수포로 간신히 가리고 있는 집(월미로 26번지)의 옆모습은 사뭇 비감스럽지만 그의 카메라는 오히려 침착하다. 일부러 끌어당기지도 않고 시야를 넓히지도 않으며 애써 디테일을 강조하지도 생략하지도 않는다. 앵글도 맨눈으로 본 풍경과 다를 바 없다. 마치 이미지에서 메시지를 소거하는 실험을 하고 있는 것처럼.

　그런데 그의 작품에서 그가 덜어낸 '의도'만큼, 어쩌면 그보다 많은

---

* 이영욱 개인전 「집이다」 서문 | 2015. 9. 1.

의미가 파문을 일으키는 역설적 현상이 나타난다는 점이다. 그가 포착한 '낡은 집'들이 애당초 단순한 오브제가 되기 어려운 피사체라는 데서 연유한다고 볼 수 있다. 그의 집은 이야기의 고리들이 무한히 연쇄되는, 다시 말해 시간의 켜를 바탕으로 한 서사적 함축이 풍부한 주제로 비상한다. 그가 「이상한 도시산책」(1914)에서 보여준 도시의 표정들이 시간을 괄호로 묶어 둔 정지화면이었던 것과 대비된다. 그의 작품들이 시간의 켜가 깊은 내러티브로 읽히는 이유는 집 이미지 특유의 때문일지도 모른다. 집은 외연과 내포가 동시에 큰 독특한 말이다. 집은 먼저 가옥이나 주택을 가리키지만, 문학작품에서는 마을이나 도시, 고향과 대지, 자연과 우주의 은유로 사용된다. 또 가족이나 공동체, 국가와 같은 집단과 사회적 의미도 함축하고 있다.

이영욱의 작업을 통해 집은 '생활'의 가장 적절한 환유(換喩)임을 새삼 확인하게 된다. 집이야말로 삶과 삶의 켜를 담는 그릇이라는 것, 몸이 우리의 영혼을 감싸고 있듯이 집은 몸을 감싸고 있다. 집은 '확장된 신체'인 동시에 '축소된 세계'인 셈이다. 그런 의미에서 집은 몸과 세계를 매개하는 공간이다. 세계는 집을 통해 몸을 영토화하고, 몸은 집을 통해 세계를 영토화하고 있으니까. 그의 작품 속에 사람의 그림자가 보이지 않아도, 채소가 자라는 화분이나 깨진 슬레이트 지붕 따위를 통해 집에 깃들어 살던 주인공들의 삶은 물론 그들의 현존과 부재, 그 부재의 사유를 능히 상상할 수 있다.

그가 렌즈에 담아 온 강화도의 한 폐농가 풍경을 보자. 나즈막한 토담집을 중심으로 오른편엔 키 높은 측백나무 한그루가, 오른쪽 둔덕에는 대여섯 그루의 크고 작은 소나무가 호위무사처럼 정정하게 서 있다. 마당은 잡초밭으로 바뀌었고 지붕과 추녀가 부서지니 옛 보금자리는 비바람에 노출되었다. 퇴락한 섬돌에 뿌리를 내린 덩굴식물들이 창을 넘어 집안으로 드나든 지 오래이다. 이 덩굴들은 집의 주인공들이 집을 버리고 떠난 해를, 마당귀의 측백나무는 이 집의 대들보가 얹힌 날을 아는 증인들일지 모른다. 이 사진의 구도는 추사의 「세한도(歲寒圖)」를 방불케 하지만 집에 닮긴 이야기는 이용악 시인의 대표작 「낡은 집」(1938)의 그것과 짝을 이룸 직하다. 이용악은 「낡은 집」을 통해 1930년대 우리 농촌의 이농현상과 일제의 식민지 지배로 뿌리뽑힌 농민의 삶을 가장 인상적으로 노래한 바 있다. 물론 이용악은 서사적 시어로 '낡은 집'이라는 선명한 심상을 창조한 것과 달리 이영욱은 사진을 통해 시적 분위기를 만들어냈지만 말이다.

그런데 집에 대한 이 같은 상상은 얼마간 낭만적 심성의 소산임을 시인해야 한다. 우리가 살고 있는 집들이란 집이 가지고 있던 풍부한 기능을 잃어버리고 점차 추상적 공간으로 변화하고 있기 때문이다. 자본주의적 생존 방식은 가족과 집에도 예외 없이 적용된다. 산업사회의 분업생산 방식은 집이 가지고 있던 여러 기능들을 급격히 사회화하였다. 전통사회의 집(가정)을 떠올려 보라. 거기에는 공동의 노동, 식사, 휴식과 놀이, 양육, 탄생과 죽음, 질병의 치유 기능을 갖추고 있는 자족적 공간이었다. 그러한 집의 기능들은 이제 공장과 일터, 학교, 병원, 식당과 같은 '사회적 집'으로 양도되면서, 집의 기능은 축소되거나 공소(空疎)해지는 길을 걷고 있다.

주택의 기호화도 집의 의미를 변화시키고 있다. 육체의 확장, 삶을 담는 그릇이었던 집은 이제 상품화되면서 기호로, 심미적 대상으로 바뀌었다. 대량으로 생산되고 판매되며, 쉽게 지어지고 쉽게 허물어진다. 가옥이 상품화되면서 대지와 결합되어있던 생활공간이자 그 속에서 살아가는 구성원의 고유한 인격, 혹은 인격체와 동일시되던 집이 지니고 있던 일체의 정서적(감성적) 성질도 제거된다. 집이 가지고 있던 사용가치는 사상된 채 오로지 교환가치로만 측정되기 시작한 것이다. 이것은 물신사회에서 모든 사물과 인간이 겪어야 하는 운명이며, 자본이 모든 노동생산물에 들씌운 저주와 같다. 저주의 결과는 '허울만의 실재'(unsubstantial reality)이다. 아우라가 빠져나간 예술품의 운명처럼 집도 영혼이 제거되어 유일성과 사물 본래의 권위가 사라진 복제품의 길을 걷고 있는 셈이다.

 이영욱의 집 연작은 우리 주변에서 볼 수 있는 빈집이나 낡은 집, 쇠락해 자연을 닮아 가는 집들의 표정을 담담하게 그려낸 집의 아카이브라 할 수 있다. 작품 속의 집들은 대부분 빈 집이거나 인적도 없지만, 그 집의 일대기와 집이 겪은 이야기, 옛 주인의 애환으로 오히려 충만하다. 그렇다면 상품화된 집, 기호화한 집 속에서 살아가고 있는 우리의 삶은 어떻게 '촬영'될 수 있을까 자못 궁금해진다.

풍경의 변화와 지속, 김보섭

김보섭이 보여준 사진작업, 특히 이번 〈시간의 흔적〉 전에 내보인 '동구의 공장들' 연작은 우리들에게 도시와 현대인이 맺어왔던 관계를 반추해보라는 제안서이다. 그가 앵글에 담은 일군의 풍경은 비오는 날 북성부두에서 바라본 바다의 표정, 그리고 연기가 피어오르는 목재공장의 굴뚝과 공장 전용 부두에 야적된 거대한 원목더미들이 연출하는 포구 모습이다. 부두에 차곡차곡 쌓인 나무들은 모두 가지런히 누워 있는 것처럼 보인다. 제재목이나 합판으로 가공되면서 그들의 토막난 육체마저 얇게 저며져서 결국 하나의 무늬로만 남게 될 운명을 기다리고 있는 듯이. 그리고 원목더미 너머 우뚝 서있는 굴뚝들은 나무들의 사형 집행관처럼 도도한 자태로 '서서' 흰 연기를 내뿜고 있다.

또 다른 풍경은 한국유리 공장의 철거 직전 모습이다. 이 풍경은 유리 공장의 지붕과 외벽을 구성하고 있는 낡은 슬레이트가 압도하고 있다. 거칠고 조악한 슬레이트 구조물에서 보석같이 빛나는 판유리가 만들어진다는 것은 일종의 아이러니이다. 아마도 자신의 생산

---

* 김보섭 사진전 「시간의 흔적」 | 2011. 4.

품으로 치장했음직한 이 공장의 유리창들은 빛을 투과시키는 임무를 마감하고 오직 폐공장의 컴컴한 내부를 강조하는 대조물 역할만 수행하고 있을 뿐이다.

그런데 김보섭은 과연 무엇을 본 것일까? 물론 빛을 잃은 공장의 창문, 무너진 슬레이트 외벽은 시간의 무상감을 자아내기에 족한 오브제들이다. 사라져가는 것에 대한 추억과 향수? 그러나 이런 풍경이 추억의 대상이 되기엔 너무 을씨년스럽다. 6~70년대 산업화 시대에 만들어진 공장의 신화는 퇴색한지 오래이다. 오히려 제조업은 '굴뚝산업'이란 이름으로 불리며 환경 오염의 주범, 도시의 천덕꾸러기로 취급되기 일쑤이지 않은가?

그럼에도 불구하고 이들 공장이 산업화와 근대를 표상하고, 항구도시 인천을 대표하는 공장들 가운데 하나였다는 것은 분명하다. 무채색의 공장 건물들은 또한 안개로 이름난 인천항의 이미지이기도 하다. 유리공장도 마찬가지다. 유리 공장의 생산품이 현대 생활의 필수품이라는 사실도 그렇거니와 슬레이트 벽체와 지붕의 규칙적인 선이 연출하는 기하학적 질서는 근대와 도시의 메타포가 되기에 족하다. 김보섭이 폐허가 된 한국유리 공장을 가리켜 "우리의 삶과 밀접한 인천의 상징"이라고 한 것도 그런 이유에서일게다.

화수부두는 공장에 둘러싸인 바다로 이곳을 통해 해산물이 들어오고 포구의 어민들이 풍어를 기원하는 굿판이 벌이던 공간이다. 근대의 표상, 인천의 상징들인 공장에 대한 그의 마음은 흑백의 사진이 주는 느낌과 달리 뜨겁다. 그의 사진에는 가뭇없이 사라져 가는 공장과 퇴락한 화수부두에 대한 안타까움이 배어난다. 그는 이 공장들을 통해서, 인천의 과거를 보고, 한국의 근대를 찬찬히 돌아보고 있는 것이다. 그의 사진을 지배하고 있는 불투명성은 황량한 풍경을 호도하거나 앰비귀티(ambiguity)를 기대한 기교가 아니라 디테일을 생략하여 개념을 강조하려는 의도일 것이다.

여기에서 공장과 포구에 대한 그의 속내가 드러난다. 그의 연민은 공장과 포구의 변화를 막을 수 없다는 것을 전제로 한 것이다. 다만 그것이 한 시대의 흔적일 뿐 아니라, 한 도시의 상징이라면 더 적극적 태도를 지녀야 한다는 것이다. 그의 "바닷가의 공장이 자연과 어우러진 문화 지역으로 재탄생하는" 광경을 상상해보았다. 그런데 시간의 흐름을 견딜 수 있는 사물은 없듯이 변화하지 않는 풍경도 없지 않은가. 시간이 강요하는 풍경의 변화에 적응한다는 것은 고통을 동반한다. 풍경의 변화가 가속화하는 만큼 망각의 속도 또한 증대되어야 하고 풍경을 삶의 환경으로 삼고 있는 존재의 불안감을 증가시키기 때문일 터이다. 김보섭의 흑백의 파노라마 사진은 한때 우리 삶의 일부였던 공장이 일순간 기억의 저편으로 사라져 버리는 현상 앞에서 느끼는 당혹감에서 출발한다. 그는 풍경의 급격한 변동에 저항할 방도가 마땅치 않다는 사실을 것도 알고 있기에 '동구의 공장들' 연작을 통해 소멸해가는 도시의 근대 풍경에 대한 만가를 보낸다. 그리고 그럼에도 불구하고, 그는 그 풍경이 우리의 현재와 미래에도 지속될 수 있는 방도를 찾을 것을 진지하게 제안하고 있다.

노동과 문화, 그리고 인천노동문화제

1. 노동과 문화지형의 변화

현시기의 세계체제와 한국 사회의 주도적 정치·경제적 정세 혹은 논리, 운동은 신자유주의로 규정된다. 신자유주의는 '유연적 축적(flexible accumulation)' 구조를 가지며, 이 축적논리에 다른 정치경제적 변동들과 이에 대한 노동계급, 여성, 청소년등 대중과 민중의 순응과, 저항이 서로 맞물리면서 삶의 형태와 방식을 과거와는 전혀 다른 모습으로 바꾸어 놓고 있다.

신자유주의는 신보수세력에 의해 주도되며, 이들에 의해 구사되는 '유연적 축적' 전략은 기업과 노동, 국가의 전면적 유연화를 꾀하면서 기업의 슬림화, 노동의 약화, 국가의 기업화를 추동하고 복지국가의 담론과 기반을 해체한다. 오늘날 대부분의 기업들은 노동과정(통합노동으로) 생산 규모(다품종소량생산으로), 시기 조절(적기생산) 등을 통해 테일러리즘이나 포드주의 시스템을 수정하거나 재구조화하고 있다. 핵심 기획인원은 조직의 중심에 배치해 놓고 있지만, 불황에 대비하

---

* 「인천노동문화제」 민주노총인천본부 | 2003. 7. 8.

여 '불필요한' 인력은 파트타임, 임시직, 하청노동 등으로 돌려 조직을 경량화하는 것이다. 이러한 자본축적의 전략에 제대로 적응하지 못할 경우, 포드주의 국면에서 누리고 있던 노동조합의 지위를 보장받기 어려워진다. 그것은 신분상의 불안과 노동강도의 증가로 나타나며, 경제위기 국면에서는 더욱 심화된다.

  신자유주의 국면에서 국가 역시 사회보장의 규모를 축소시키며 기업처럼 작동한다. 공무원도 회사원처럼 근무하며, 상당수의 지방자치단체장이 기업가 출신이거나 기업가처럼 변신하고 있는 것도 신자유주의의 한 현상이다.

  신자유주의는 사회복지를 해체하면서 사회적 공공성을 약화시키는 한편, 그에 따르는 사회적 문제들은 도덕적으로 비난하는 이중잣대를 사용한다. 자율적이거나 공공적 영역으로 남아 있던 일체의 사회적 영역이나 자원들은 상품으로 전환된다. 자연경관은 관광 개발의 이름으로 상품화하며, 소비자본주의적 대중문화의 만연으로 성(性)의 상품화가 심화된다. 문화의 상품화는 세태, 성 풍속도, 일상의 재조직을 야기하여 기존의 도덕적 가치나 전통적 감수성과 충돌하게 된다. 경제에서 극단적 자유를 추구하는 신자유주의가 그 결과로 야기된 문화적 제현상에 대해서는 완고한 보수주의로 변신하여 소리높여 비난한다. 신자유주의 침투로 인해 TV나 영화는 온통 폭력과 성의 이미지가 넘쳐 흘러도, 신자유주의(신보수주의)는 가족과 전통, 생명의 존중을 내세우며 도덕의 수호천사를 자처한다. 한국에서의 도덕주의는 신자유주의를 본격적으로 추진한 문민정부 이후에 우파시민운동의 형태로 그 실체를 드러내고 있다. 이러한 보수주의는 노동현장의 조직운영에 가부장적 문화를 복원시키고 고압적인 분위기나 직장 내 성폭력을 당연하게 받아들이도록 만드는 이데올로기적 기능을 수행하기도 한다.

신자유주의의 유연 전략은 문화산업을 확산시킨다. 문화산업화는 문화와 예술의 상품화를 통해 문화에서 자본축적의 기회를 창출하기 위해서 추진되는 운동이다. 예술은 산업화와 기계화를 거부하면서 자율의 영역으로 남아 있었지만, 자본축적의 미시적 영역으로 새로운 개척지가 되고 있다. 문화는 이제 '황금알(고부가가치)을 낳는 거위'가 되어 자본의 손아귀에 장악되고 있다.

이러한 현상들이 비관적인 것만은 아니다. 신자유주의가 사회적 공공성을 해체하거나 약화시키고 도덕적 문화적 보수주의적 성향을 띤다는 것은 자유와 평등이라는 보편적 인간의 가치와 정면으로 충돌하는 것이다. 위기를 돌파하려는 자본의 유연축적의 전략은 더 많은 적으로 포위되는 '사면초가(四面楚歌)'의 형국을 맞을 수도 있다. 이것은 문화적 보수주의에 맞서는 운동과 경제적 자유주의에 맞서는 평등운동의 튼튼한 연대적 기초가 이미 마련되어 있다는 것을 말한다. 즉 문화전선과 노동전선 사이에 더 이상 만리장성은 없다.

2. 공간과 공간의 융합 - 지역의 새로운 의미

21세기는 그저 한 세기의 시작이 아니라 인류사적 변곡점이라는 사실은 점차 뚜렷해지고 있다. 소연방 붕괴 이후에 확연해진 세계단일체제의 대두는 그 중요한 특성 중 하나이다. 자본주의의 극복을 자임해 온 소연방의 붕괴도 결코 예고된 것이 아니었지만 이후에 급속히 전개된 '지구화(globalization)' 과정에서 모든 국가 단위의 생산체계와 시장이 그리고 정치와 문화가 세계체제의 그물(net) 속으로 포섭되는 속도는 예측을 뛰어넘고 있다. 외환위기 이후 남한 경제가 겪고 있는 위기 또한 그러한 세계체제의 변화와 관련되며, 위기 이후의 경제 정책은 전적으로 국제통화기금(IMF)의 규정을 받고 있음에서도 알 수 있다. 이제 세계체제의 바깥이 없다는 사실은 세계체제의 대표자인 미국이 세계를 상대로 벌여온 걸프전이나 아프가니스탄 침공과 같은 일련의 침략전쟁들을 실질적으로 반대하거나 제어할 수 있는 국가나 집단이 지구상에 존재하지 않는 것만 보아도 확연하다. 이처럼 지구는 지금 마치 단일한 제국처럼 작동되고 있는 것이다.

우리가 확인해야 할 또 다른 변화는 현대 사회를 관통하고 있는 지배방식이다. 가시적인 국가기구나 제도들에 의해 수행되던 권력의 행사방식은 차츰 사회 주체들의 내부로 이전되어 내재화하고 있다. 이른바 '징계사회'에서 '통제사회'로의 전환이다. 지금까지 사회를 유지해온 권력의 기능은 분산되고 있으며 권력은 철두철미 삶의 내부로 스며들어 '삶을 관리하는' 방식으로 변하고 있다. 이러한 변화는 현실과 미래가 우울한 묵시록의 세계일 것이라는 비관적인 전망을 제시하거나 위기만 느낄 필요는 없다.

권력이 분산되고 미시화하는 것과 함께 권력과 권력을 소통하는 네트워크의 작동도 증가하며, 이러한 네트워크를 관리하고 유지하는 조직과 비용이 증가할 수밖에 없다는 사실을 주목할 필요가 있다. 단 한 차례의 테러가 자본주의 세계체제, 즉 제국의 경영방식을 뒤흔들어 놓고 있으며, 다국적 기업 하나가 도산하면 세계증권시장의 주가가 동시에 폭락하고 있음이 그 예이다. 그러나 통제는 노동계급의 몸으로 침투하여 생체권력(bio-power)으로 화하지만, 결코 우리의 몸 전체를 철두철미 관통하지는 못한다. 우리의 몸은 순응한다. 그러나 우리가 의식하지 못하는 가운데에서도 저항하기도 한다. 권력이 몸을 투과하지 못한 곳, 우리의 몸을 투과하면서 남긴 반사적 잔존물(residue)들이 있다. 그곳은 바로 우리 희망의 출발점이다. 따라서 권력의 행사방식 전환은 우울하지만 새 희망의 거처를 알려주고 있기도 하다.

산업과 노동의 질적인 변화, 그리고 노동계급의 분화도 주목해야 한다. 각종 서비스 노동과 지식노동, 가사노동, 이른바 '재택근무'나 '파트타임'노동이 그것이다. 이는 비물질적 생산의 비중이 점차 증대하는 것과 함께, 노동의 현장은 공장의 내부뿐 아니라 사회전체로 확장되어 감을 의미하는 것이다. 또한 육체노동과 정신노동, 고용과 실업 상태의 경계선 역시 불분명해지고 있다.

이와 같은 변화의 양상들은 여전히 '희망을 꿈꾸는' 우리들에게 과거와는 질적으로 다른 실천을 창안할 것을 요구하는 것이다. 무엇보다 사회 운동에서 전통적인 영역들 경제, 정치, 문화 영역 사이에 존재하던 경계선을 넘나들어야 한다. 삶 전체의 변화를 기획하는 운동은 정치적이며 경제적인 동시에 문화적일 수밖에 없다.

또한 생산과 노동이 공장을 넘어 전 사회로 확장되고 있다는 사실을 주목해야 한다. 현시기의 자본은 지구적 차원의 통합은 물론 일국 내 부문과 부문을 관통하고 있으며, 공간과 공간을 넘나들고 있는 것이다. 이것은 노동운동이 지역과 공간에 대한 전혀 새로운 사고를 강요하는 것이다. 단지 현장을 위한 지역연대라는 전술적인 고민이 아니라 전통적인 '현장'개념에 대한 발본적인 사고전환을 의미하는 것이다.

물론 아직은 허울뿐인 지방자치제를 진정한 시민의 정치로 전환시키기 위해서도 부문과 영역들이 지역에서 소통하는 실천은 여전히 필요하다.

3. 새로운 자본축적의 계기 - 일상생활의 식민지화

우리의 노동시간을 제외한 삶은 어떠한가. 잠? 그것을 제외한 대부분의 활동은 다시 자본이 지배하는 영토이다. 음주, 여행, 쇼핑, 스포츠센터, 복권판매소 등등은 공장이나 사무실과는 다른 방식으로 노동자들은 영혼과 지폐를 도난한다. 현장을 벗어나면 화려하고 흥미로우며, 경이로운 풍경들이 우리의 시각과 감각을 자극한다. 물신화한 휴식과 여가활동은 결코 노동을 위한 것이 아니라 오로지 상품 소비를 위해 소진되고 만다. 노동자들은 지금 완전한 주5일근무제를 요구하고 있다. 생산 관련 중소기업의 경우는 노동시간 단축에 사활을 건 반대를 하고 있지만, 유통과 관광을 비롯한 대자본들은 노동자들의 여가시간 증가가 곧 소비의 증가로 이어질 것임을 알고 있다. 단축된 노동시간은 노동강도의 조정으로 상당 부분 환원시킬 수 있다. 그래서 일본 자본가들의 경우, 스스로 노동자들의 여름휴가 기간을 늘리자는 이야기를 꺼내기도 하는 것이다. 흔히 '내수시장의 확대나 창출'이라고 불리는 것이 바로 새로운 식민지이다. 노동자 삶이 노동현장은 물론 여가시간마저 자본의 새로운 식민지로 개발되고 있음을 말하는 것이다. 이 식민지는 잘 은폐되어 있다. 친숙한 세계인데다, 달콤한 유혹으로 가득 차 있다. 가정에서, 유흥주점에서, 음식점에서, 쇼핑센터에서, 관광지에서 우리가 기대하고 누리는 일상성,

그것이 결국 우리를 끝없이 고통스러운 노역의 현장에 복귀하여 머리를 조아리게 하는 소외적 성격의 본질임을 폭로해야 한다.

카렐 코지크는 『구체성의 역사』에서 소외된 일상성의 진실을 파악하기 위해서는 일상성으로부터 일정한 거리를 유지해야 하며, 일상성이 지닌 친숙성을 제거하기 위해서는 그것에 '폭력을 가해야 한다'고 말했다. 그것은 우리가 누리고 있는 일상을 비판적으로 관찰해야 하며 그 속에 내재된 논리를 폭로해야 한다는 것이다. 그러기 위해서는 일상으로부터 분리되어야 한다. 진정한 축제는 우리를 노동으로부터 그리고 식민화된 일상으로부터 탈출시키고 그것을 성찰하게 만드는 것이다. '폭력이 가해진 일상'은 스스로 추악한 본색을 드러낸다. 축제가 끝나면 물론 우리는 일상으로 복귀해야 한다. 그러나 일상의 참모습을 본 주체는 더 이상 '과거의 그'가 아니다.

4. 인천노동문화제를 위하여

노동자들의 축제는 우리 사회의 병폐 중의 하나인 노동중독증에 대한 도전이기도 하다. 우리 사회의 전 분야에는 생산성에 대한 과잉 숭배와 함께 성장 신화를 통한 무한 경쟁이 조장되고 있다. 개인의 일상은 인간을 노동으로만 바라보는 노동윤리와 이에 굴복한 노동중독증에 의해 심각하게 훼손되고 있다. 더 큰 비극은 대부분의 사람들이 그러한 사실조차 인식하지 못한 채 나날을 보내고 있다는 점이다.

수단과 방법을 가리지 않는 경쟁의 폐단은 경쟁자들의 육체와 영혼을 파괴하고 결국 사회 곳곳을 병들게 만든다는 점이다. 노동중독증은 일과 일에 대한 보상을 통해서만 자아를 실현할 수 있다는 이념이 낳은 병리 현상이다. 휴식과 놀이를 은연중 부정하며 자신과 타인을 일과 보상의 노예로 전락시킨다. 물론 일하지 않고 살 수 없으며, 우리 사회에는 실업자와 최저생계비 이하로 살아가야 하는 서민들도 많다. 그러나 인간답게 살기 위한 필수 노동을 제외한 나머지 시간은 자신과 가족 그리고 이웃과 함께 즐거움을 누릴 때 인간은 비로소 온전해질 수 있다.

그렇다고 축제가 만능이라는 것은 아니다. 우리가 보는 대부분의 축제는 정치와 자본의 논리로 기획된다. 노동자들의 축제는 자본가나 정치인들이 베풀어주는 잔치가 될 수는 없으며, 노예적 예술인들의 연습 무대가 되어서도 곤란하다. 우리가 축제를 이야기하는 것은 초토화된 일상을 다시 돌이켜 보는 계기를 만들어 보자는 것이다. 그것은 돈과 맞바꾼 놀이나 환각으로 노동자를 잠재우는 놀이가 아니기 때문에 결국 노동자들에 의해 기획되어야 하며, 모든 놀이들은 노동자들과 민중적 문화예술가들에 의해 고안 창조된 것이어야 한다. 이 놀이판을 통해 우리의 일상과 분리되고 다시 일상과 재결합한다. 노동문화제는 무엇보다 노동자들의 축제이지만 거기에 머물러서는 곤란하다. 가족과 지역 주민들의 축제가 되어야 한다. 노동운동의 목표가 노동자들만의 '임금인상'만이 아니라 모든 사람들이 평등하게 사는 세상이듯이, 노동문화제도 모든 지역 주민의 축제가 되어야만 한다. 또한 노동문화제는 성공신화가 손짓하는 유혹과 속도에 대한 강박증, 노동중독증에서 벗어나 대안적 생활스타일을 창조하는 계기가 되어야 한다.

인천은 노동계급이 최초로 형성되고 노동운동이 출발한 지방이다. 일제강점기는 물론 해방 이후에도 노동운동의 선구적 역할을 수행한 곳이다. 인천노동운동사를 살펴보면 1920년대에 〈소성노동자회〉는 음악 연주회나 연극공연과 같은 노동문화운동을 펼치면서 지역 민중운동의 불씨를 지펴 올렸다. 당시에 〈소성노동자〉회가 유치한 연극공연이나 강연회는 매번 천 명이 넘는 관객이 모일 정도로 대성황을 이루었다. 이러한 노동자문화운동은 일제강점기 식민도시 인천 민중들의 각성을 촉구하는 한편 노동자들의 대결집을 이루어 냈다. 이러한 문화 활동은 소성노동자회가 1200여 명의 회원으로 확대되고 〈인천노동총동맹〉(1824. 4. 28.)으로 발전할 수 있는 기초가 되었으며, 창립 직후 벌어진 '가토(加藤) 정미소'의 선미여공 동맹파업투쟁(1924)을 인천시민들의 전폭적인 지지 속에서 성공적으로 벌일 수 있는 토대가 되었다는 사실은 여전히 우리의 교훈이 된다. 노동문화운동의 발원지인 인천에서, 1980년대 노동운동의 메카였던 인천에서 흥겨운 노동자들의 축제, 진정한 시민의 축제 전형이 창조될 수 있을 것이라고 확신하는 것은 지나친 낙관인가.

인천문화재단의 출범 원년을 돌아보며

인천문화재단이 인천시민들의 기대 속에 출범한 지 1주년이 지났다. 재단의 출범으로 인천문화를 일구어나갈 주체가 확장되었으며, 기존의 문화예술단체나 문화예술인은 새로운 환경에서 활동할 수 있는 기반이 마련된 셈이다. 문화예술계는 문화예술 사업과 관련된 주된 창구가 행정기구에서 민간 전문기구로 전환되면서 그동안 끊임없이 제기돼왔던 문제점들이 해결될 수 있으리라는 희망을 갖게 되었다.

인천문화재단은 출범 이후 문예진흥기금의 신청과 심사를 비롯한 지원 제도를 개선하기 위한 노력을 기울여 왔으며, 최근 미술품 은행 제도를 도입을 결정했다. 지역의 우수한 문화 자산을 확보하는 동시에 창작 기반을 진작할 수 있는 제도가 마련된 것이다. 이밖에 우현 고유섭 탄생 100주년 기념사업을 개최하였고, 우현 문화상을 제정을 추진하였다. 우현문화상의 제정은 우현의 미학과 미술사 연구 정신을 기리는 동시에 지역 내외의 우수한 문화예술인들의 작업을 격려할 수 있는 계기가 될 수 있을 것이다. 하반기에 집중적으로 개최한 문화예술 릴레이 포럼도 향후 문화예술 정책과 관련된 새로운 공

---

* 인천문화재단 출범 1주년 토론회 | 2005. 11

론의 장으로 정착될 수 있을 것으로 기대된다. 여러 가지 여건이 미비한 상태에서 출범하였다는 사실을 감안할 때, 이러한 성과들은 주목할 만한 것이다.

현시점에서 인천문화재단을 바라보는 인천의 문화계의 시선은 그리 마뜩잖은듯하다. 비판적인 견해들은 아직 경험이 일천한 문화재단 직원의 자세에 관한 것에서부터, 재단 추진 사업에 대한 비판을 비롯하여 다양하게 제기되고 있다. 이 가운데 출범과 동시에 이미 예견되었던 우려가 가시화된 것도 있으며, 문화재단의 역할에 대한 근본적 인식의 차이에서 비롯된 것도 있다. 또 어떤 것은 문화재단에 대한 기대의 과잉에서 비롯된 것도 있다.

이러한 문제들은 물론 단시일에 해결될 수는 없다. 우선 인천문화재단이 처한 조건을 살펴보면, 문화재단은 본격적 활동을 위한 준비단계에 있다고 보아야 할 것이다. 인천문화재단의 기금 목표액 1천억 원 가운데 현재 420억 원만 조성된 상태이나 대책이 마련되지 않고 있다. 재단의 마스터플랜은 내년 초에나 작성이 완료될 예정이며, 직원 수나 조직구성 역시 과도기 상태에 머물러 있는 형편이다. 인천문화재단이 본격적인 문화 허브의 역할을 다하기 위한 선결 과제가 첩첩이 쌓여 있는 셈이다. 이러한 문제는 문화재단 설립 마지막 단계에서 인천시는 조례 준수와 공약 이행이라는 요구에 쫓기고 있었고, 인천의 문화 주체들은 설립기금문제에 몰두하느라 정작 재단의 임무와 역할에 대한 구체적 고민, 재단 직원과 조직 방법, 창립 원년에 집중해야 할 임무와 같은 실질적 문제를 소홀히 다루고 말았다. 지금 그 책임 소재를 규명하는 것은 별 의미가 없다. 지금은 인천의 시민사회와 문화예술계가 설립을 논의할 때처럼 지혜를 모아야 할 때이다.

아무리 훌륭한 청사진을 가지고 출발한다 해도 문화재단과 같은 조직은 복잡다단한 문화 현실 속에서 자신의 임무와 역할을 조정하는 과정을 거쳐야만 한다. 그런 의미에서 시행착오는 필연적이며 다만 그 기간을 얼마나 단축하느냐가 관건일 따름이다. 어쩌면 문화 영역에서 가장 경계해야 할 태도는 단시일 내에 가시적 성과를 요구하는 일일지도 모른다.

인천문화재단의 내년도 사업계획을 보면 의욕적인 사업이 많다. 현재의 역량으로 계획된 사업이 내실 있게 진행될 수 있을지 우려도 적지 않다. 그 가운데 '문화비평 네트워크 사업', '인천문화예술 매개자 워크숍', '남북문화교류사업', '이규보 학술심포지엄', '지역축제 모형개발연구', '영상위원회 운영 및 활성화 방안 연구' 등의 사업은 여러모로 기대된다.

출범 2주년을 맞으며 더이상 경험 부족이나 여건의 미비를 탓할 수만은 없다. 재단의 직원들은 인천의 문화현장을 더 자주 찾고, 더 많은 사람을 만나야 한다. 재단 직원이 접촉하는 인천문화현장 파트너들의 안내와 조언에 귀를 기울이기 바란다. 재단이 직접 주관하는 사업이나 행사의 기획과 집행, 평가를 비롯한 전 프로세스를 최대한 공개하고, 사업의 내용과 질은 다른 문화 주체들이 모범으로 삼을 수준으로 끌어올려야 한다. 인천문화재단의 위상은 하루아침에 높아질 수 없다. 합리적이고 투명한 행정, 모범적인 사업추진을 통해 지역문화에 긍정적 영향을 파급시킬 때 높아질 수 있을 것이다.

주안영상미디어센터의 설립

인천 남구가 28일, 문화관광부가 지원하는 2006년도 지역 영상 미디어 센터 설립지원대상으로 최종 선정되었다. 미디어센터의 구축으로 지역문화가 영상과 디지털 영역으로 확장되고 심화되는 계기가 마련되었다는 점에서 크게 환영할 일이다. 그동안 문화계에서는 인천시에 영상위원회 설치를 비롯한 미디어 영역의 문화기반시설 확충을 지속적으로 요구해왔음에도 가시적 성과는 없었던 터라 더욱 반가운 일이다. 미디어센터가 설립될 남구 주안 일대는 남구의 청소년 미디어센터, 복합영상관, 정보산업센터가 위치하고 있으며, 매년 주안 미디어축제가 개최되는 곳이어서 향후 국내 영상 미디어의 새로운 명소로 발전할 수 있을 것으로 보인다.

미디어센터란 영상정보 시대에 필수적으로 요구되는 국민들의 미디어 리터러시(활용능력)를 높이기 위해 추진되고 있는 21세기형 공공문화기반시설이다. 미디어센터의 기능은 복합적이다. 내부에 영화전용관을 갖추어 다양한 영상문화를 감상하고 토론하는 시네마테크 기능, 디지털 환경에서 사용되는 영상 기자재들을 구비하여 전문가

* 경인일보 | 2005. 6. 30.

들뿐 아니라 일반인들에게 다양한 영상제작 시설과 장비를 제공하는 창작지원 기능, 영상과 디지털 관련 교육센터 기능, 창작된 영상자료를 조사, 연구 수집하는 자료센터 기능 등을 수행한다. 주안미디어센터는 시민참여형 미디어인 〈아파트 TV〉, 〈저출력 라디오방송〉 사업을 역점적으로 추진할 계획이라고 한다. 이런 사업들은 지역 주민들의 정보소통을 증진시키고 개인화된 도시주민들 간의 교류와 공동체 형성을 촉진시킬 수 있다. 미디어센터는 그 자체로 디지털 문화 창조의 기반이면서, 대안적 미디어를 통해 주민들의 참여의식을 높이고 풀뿌리 민주주의를 실현하는 일석이조의 성과를 기대할 수 있다.

인천시는 주안미디어센터의 설립을 적극적으로 지원해야 할 것이며 향후 주안 미디어센터를 모델로 인천 전지역을 대상으로 하는 영상미디어센터와 영상 관련 정책을 신속히 수립해야 한다. 나아가 타 구·군의 영상미디어센터 설립 역시 당면한 과제이다. 주안미디어센터가 개관할 때까지 운영 주체들이 더 고민해야 할 것이 있다. 그것은 미디어센터가 갖추어야 할 기본적인 기능에 충실하면서도 가장 창의적이고 특색 있는 미디어센터를 만드는 일, 그리고 기존의 아날로그 문화 영역과 소통하는 새로운 방식을 만드는 일이다.

다시 희망의 불씨를

21세기의 문턱을 갓 넘어선 우리 앞에 펼쳐지는 풍경들은 자못 혼란스럽다. 우리가 넘어 선 문턱은 그저 한 세기의 시작이 아니라 인류사적 차원에서의 거대한 변곡점이기 때문이다. 최근에 벌어진 사태들을 보면 확연해진다. 자본주의의 극복을 자임해 온 소연방의 붕괴도 결코 예고된 것이 아니었지만 이후에 급속히 전개된 '지구화' 과정에서 모든 국가단위의 생산체계와 시장이 그리고 정치와 문화가 세계체제의 그물 속으로 포섭되는 속도는 늘 예측을 뛰어 넘고 있다. 남한 경제가 겪고 있는 위기 또한 그러한 세계체제의 변화와 관련되며, 위기 이후의 경제 정책은 전적으로 국제통화기금(IMF)의 규정을 받고 있음에서도 알 수 있다. 이제 세계체제의 바깥이 없다는 사실은 세계체제의 대표자인 미국이 세계를 상대로 벌여온 걸프전이나 아프가니스탄 침공과 같은 일련의 침략 전쟁들을 실질적으로 반대하거나 제어할 수 있는 국가나 집단이 지구상에 존재하지 않는 것만 보아도 확연하다. 이처럼 지구는 지금 하나의 제국처럼 작동되고 있는 것이다.

우리가 확인해야 할 또 나른 변화는 사회를 관통하고 있는 지배방

---

* 인천참여자치연대 '정책토론회' | 2002. 3. 28

식이다. 가시적인 국가기구나 제도들에 의해 수행되던 권력의 행사방식은 차츰 사회 주체들의 내부로 이전되어 내재화하고 있다. 이른바 '징계사회'에서 '통제사회'로의 전환이다. 지금까지 사회를 유지해온 권력의 기능은 분산되고 있으며 권력은 철두철미 삶의 내부로 스며들어 '삶을 관리하는' 방식으로 변하고 있다.

산업과 노동의 질적인 변화, 그리고 노동계급의 분화도 주목해야 한다. 각종 서비스 노동과 지식노동, 가사노동, 이른바 '재택근무'나 '파트타임'노동이 그것이다. 이는 비물질적 생산의 비중이 점차 증대하는 것과 함께, 노동의 현장은 공장의 내부뿐 아니라 사회전체로 확장되어 감을 의미하는 것이다. 또한 육체노동과 정신노동, 고용과 실업상태의 경계선 역시 불분명해지고 있다.

이와 같은 변화의 양상들은 여전히 '희망을 꿈꾸는' 우리들에게 과거와는 질적으로 다른 창의적 실천을 요구하는 것이다. 무엇보다 사회 운동에서 전통적인 영역들 경제, 정치, 문화 영역 사이에 존재하던 경계선을 넘나들어야 한다. 삶 전체의 변화를 기획하는 운동은 정치적이며 경제적인 동시에 문화적일 수 밖에 없다. 또한 생산과 노동이 공장을 넘어 전 사회로 확장되고 있다는 사실은 지역차원의 운동이 새롭게 발진되어야 함을 의미하는 것이다. 아직은 실험단계에 있는 지방자치제를 진정한 시민의 정치로 전환시키기 위해서도 부문과 영역들이 소통하는 실천은 필요하다.

자본과 권력은 끊임없이 새로운 공간을 만들어 내는 운동을 통해 그 수명을 연장한다. 그러나 그럴수록 생산된 공간에 대한 권력의 관리는 부실화하는 역설적 상황이 야기된다. 우리 주위에 만들어지고 있는 시설들을 보자. 대부분의 공간들은 막대한 비용을 투자하여 만들어지지만 그 내부는 텅 비어 있다. 문학경기장의 경우 3천억 원을 들여 건립하였지만 월드컵 행사가 끝나면 거대한 시멘트 덩어리로 남을 것이고 시민들은 그것을 관리하는 공무원의 임금을 책임져야 한다. 막대한 예산을 들여 만든 도서관들도 마찬가지이다. 장서량의 빈곤은 말할 것도 없고 빈약한 장서들마저 대부분 이념적 검열을 통과한 것이거나 가벼운 읽을거리로 채워져 있어 지혜와 지식의 저장소가 아니라 학생들의 독서실로 쓰이고 있다. 지금 우리가 참여하려고 하는 주민자치센터 역시 소프트웨어의 빈곤으로 시행착오를 거듭하고 있다. 따라서 우리가 '참여'해야 할 공간도 함께 증가하고 있는 것이다. 끝없이 확장되고 생산되는 공간의 공허함을 지적하고 그 공간을 '자치'와 '자율'의 공간, 시민들의 삶을 풍부하게 할 수 있는 대안 공간으로 만들어가야 한다.

이제 우리는 단일한 중심이나 완성된 운동의 기획에 대한 강박증을 갖지 않을 것이다. 실천의 조직은 다중심일 수 있을 뿐만 아니라 그랬을 때 오히려 더욱 역동적일 수 있다. 주체들 간의 차이를 정체성과 동일성으로만 사고하면 혼란이겠지만 새로운 것을 창안할 때 그것은 생성의 동력이 된다. 그래서 우리는 시민들의 다양한 삶에 담겨 있는 차이들을 생성의 힘으로 전화시키기 위해 소통의 진폭을 극대화하고자 한다.

우리가 말하는 '자치'는 바로 자율을 최대한 존중하겠다는 선언이다. 자율은 자치의 정신이다. 개인의 경우 통제와 억압으로부터 해방될 때 생산적 욕구와 에너지의 흐름이 최대화된다. 이것은 실천 단위의 내부는 물론 다른 실천 단위에 대해서도 적용되어야 한다. 과거의 운동에서 여성운동 혹은 환경운동과 같은 부문 운동을 계급모순 중심으로 환원시키려는 경향이 있었다. 부문은 결코 위계화된 형식을 가져서는 아니 되며 부문과 부문들, 그리고 실천의 단위들은 수평적으로 접속되어야 한다. 모든 관계는 접속의 빈도가 결정할 것이다.

우리는 자본의 비참한 식민지가 된 도시주민들의 일상을 주목한다. 임금노동자들의 일상은 지루하고 힘든 노동에 모든 에너지를 소모하고, 얼마 안 되는 여가시간은 대부분 상품을 소비하는 것이다. '희망의 사회'를 꿈꾸는 우리들의 실천은 우선 도시인들의 지루하고 비참한 일상생활을 해체하고 변형시키는 데서 출발해야 한다. 이러한 실천은 결코 노동운동이나 여성운동 혹은 환경운동과 같은 부문 운동적 접근 방식만으로는 이루어질 수 없다. 도시주민들의 일상적 삶이 영위되는 공간을 비판하고 대안을 포착하기 위해서는 당연히 모든 감각과 지혜가 종합적으로 동원되어야 한다.

'희망'의 씨앗은 결국 내부에 있다. 우리의 삶과 그 삶의 조건을 비판하고 그 삶 속에 숨 쉬고 있는 위대한 욕망에 불을 지펴나가는 것으로부터 출발하여 마침내 사회 전체의 희망을 발견하는 마당으로 나가려고 한다. '희망'이 필요한 모든 사람들이 우리의 길에 '참여'하고 '연대'할 것을 제안한다.

문화 인천을 꿈꾸며

90년대는 가히 문화의 '백화제방' 시대라 할 수 있으리만치 다양하고 풍성한 문화 논의가 이루어지고 있다. 다가오는 21세기는 '문화의 세기'가 될 것이라는 예측도 들려온다. 문화가 삶의 방식을 가리키는 것이기에, 삶의 방식에 대한 논의가 풍성해진다는 사실은 그 자체만으로도 소중하다 할 것이다. 그런데 이러한 풍성한 담론의 잔치 마당을 벗어난 우리 삶의 주변에서 문화적 변화를 체감하기란 쉽지 않은 것 또한 사실이다. 문화를 '먹고 사는 문제'가 해결된 뒤에 그 여유(물질이건 시간이건)를 가지고 향유하는 영역으로 여기는 소박한 사고가 여전히 남아 있는 한, 그리고 문화를 또 하나의 경제재로만 여기는 '문화 도구론'의 논리가 정책을 좌우하는 현실에서는 시민들이 참다운 문화를 누리기란 어려울 터이다.

문화를 예술 영역을 넘어서서 우리 '삶의' 일체를 포괄하는 광범위한 영역에서 이루어지는 '재생산 방식'이라고 보지 않고서는 올바른 문화 이해도 실천도 어려울 것이다. 즉 문화는 인간의 욕구와 감정, 심지어 무의식까지도 포함하는 주관성의 광범위한 영역들이 가시적

---

* 인천문화정책연구소 창립선언문 | 1999. 4. 19

이며 제도화되어 있는 경제적, 정치적, 이데올로기적, 이론적 실천의 제 층위들과 맞부딪히며 생성하는 다양한 연관 관계를 내포하고는 것이라고 보아야 한다.

최근 본격화되고 있는 '세계화-지방화(globalization-localization)'의 추세를 보면서 우리가 일대 문명 전환기의 물결을 맞이하고 있다는 사실을 알 수 있다. 가히 '역사의 도전'이라 칭할 만하다. 위기이자 기회인가? 이는 중앙정부 중심의 근대 민족국가 운영 제도가 적실성을 갖기 어렵게 됨을 의미하는 것이고, 중앙정부와 지방정부, 지역과 지역, 지역과 세계 사이에는 새로운 관계에 기초한 운영체계의 수립이 요청되고 있는 것이다. '세계화-지방화'의 물결은 지역의 중요성을 부각시키는 동시에 지역 간 경쟁과 지역 내의 갈등 또한 심화시킨다. 이제 지방정부는 경제·정치·생활·문화의 유기적 연관에 기초한 특성화된 발전전략을 수립해내지 못하면 도도한 변화의 파고를 감당하지 못하게 된다. 그런데 이러한 '세계화-지방화' 현상을 무한 경쟁의 논리로만 이용하려 드는 정부나 기업의 태도는 경계해야 한다. 우리가 지구촌의 당당한 일원이 된다는 것은 우리 사회에 남아 있는 낡은 인적-물적 요소와 관계를 개혁하는 일을 전제로 해야 한다. 비민주적 요소의 청산, 비인간적 관행의 청산, 반(反) 생명적인 문화에 대한 단호하면서 즉각적인 청산 작업이야말로 '세계화-지방화'의 참된 내용이다. 결국, 제도 개선은 의식의 개선과 맞물려야 하고 그것은 온갖 '사회적 생활'의 개선 속에 녹아들어야 한다. 그것을 우리는 '문화의 발전'이라고 부를 것이다.

지역발전 계획 수립에서 주목할 것은 지역발전에서 차지하는 '문화'의 역할과 기능이다. 그러나 탈산업사회에서는 다품종 소량생산을 위한 유연화 전략이 생존을 보장한다. 이러한 체제에서는 과거처럼 기계적인 육체노동의 강화를 통해 생산성을 높일 수 없다. 상황과 조건에 따라 유연하게 자기 조절적인 창의력을 발휘할 수 있는 지식과 정보에 대한 가공능력의 질적 강화가 요청되고 있다. 즉 생산력을 결정짓는 요소는 노동의 양(量)이 아니라 질로 바뀌었다. 이 같은 변화를 추동하는 또 다른 요인은 소비 과정의 다양화이다. 소비자들의 문화적 욕구도 빠른 속도로 심미화, 다기화되고 있음을 유의해야 한다. 지식, 정보, 영상, 문화산업, 환경산업 등 첨단 기술과 고도의 문화적 안목이 결합된 고부가가치 산업이 주도하는 사회가 될 것이다. 따라서 산업사회에서와 같은 양적 팽창만을 목표로 하는 경제 성장 전략으로는 지역 간 경쟁에서 낙오할 수밖에 없을 것이다. 지적·정신적·문화적 요소가 경제의 전 과정에 직접적으로 영향을 미치는 '문화경제'의 시대가 도래하고 있는 것이다. 문화가 경제의 동력 부상하고 있다는 지적들은 이러한 맥락에서 의미를 갖는다. 뿐만 아니라 정치 역시 '문화'를 화두로 개편되지 않을 수 없다. 지역 주민의 삶의 질을 고양시키는 것이 정치의 목적이라면 결국 그것은 삶의 질, 곧 문화의 개선으로 귀결되기 때문이다. 문화발전은 지역발전의 관건이다. 이를 구체화하기 위한 지방 정치의 변화가 이뤄져야 하고, 기업체를 비롯한 지방 산업 문화, 교육 문화, 모든 사회 문화의 근본적이고 입체적 변신이 불가피하게 요청되고 있다.

우리 인천 지역의 문화 현상을 일별하면, 변화하는 문화의 위상과 중대성을 재 반영하지 못하고 있는 것으로 판단된다. 물론 지방 행정 기구와 지방의회의 문화에 대한 관심이 변화하고 있다는 사실은 여러모로 확인되고 있으나, 실천 의지나 방법에 이르러서는 의연히 구각을 벗어나지 못하고 있다. 중요 기관의 문화 담당 부서의 지위나 인원 배치만 보더라도 문화발전을 위한 전략의 부재를 가늠할 수 있을 터이며, 행사 위주의 문화정책과 관행도 여전하다. 문화재의 복원과 보존이 곧 시민들의 정체성을 높일 수 있다고 기대하는 손쉬운 발상도 한 예이다. 기억이 제거된 복원은 값비싼 대가를 치르게 된다. 무엇이 왜 보존·복원되어야 하는지는 현재의 관점에서 앞날을 내다보며 토론되고 합의되어야 할 것이다. 「2020 인천 드림」을 비롯한 인천 문화지표조사와 문화발전 계획(정책) 등에서도 전향적인 내용을 곳곳에서 찾을 수 있으나, 정작 문화발전의 동력인 시민을 주체화할 수 있는 방안은 당위적 차원의 주장을 나열하는 수준에 머물러 있다. 문화를 정치 경제, 사회적 연관 관계에서 바라보면서 지표조사에 임하고 계획을 입안하지 않는다면, 사업의 경중이나 선후를 가릴 수 없게 된다.

참된 문화는 생명 옹호의 문화여야 한다. 지구촌은 생태계 파괴로 인한 심각한 환경위기에 처해 있다. 이 환경의 위기는 서구중심의 근대 패러다임에서 비롯되었다. 기술지향주의와 인간 중심주의, 그리고 성장 위주의 산업주의(개발지상주의)라고 하는 근대 패러다임에 대한 근원적인 반성에 기반한 문화가 참된 문화이다. 이로써 문화는 인류적 과제에 부응하게 되는 것이다.

참된 문화는 시민의 자아 정체성과 지역 귀속감(定住意識)을 드높여야 한다. 현대인은 자본주의 상품 경제 구조 속에서, 그리고 대중 매체 위력 앞에서 존재론적 안전을 위협받고 있다. 개발주의와 시-공간 압축기술은 '장소 소멸' 현상이 가속화하면서 도시인들의 정주의식을 상실하게 만든다. 새로운 문화는 시민의 자아실현의 계기와 지역사회의 일원임을 성찰하는 계기를 함께 부여할 수 있어야 할 것이다. 실제로 250만 인구의 인천은 도시로서의 자기 정체성을 가지지 못하고 경인지역이라는 모호한 명칭으로 불려져 왔으나, 실제로는 서울의 변두리 지역으로 전락한 지 오래이다. 인천시민 역시 자신이 수도권에 살고 있다는 자기 위안을 하며 인천을 독자적인 지역 단위로 생각하지 않고 있다. 교통의 사각지대, 공해도시라는 오명에도 불구하고 정작 인천 문제 해결의 주체가 되지 못한 채 변두리 의식에 갇혀 있다.

참된 문화는 시민의 문화권을 신장시키고 시민이 주체가 되는 문화이어야 한다. 인천의 경우 노동자와 저소득층을 대상으로 한 문화정책이 부재하여, 시민 대다수가 문화의 혜택을 누리지 못하고 있는 형편이다. 이러한 문화로부터의 소외를 방기한 채 이루어지는 문화사업이나 행사는 결국 '그들만의 문화'일 뿐이다. 문화적 소외는 경제적 불평등의 결과인 동시에 불평등을 강화하는 요인이다. 모든 시민들이 자유롭게 문화를 향유하고 문화활동의 주체가 될 때 문화소외가 해소되는 것이다. 그러기에 우리는 시민 주체의 자생적인 문화적 활동을 존중하고 장려하는 정책을 우선적으로 지지한다.

참된 문화는 구체적 삶의 과정에서 드러나는 온갖 억압과 고통의 원인을 되살피고 그것을 해소해 나가는 생활 혁명의 과정이 되어야 한다. 성적 억압과 차별을 비롯한 일체의 제도적·관습적 억압과 차별로 인한 일상적 삶의 고통을 해소하는 데에 이르지 못한다면 이 역시 온전한 문화라 하기 어려울 것이다.

이처럼 새로운 인천문화는 인천시민 주체 문화, 생명 옹호의 문화, 생활 혁명적 문화가 되어야 한다. 새 밀레니엄을 맞이하면서 우리 연구소는 인천시민과 모든 문화 예술인들과 연대하며 문화 인천의 꿈을 위해 다음의 사업들을 기획한다.

① 지역별, 계층별 문화 지표 조사를 기반으로 한 지역 특성과 계층 특성을 충분히 반영한 문화정책의 입안과 제안을 하려고 한다.
② 연구소는 지역의 문화감시단의 일 주체로 자임하며, 인천광역시와 각 정당, 그리고 지역 내 문화 활동 주체들의 정책에 대해 검토하고 사업의 수행과정 및 결과를 일상적으로 평가하는 사업을 할 것이다.
③ 지역 내 문화시설과 문화 단체, 문화 인사를 연결하는 네트워크를 구축하고, 이들이 유기적인 관계를 맺으며 활동할 수 있는 연계 프로그램을 개발하고 제안할 것이다. 이러한 지역 내 네트워크와 함께 지역 간 네트워크, 국제 네트워크의 가능성을 타진해 나갈 것이다.
④ 새로운 사회문화적, 생활문화적, 환경친화적 문화 프로그램을 입안하고 상설적으로 교육할 수 있는 문화학교를 설립할 것이다.
⑤ 문화쟁점에 대한 포럼을 조직하고, 그 결과를 각 문화 주체들에게 제안한다.
⑥ 지역문화 자료실을 마련하고 멀티미디어 데이터베이스와 정보 네트워크 구축사업을 한다.

5 우리 사회의 표정

장그래와 베이비부머
참사의 해, 2014년
내부가 위험하다
아, 세월호
이야기로 노소동락하는 사회
허수아비 세우는 사회
한국발(發) 인문주의
끝이라는 말에 대하여
길과 여행의 아이러니
힐링 코드를 돌아본다
큰 바위 얼굴과 대통령 선거
역마차의 교훈과 갈등관리
뒤집어 본 인문학 열풍
한국 사회의 다문화 의식
마트료시카 인형
노출 파문과 소외된 예술
광고경쟁의 악순환
참여정부와 코드 논란
대안적 여가를 위하여
색깔론과 순수 미망
부끄러운 정치문화
이름을 숙고하자
신화의 시간 일상의 시간
노동중독사회에 대한 메시지
겨울 상징

악플방지법보다 차별금지법을
차별어로 변질한 다문화
검찰 개혁과 다양성
소수자를 배려하는 도시
갑질 문화 청산해야 한다
갑질 사회 폭력문화
관광만능주의를 넘어서자
욜로 스타일을 돌아본다
윤리의식의 재정립이 필요한 대학
문화계 블랙리스트
최장노동사회의 망중한(忙中閑)
가벼움의 가치
스토리텔링의 본질
호모 나랜스 혹은 소통 본능

악플방지법보다 차별금지법을

악성 댓글 근절책이 다양하게 제기되고 있다. 국회에서는 가수 겸 배우 설리의 사망을 계기로 악성 댓글에 대처하기 위한 '악플방지법'(일명 설리법)이 속속 발의되고 있다. '악플'은 악성 리플의 준말로 게시자나 특정인을 근거 없이 헐뜯는 내용을 의도적으로 게시하는 답글을 말한다. '악플 방지법'을 악성 댓글로 인한 폐해를 막기 위한 노력으로 보이지만 그 타당성은 또 다른 논란거리가 되고 있다.

국회에 제출된 악플방지법은 댓글 준실명제라고 할 수 있다. 댓글 아이디 전체를 공개하고, IP를 드러내 온라인 댓글 작성자의 책임의식을 높이는 내용이다. 정보통신서비스 제공자에게 표시 의무를 부과해 각 포털별로 다르게 이뤄지던 아이디 공개 정책을 통일하도록 규정하자는 것이다. 정보통신법 개정안 중에는 혐오 표현도 불법 정보의 범위에 포함시키고 정보통신서비스 제공자는 혐오 표현을 삭제하도록 하는 법률안도 있다. 모두 익명의 배설공간으로 비난받고 있는 인터넷 공간을 정화하기 위한 고육책이다.

댓글 준실명제에 대한 여론은 찬성 쪽이다. 익명성에 숨어 누군가

* 경인일보 | 2019. 11. 13.

를 비방하고, 모욕하는 행위를 근절하는 데 효과가 있을 것으로 기대하고 있기 때문이다. 그러나 실명제로 운영되는 SNS에서도 악플은 기승을 부리고 있듯이 익명성이 악플의 뿌리는 아니다. 무엇보다 댓글 실명제가 인터넷상의 명예훼손이나 모욕행위를 막는 순기능보다는 건전한 비판이나 일반의사 표현까지 위축시키는 부정적 효과를 낳을 가능성이 높다. 헌법재판소도 인터넷 실명제를 위헌으로 판결하면서 표현의 자유를 제한하고 의사 표현 자체를 위축하여 자유로운 여론형성을 방해한다는 이유를 들었다.

악성댓글 문제는 악플방지법과 같은 대중요법으로 해결될 수 없다. 악성댓글을 재생산하는 사회구조를 둘러 보면서 대책을 찾아야 한다. 우리 정치문화와 언론의 선정적인 보도가 악성 댓글의 '플랫폼' 아닐까. 정치는 권력투쟁의 '본능' 때문에 다른 정치세력이나 정치인을 비판하게 마련이지만 한국 정치에서는 합리적 논쟁이 아니라 막말이나 혐오스러운 표현으로 정치 활동을 대신한다. 사안마다 진보와 보수, 좌우의 이념대립으로 대체하는 이분법적 사고가 사회를 증오와 대결의 복마전으로 만들고 있다. 이런 야만적 정치문화는 선거철이 되면 더욱 기승을 부린다.

언론의 책임도 크다. '악플'로 피해가 발생하면 언론들은 남의 일인 것처럼 야단법석이지만, 정작 알 권리를 빙자하여 사생활을 수집하고 보도하는 언론의 행태에 대해서는 성찰하지 않는다. 전형적인 내로남불이다. 언론에 보도된 연예인이나 개인의 사생활은 '악플러'들의 먹잇감이 된다. 포털 운영자의 책임을 높여야 한다. 현재 주요 포털 사이트들은 악플 대책을 강구하고 있으나 유튜브는 가짜뉴스의 온상이 되고 있다. 포털은 반복적인 악성 댓글 게시자에게 페널티를 주고 고의성이 높을 경우 완전히 추방하는 방식으로 인터넷 게시판 관리 구조를 바꿔 나가야 한다.

혐오 표현에 대한 처벌기준을 강화해야 한다. 비판은 생산적 결과를 낳을 수 있지만 비난은 관계를 파괴한다. 차별과 혐오를 선동하는 혐오 표현이야말로 반사회적 범죄행위 중의 하나이다. 장애인이나 성 소수자를 비하하는 혐오 표현에 대한 가이드라인을 만들고, 위안부 동원과 같은 일제의 전범 행위임을 부정하는 주장처럼 확립된 역사적 사실을 부정하는 혐오 발언에 대해서는 독일처럼 사회적 범죄로 엄격하게 처벌해야 한다. 그렇다면 차별금지법 제정이야말로 혐오 발언과 악플 재생산을 근절하는 대책이 아닐까. 이 같은 노력과 함께 학교나 언론은 올바른 인터넷 문화의 정착을 위해 악플의 심각성을 알리고 공론의 장을 민주적으로 가꾸어 나갈 수 있는 가치관을 심어주는 인권 교육과 선플 캠페인도 지속적으로 펼쳐나가야 한다.

차별어로 변질한 다문화

'다문화'라는 말을 사용하지 말자는 운동이 펼쳐지고 있다. 이 용어의 오용을 거듭 지적해온 필자로선 환영하고 지지한다. 더불어민주당 다문화위원회가 주도하고 있는 이 캠페인은 애초 '정치적 올바름(political correctness)' 차원에서 재명명한 '다문화'라는 용어가 의도와는 달리 학교나 사회에서 오히려 차별과 혐오의 대명사로 사용되고 있는 현상을 다시 바로 잡는 운동이다. 연구자들이 쓴 학술논문에서도 객관적인 용어 대신 '다문화 아동', '다문화 자녀' 등의 관용어가 남발되고 있는 실정이며, 교육기관의 교사들도 학생의 이름 대신 '다문화 학생'으로 호명하고 있어, 당사자들에게 '다문화'가 수치심과 모멸감을 강요하는 주홍글씨가 되고 만 것이다.

본래 '다문화'라는 용어는 문화적 다양성의 세계적 추세를 분석하는 데 사용하는 술어이며, 문화적 다양성의 가치를 주목하고 장려하는 다문화주의(multiculturalism)에 뿌리를 둔 긍정적인 의미의 용어였다. 문화다양성의 철학적 용어가 우리 사회에서 일반화된 것도, 이 주민을 차별하는 말이 된 것도 「다문화 가족지원법」의 제정과 관련된

---

* 경인일보 | 2019. 6. 25.

다. 다문화주의가 가지고 있는 보편적 의미와 가치를 결혼이민자나 국제결혼 가족에 국한해서 사용한 것은 논리적 오류였다. '다문화'라는 용어는 여러 문화가 공존하는 문화 현상을 가리키는 개념임에도 불구하고 다문화나 문화다양성의 전형적 사례가 아닌 결혼이민 등 사람을 가리키는 법률적 용어로 사용한 것이다.

결국 '다문화'는 한국의 언중들에게 결혼이민자를 비롯한 이주 배경 가족들과 자녀들을 구분하여 부르는 말로 바뀌었으며, '다문화'라는 용어가 지닌 본연의 적극적 문제의식도 훼손되고 만 것이다. 차라리 이 법에서 가리키고 있는 "결혼이민자, 국적법에 의거하여 대한민국 국적을 취득한 자로 이루어진 가족, 재한외국인 처우 기본법에 의한 결혼이민자, 국적법에 의해 귀화 허가를 받은 자"라는 객관적인 표현을 나열하면 문제가 없었을 터이다.

「다문화가족지원법」에서 말하는 '다문화'란 2개 이상의 국가 정체성이 공존하거나 융합된 것을 가리키는데, 실제로는 '문화'가 아니라 '국가'를 말한다. 문화의 다양성이나 공존을 존중하는 것이 아니라 대한민국 문화로의 통합을 유도하려는 정책이다. '다문화'에 대한 문화적 재성찰이 절실하다. 우리 「문화기본법」에서는 문화를 문화예술, 생활양식, 공동체적 삶의 방식, 가치 체계, 전통 및 신념 등을 포함하는 사회나 사회구성원의 고유한 정신적·물질적·지적·감성적 특성의 총체로 보고 있다. 이러한 문화를 성별, 종교, 인종, 세대, 지역, 정치적 견해, 사회적 신분, 경제적 지위나 신체적 조건 등과 관계없이 문화 표현과 활동에서 차별받지 않고 향유할 권리를 지닌다고 명문화하고 있다.

현재 국내 체류 이주민은 200만 명으로 추산되고 있으며, 10년 후에는 우리 인구의 10%에 해당하는 500만 명에 이를 것으로 예측된다. 이주 배경의 자녀들은 22만 명에 이르고 있다. 이들이 겪어야 할 문화적 정체성의 혼란을 최소화하면서 생활할 수 있는 환경을 조성해 나가는 것, 세심한 인권 감수성에 입각하여 마련한 정책을 시행하는 것은 글로벌 국가, 세계도시의 기본적 지표이다.

목하 전개되고 있는 '다문화' 용어 폐기 캠페인은 '다문화'라는 말 자체를 폐기하자는 것은 아닐 것이다. 결혼이민자나 국제결혼 가족을 부르는 관련 법에서 '다문화 가족' 관련 조항을 사실에 입각한 설명으로 대신하거나 객관적인 용어로 대체하자는 것이다. 배려가 차별이 되고만 '다문화' 사례에서 보듯 '정치적 언어교정'에 대한 반성도 필요하다. '정치적 올바름' 운동은 언어적 측면과 인권적 측면을 동시에 고려하고 인위적 언어교정은 최소화하는 것이 옳다. '다문화' 사례처럼 언어 혼란을 야기하면서 또 다른 차별로 기능할 수도 있기 때문이다.

검찰 개혁과 다양성

판단과 인식의 영역에서는 단순함이 미덕이다. 학문의 원리, 인식의 원리는 단순하고 명백해야 한다. 그러기 위해서 전제는 최소화되어야 하고, 가설은 명쾌해야 한다. 윌리엄 오컴(W.Occam)은 대상을 가장 단순하면서 명쾌하게 설명하는 것이 진리에 가깝다고 보았다. 만약 동일현상을 설명하는데, 두 개 이상의 이론이 모두 타당하다면, 우리는 단순한 것을 선택해야 한다는 것이다. 어떤 사물, 사건, 현상을 설명하는 논리가 복잡하다면 진리에 접근하지 못했거나 최소한 인식이 아직 철저하지 못한 상태에 머물러 있을 가능성이 높다는 것이다.

그러나 현실은 그렇지 않다. 인식의 대상인 세계는 오히려 다양할수록 아름답게 보인다. 다양함은 심미적 가치를 넘어 생태계의 원리이다. 생태계(ecosystem)는 상호작용하는 생명체들과 또 그들과 서로 영향을 주고받는 주변의 무생물 환경까지 아울러 지칭하는 말이다. 자연생태계의 이상은 다양한 생물이 함께 번성하는 종 다양성이다. 이 다양성의 공존 속에서 종들이 진화하고 때로는 새로운 종이

* 경인일보 | 2019. 10. 9.

탄생한다. 건강한 자연 생태계의 지표는 얼마나 '다른' 생물들이 공존하고 있느냐이다. 이 다양성은 개체 수준에서도 적용된다. 동물이나 식물은 영양소를 다양하고 균형 있게 섭취해야 하며 필수성분이 부족하거나 일부에 편중되면 문제가 발생한다. 신체의 기관들도 마찬가지이다.

한편 다양성은 인간의 창조적 사회활동의 결과이자 조건이기도 하다. 유네스코가 2001년 '문화다양성 선언'과 2005년 '문화다양성 협약'을 체결할 수 있었던 것은 세계 각국이 문화다양성이 교류와 혁신, 창의성의 원천으로 인류에게 필요한 공동의 유산이라는 규정에 합의하였기 때문이다. 인식의 영역에서 단순화는 미덕이지만, 생태계나 사회 조직과 같은 현실에서의 단순화는 퇴행의 조짐이며 위기의 징표이다. 다채로움을 아름다움으로 여기는 미적 심의 경향은 다양성이 삶에 유익하다는 경험의 반영일 가능성이 높다.

검찰개혁이 온 나라의 화두가 되었다. 적폐청산의 '포청천'이 개혁의 대상으로 전락한 원인 중의 하나는 검찰조직의 비민주성인 바, 문화적으로는 다양성의 결핍 때문이라 할 수 있다. 2천 500명의 검사가 사건을 처리하는 기준이 검찰 수뇌부와 같아야 한다는 '검사동일체의 원칙'은 폐기된 것이 아니라 의연히 작동하고 있다. 검사가 곧 검찰이며, 또한 사회와 국가로 자신의 동일성을 확장한다. 실제로 지검, 고검, 대검, 그리고 위계질서의 정점을 형성하는 검찰총장에 대한 상명하복으로 귀결되지만 말이다. 일선 수사 검사의 입장에서 검사동일체의 원칙은 검찰권의 독립성과 공정한 행사를 막는 장애물이다. 그 점에서 검찰조직은 일종의 군집체(colony)와 닮았다. 군집체는 수천수만의 생물들이 자신의 촉수를 얽어 하나의 생명체와 형태로 생존해가는 집단생명체를 말한다. 대표적 군집체인 볼복스(volvox)는 구성요소들인 개별 세포는 단세포처럼 보이지만 전체적으로는 수만의 단세포로 이뤄진 하나의 개체이다. 군집체에 속한 개체들은 고유의 신호전달체계를 공유함으로써 단일한 유기체처럼 움직인다.

검찰개혁은 기소권 독점을 통제할 수 있는 공수처 설치로 시작되겠지만, 검찰총장을 정점으로 하는 수직적 동일체인 '단일성'의 피라미드를 해체하고, 내부에 견제와 균형을 담보하는 '다양성'이 도입할 때 완성될 수 있을 것이다. 법과 원칙에 의거하되 검사들의 양심에 따른 단위조직이 자율적이고 민주적으로 움직이는 '사람의 조직'으로 거듭나야 한다. 다양성이란 단순히 양적으로 많은 것이 아니라 질적으로 '다른 것'과 '차이'가 공존하는 상태를 말한다. 사회나 조직은 그 다름과 차이를 창조와 혁신의 원동력으로 삼아야 한다. 다름과 차이를 용납하지 못하는 사회나 조직은 필연적으로 경직성과 배타성으로 퇴행하고 '괴물'이 되어 개혁의 대상으로 전락한다.

소수자를 배려하는 도시

/

'신사와 숙녀'라는 호명을 유럽의 지하철에서는 이제 들을 수 없게 되었다. 행사나 연설을 시작할 때 관용적 인사말인 '신사, 숙녀 여러분(Ladies and gentlemen)'이란 표현을 사용하지 않기로 한 것이다. 영국은 2017년 7월부터, 네덜란드는 2017년 12월부터 모든 열차와 역사 안내방송에서 승객들을 '신사 숙녀'라는 호칭 대신 '여행자(travelers, passengers)'로 바꾸어 쓰고 있다. 남자와 여자로만 나누는 기존의 성 구분이 성 소수자를 소외시키고, 성차별적인 고정관념을 고착화시키고 있다는 문제의식이 확산되고 있는 것이다.

일반적으로 신사는 남자를 높여 부를 때나, 사람됨이나 몸가짐이 점잖고 교양이 있으며 예의 바른 남자를 지칭하는 말로 사용해왔다. 그런데 서양이나 동양에 역사적으로 존재했던 '신사'는 교양있는 사람이라기보다는 경제적으로 여유 있는 계급이나 권세 있는 지방의 토호를 가리키는 말이었다. 산업혁명 이후 새로 형성된 중산층 계급인 젠트리(gentry)가 영국 신사의 어원이었다. 한편 한자어 '신사(紳士)'는 중국 명·청 시대의 지배층을 가리키는 말이었다. '신사' 계급이

---

* 경인일보 | 2018. 11. 21.

근대화 과정에서 상업에 진출하면서 상업에 종사하는 신사라는 뜻의 '신상(紳商)'이라는 새로운 계층이 출현했다. 개항기 인천에서 활동한 인천신상협회(仁川紳商協會)라는 단체의 구성원을 보면 서상집, 박명규 등 주로 객주 상인들이었다.

신분제와 모더니티를 버무린 '신사와 숙녀'라는 말의 퇴장은 어쩌면 시간문제였을지도 모르고, 또 사소한 일로 여길 수도 있지만, 소수자 배려라는 명분은 존중할만하다. 성 소수자들에 대한 선진국들의 배려 정책은 세심하다. 스웨덴학술원은 2015년, 자신의 성을 남녀로 구분하기를 원치 않는 사람을 위한 대명사 '헨(hen)'을 공식단어로 등록했다. 스웨덴어로 남자(han)와 여자(hon)를 합성한 단어이다. 미국도 성 소수자에 대한 배려를 본격화하고 있다. 하버드 대학교에서는 본인의 성을 표시할 때, 남성 또는 여성이 아닌 중립적인 성('ze'나 'they')을 선택할 수 있게 했다. 캘리포니아주는 공공건물의 화장실에 남녀 구분 표지판을 없앤 '성 중립화'를 의무화한 법안을 통과시켰으며, 1인용 화장실의 경우 성 정체성의 구분 없이 누구나 사용할 수 있다.

우리 사회를 돌아보자. 서지현 검사가 검찰 내 성폭력 실상을 고발하면서 미투 운동이 본격적으로 전개됐다. 문단과 연극계를 비롯한 문화예술계와 일부 대학에서 위력에 의한 성폭력 피해가 드러났지만 여전히 빙산의 일각일 뿐이다. 성 중립의 측면에서 보면 우리나라는 국제적 수준에 크게 미달한다. 국가가 주민등록번호로 양성 구분의 '네모'를 숫자로 박아 놓은 상대이니 말이다. 직업을 가진 여성들만 여의사, 여교사, 여학생, 여비서, 여군, 여류시인, 여류화가 등으로 나눠 부르는 우리 관행에 대한 '정치적 언어 수정(political correctness)'도 시급해 보인다. 정치와 경제 영역에서 민주주의적 과제가 남아 있지만 일상공간에서의 성 소수자 배려와 젠더중립적 실천도 중요하다.

　인천 동구 동인천역 광장에서 열릴 성 소수자들의 축제인 퀴어 축제가 지난 9월 기독교 단체의 위협과 폭력으로 중단되는 사태가 발생했다. 이 사태로 우리 사회의 민주주의와 성 평등의식의 민낯이 단적으로 드러났다. 세계가 주목하는 민주주의 국가인 대한민국에서, 세계도시를 지향하는 인천에서, 그것도 개방성과 다문화성을 장소성이라고 내세우던 개항장 인근에서 벌어졌다는 것은 부끄러운 일이다. 성 소수자를 비롯한 소수자에 대한 배려는 도시의 개방성과 관용성, 시민의식의 성숙도를 나타내는 리트머스지와 같다. 세계도시와 문화도시를 지향하는 도시라면 마땅히 문화의 다양성을 적극적으로 실현하는 다문화도시여야 한다.

갑질 문화 청산해야 한다

　박찬주 육군 대장 부부의 공관병 '갑질' 사건이 보도되면서, 군 내부는 물론 사회 전반으로 그 파문이 확산되고 있다. 군 인권센터에 의하면 박찬주 대장 부부는 공관병들에게 전자팔찌를 채운 채, 호출벨로 호출하여 요리와 청소 세탁 등의 가사일을 시켜왔다는 것이다. 모욕적인 언사와 물건 집어 던지기는 다반사이고, 처벌로 밤샘 일을 시키거나 전방 전출 위협도 일삼았다는 것이다. 군 최고 지휘관이 나라를 지키려고 입대한 국민의 아들을 노예처럼 부리는 것도 모자라 가혹행위까지 일삼았다 하니 국민의 공분이 클 수밖에 없다.

　'갑질'이란 권력자가 약자나 아랫사람에게 행하는 부당한 행위를 가리키는 신조어이다. '갑질'이라는 말은 최근 폭로된 사건들을 가리키는 말로는 가벼워 보인다. 공관병은 사령관 부부로부터 일상적으로 폭언과 모욕, 협박과 폭력에 시달렸고, 호출벨을 착용하고 호출에 반사적으로 행동하는 동물처럼 취급받았다.

　국토와 국민을 수호하고 있는 군인들과 군의 명예를 회복하기 위해서라도 이 같은 범죄행위는 근절되어야 한다. 스스로 명예롭지 않

* 경인일보 | 2017. 8. 9.

다고 느끼는 병사가 어떻게 전쟁을 수행할 수 있을 것인가? 군대의 갑질은 군의 사기를 떨어뜨리는 사실상의 이적죄에 해당한다는 관점에서 철저히 개혁해야 한다. 적폐의 표본이 되고 있는 공관병 제도를 우선 바꾸어야 한다. 군인은 가장 엄격한 지휘명령 체계로 움직여야 한다. 그러나 전투명령이 아니라면, 인간의 존엄성이나 인권을 훼손하는 부당한 명령에 대한 불복종의 권리를 부여해야 한다.

문제는 군대뿐 아니라 우리 사회 곳곳에서 갑질이 벌어지고 있다는 점이다. 사회에 만연한 갑질 문화는 적폐 청산의 관점에서 접근해야 한다. 학교나 회사, 공직 사회 등을 비롯하여 인권 문제가 빈번히 발생하는 조직의 경우 자체 인권감시제도를 갖추도록 하는 것이 급선무이다. 프랜차이즈 회사에도 갑질 문제가 빈번하게 발생하고 있다. 가맹본부의 갑질을 근절하기 위해서는 가맹본부와 점주 사이의 계약 내용에 대해 사회적 압력이 작용될 수 있도록 만들어야 한다. 그리고 가맹점주들이 모인 단체의 위상을 대등하게 강화하여 가맹본부와 협상력을 높여나가지 않으면 고질적인 갑질 문화를 개선하기 어려울 것이다.

기업의 총수나 임원, 특히 가맹본부도 '인간'을 경영철학의 중심으로 삼아야 한다. 현대적 기업은 인간 가치를 존중하는 '착한' 기업이어야 한다. 기업은 이윤을 추구하면서도 사회적 기여도를 높여가야 한다. 최근의 사례처럼 기업 총수의 갑질과 횡포로 인해 기업이 그동안 피땀 흘려 쌓아 온 가치를 일순간에 무너뜨릴 수 있다.

갑질은 박찬주 대장이나 대한항공 조현아 부회장처럼 높은 권력자들만 저지르는 것은 아니다. 편의점이나 식당 주인과 점원 간에, 직장의 상사와 부하직원처럼 사회의 모든 인간관계에서 발생할 수 있다는 점이다. 갑질 근절을 위한 각종 제도의 개선과 함께, 사회 전반의 의식 변화도 따라야 한다. 역지사지(易地思之)의 정신, "자기가 하기 싫은 일은 남에게도 하게 해서는 안된다(己所不欲勿施於人)"는 논어의 상식적인 윤리의식이 새삼스럽게 요청되는 시대이다.

갑질 사회 폭력문화

대한항공 조현민 전무의 이른바 '물벼락 갑질'로 여론이 비등하고 있다. 조 전무는 대한항공 광고 대행을 맡고 있는 한 업체와의 회의 자리에서 광고팀장인 직원이 자신의 질문에 제대로 답변을 못 하자 분노하여 직원의 얼굴에 물을 뿌리고 욕설을 퍼붓다 못해, 나중에는 직원을 회의장에서 쫓아낸 것으로 전해졌다. 조현민 전무는 2014년 이륙 중이던 기내에서 땅콩 서비스에 불만을 품고 난동을 부린 혐의로 세상을 떠들썩하게 했던 대한한공 조현아 부사장의 친동생이어서 여론의 화살은 대한항공 총수 일가 전체로 향하고 있다.

'갑질'이란 신조어는 피해자의 인격을 모독하고 파괴하는 범죄행위에 비해 가벼운 느낌을 주는 말이다. 아마도 '갑질'이 계약서상의 '갑'과 '을'에서 비롯된 일종의 비유어이기 때문일 것이다. 외국 언론사들도 한국 재벌가의 '갑질'에 해당하는 번역어를 찾지 못한 탓인지 'gapjil'이라는 우리말을 그대로 사용하고 있다. 우리말의 세계화 가운데 부끄러운 사례가 될 모양이다.

'갑질'의 본질은 언어폭력으로 나타난다. 언어폭력은 욕설이나 인

---

* 경인일보 | 2018. 4. 18.

격 모독적인 조롱으로 나타나지만 성차별적 발언이나 인사상의 협박을 당하는 경우가 많아 피해자들에게 굴욕감과 깊은 상처를 남긴다. 피해자들은 조직 내의 하급자이기 때문에 2차 피해를 당할 수도 있다. '땅콩회항' 사건의 피해자였던 박창진 사무장은 사건 이후 스트레스, 신경쇠약, 공황장애 등을 진단받았고 1년 여의 휴직 끝에 회사에 복귀했지만 팀장에서 일반 승무원으로 직급이 강등되고 직원들에게 따돌림을 당하는 등 2차 피해를 겪은 것으로 알려지고 있다.

한국 재벌가 임원들의 전근대적 횡포를 의미하는 '갑질'이라는 말, 그리고 갑질의 전형적 사례인 '땅콩회항'이나 '물벼락 갑질'이라는 표현은 사태의 본질을 희화화하는 듯해서 마뜩잖다. 근본 원인은 기업과 직원들을 자신의 소유물로 여기는 재벌의 계급의식이겠으나 다분히 흥미 위주로 사건을 대하는 태도도 문제다. 재벌과 권력의 '갑질'을 다루는 우리 언론의 태도나 시민의식이 더 진지하고 예리해져야 하겠다.

경찰이 조현민 전무를 수사하면서 폭행혐의에만 주목할 경우 물컵을 던진 방향이 피해자의 얼굴 쪽인지 바닥 쪽인지가 쟁점이 되는데 이는 문제의 본질을 벗어난 것이다. 얼굴에 물을 뿌린 특수폭행 못지않게 언어폭력에 의한 인격 모독이 더 중대한 범죄이다. 언어폭력에 대한 처벌이 가볍다는 것은 문제이다. 언어폭력은 형법상 모욕죄에 해당된다. 형법 제311조의 '공연히 사람을 모욕한 자'에 대한 처벌은 1년 이하의 징역이나 금고 또는 200만 원 이하의 벌금형 처하는 정도에 불과하기 때문이다.

대한항공은 조현아 부사장에 이어 조현민 전무의 행동이 알려지자 대한항공 총수 일가의 비행(非行)을 알리는 제보가 이어지는 한편 대한항공의 회사명칭도 차제에 바꿔야 한다는 국민 청원도 늘어나고 있다. 그렇다! 대한항공 총수 일가의 일탈 행위가 대한민국의 국격과 국가브랜드에 부정적 영향을 미치지 않도록 해야 한다. 더 시급한 과제는 직장이나 사회적 위계에서 상급자나 권력에 의해 행해지는 일상적인 폭력, 내재적인 폭력을 근절할 수 있는 제도적 방안을 찾는 일이다.

관광만능주의를 넘어서자

우리집은 관광코스가 아니다! 몇 년 전 제주에 신혼집을 마련한 가수 이효리가 몰려드는 관광객들에게 호소 한 적 있지만, 그저 스타가 겪어야 할 유명세 정도로 여겼다. 여행이 일상화되고 마을이나 도시의 일상생활 공간이 새로운 여행지로 부상하면서, 주민들의 거주환경이 악화되고 주민들이 고통받는 사례가 급증하고 있다. 이처럼 관광 활성화로 인한 정주 환경 훼손 현상을 지역개발사업의 결과로 원주민이 내쫓기는 젠트리피케이션 현상에 빗대어 '투어리스티피케이션(touristification)'이라고 부른다. 서울 종로구의 북촌한옥마을과 이화마을, 통영 동피랑 마을, 인천 송월동 동화마을 등 한때 관광지로 다른 지자체의 부러움을 샀던 곳들이 밤낮없이 몰려드는 관광객들로 주민들이 몸살을 앓고 있다.

북촌한옥마을 주민들에게 휴일은 끔찍한 시간이다. 내국인부터 중국, 일본 등 외국인까지 연간 수십만 명의 관광객이 찾는 이곳은 특히 휴일에는 마을 전체가 관광객들로 북새통을 이룬다. 방문자들이 시도 때도 없이 눌러대는 셔터 때문에 언제 사생활이 누출될지 모르

* 경인일보 | 2018. 1. 3.

다. 빨래를 내다 널지 못하고 여름에도 문을 열어 놓을 수 없어 신경쇠약 증세를 호소하는 주민도 있다. 마을은 방문자들의 추억과 호기심을 충족시키는 소품으로 소비되고, 주민들은 자신도 모르게 배경이 되는 것이다. 무단촬영뿐 아니라 쓰레기 투기, 낙서, 흡연과 소음, 주차난 등 피해 유형은 다양하다. 참다못해 주민들이 마을을 떠나는 주민이 하나둘 생겨나고 있다. 관광지 원주민들의 정서를 단적으로 보여준 사건은 이화동 벽화마을의 주민들이 인기벽화 '해바라기'와 '잉어'를 페인트로 지워버린 사건이다.

유럽의 관광 도시들도 관광객 과다유입으로 인해 물가와 임대료 상승이 가속화되고 원주민들이 도시를 떠나고 있는 현상 때문에 고민이 깊다. 시민들이 관광객의 방문을 거부하는 대규모시위가 발생하거나 노골적인 관광객 혐오증이 확산되는 등 정부의 관광정책에 항의하는 반관광운동으로 갈등을 겪고 있다. 이에 따라 바르셀로나는 호텔 신축을 불허하고 숙박 공유시설의 단속으로 연간 3천만 명을 상회하는 방문객 숫자를 줄이는 정책을 펼치고 있다. 암스테르담은 방문자들로부터 하루 숙박에 10유로의 관광세를 징수하는 방안, 유적지에 기념품 상점의 입점을 제한하는 등 과잉관광을 조절하여 주민의 생활을 보호하는 정책으로 전환하고 있다.

북촌한옥마을처럼 마을이 관광지로 부상했지만 집값과 인구는 계속 감소하고 있는 역설적 현상을 해결해야 한다. 여행자 예절교육, 유의사항 안내판 설치, 야간 관광 제한 등의 방안은 미봉책이다. 우리 정부의 대형 국책사업들은 이 같은 대량관광으로 인한 주민들의 일상파괴 현상에 대한 고민이 없다. 정부와 지자체의 관광연계주의, 관광만능주의는 이미 주민들의 저항에 직면하고 있다. 관광 활성화로 원주민들의 일상이 파괴되고 경제적 어려움까지 가중시킨다면 누구를 위한 관광인가를 되물어야 한다. 주민의 삶을 담보로 한 관광우선정책은 주객전도 정책이며, 시민의 일상생활을 민속촌으로 만드는 것은 인권 차원에서도 문제의 소지가 크다. 여행자 중심의 관광은 원주민 중심으로 전환하고, 관광정책에서 '지속가능성'의 핵심지표는 주민들의 일상생활을 보호하는 것으로 설정되어야 한다.

욜로 스타일을 돌아본다

2017년의 대한민국은 욜로 열풍으로 뜨겁다. 욜로 라이프는 "트렌드 코리아 2017"에서 핵심 키워드로 선정될 정도이다. 욜로(YOLO)라는 말은 You Only Live Once(한 번뿐인 인생)의 앞글자를 딴 용어로, 미래 또는 남이 아니라 '현재와 자신의 행복'을 가장 중시하는 라이프 스타일을 말한다. 욜로족은 베이비부머 세대들의 지상과제였던 내 집 마련, 자녀교육, 노후 준비가 아니라 지금 당장 삶의 질을 높여줄 수 있는 취미생활, 자기계발 등에 돈을 아낌없이 쓴다.

극단적 현세주의의 뿌리를 한국 문화의 특성에서 찾을 수도 있겠으나, 그 직접적 토양은 '헬조선'으로 풍자되고 있는 우리 사회의 암울한 지표들이다. 청년실업과 비정규직의 증가로 불완전 고용률은 계속 늘어만 가고 있다. 저금리로 무의미해진 저축, 너무 올라 '내 집 마련'의 꿈조차 어려워진 주택가격, OECD 회원국 중 최고의 청소년 자살률과 같은 지표들은 청년세대들이 불확실한 미래를 위한 투자가 아니라 현재의 만족을 추구하는 삶의 양식으로 기울게 한 것이다.

그러나 이 열풍의 지속성은 미지수이다. 새로운 생활양식으로 자

* 경인일보 | 2017. 9. 13.

리 잡기도 전에 여가 산업의 사냥터가 되고 있기 때문이다. 욜로 마케팅의 심리전략은 한 번뿐인 인생이니 마음껏 '지르'라는 것이다. '욜로의 이름으로' 개인을 호명하고 욕망을 선동하면 욜로의 '지름신'들은 '감읍하며' 응답한다. 마케터들은 해외여행 패키지 상품에서 1인용 식음료에 이르기까지 고급화 전략으로 '욜로'의 소비심리를 충동하고 있다.

소비 지향적 욜로 스타일은 부작용을 동반하게 마련이다. 과소비로 인한 생활비를 충당하기 위해서 더 많이 일해야 한다면 '한 번뿐인 인생'은 여가비용을 위한 노예노동으로 허덕이게 될 것이다. 욜로족의 삶은 본인의 희망과는 무관하게 관광산업이 조장하는 욕망의 포로가 되고, 일상은 자본의 새로운 영토, 내부 식민지로 바뀐다.

개인주의가 문제가 아니다. 다만 자기에 대한 진정한 배려는 가족과 이웃 그리고 사회와 같은 '확장된 자아'에 대한 배려와 무관치 않다는 점이다. 우리 사회를 들여다보면, 불완전하지만 어떤 형태로든 '모두는 하나를, 하나는 모두를(All For One, One For All)'를 배려하는 시스템이 작동하고 있기 때문이다. 자식을 위해 일하는 부모, 어려운 이웃을 돕기 위해 땀 흘리는 자원봉사자들은 보람을 느낀다. '나'는 혼자가 아니다. 부모와 친지와 이웃과 학교와 사회는 물론 자연의 일부와도 그물처럼 연결된 공동체의 일원이다.

'우리에게 내일은 없다'는 식의 찰나주의는 삶을 즐기는 것이 아니라 소모하고 탕진하는 결과를 낳을 수 있다. 시간은 과거에서 미래로 이어지는 흐름이나. 이 불가역적인 흐름에서 '현재'만을 분리해 낼 수 없다. 오늘 밤이 새면 '내일'은 오늘이 되고, 계절이 지나면 내년이 올해가 된다. 내일 때문에 오늘을 저당 잡힐 수는 없지만, 내일 몫까지 오늘 탕진하는 것은 곤란하다. 무엇보다 문화자본이 디자인한 라이프스타일이 내 인생일 수는 없다. 시간이 걸리더라도 삶의 질을 높이는 대안적 여가와 독창적 생활양식을 스스로 찾아야 한다. '하나뿐인' 내 인생을 그만그만한 욜로 스타일, 욜로 상품의 소비로 대신할 수는 없지 않는가?

윤리의식의 재정립이 필요한 대학

대학원생이 지도교수에게 사제폭발물을 보내는 충격적 사건에 이어 대학원생들이 지도교수의 가혹행위를 폭로하고 진상조사를 요구하는 사태가 서울의 대학들에서 연이어 벌어지고 있다. 대학원에서 무슨 일이 일어나고 있는 것일까? 그동안 국내 대학들은 연구중심대학을 표방하며 대학원 기능을 강화해왔다. 정부도 현재 전국의 주요 대학을 세계수준의 연구중심 대학으로 육성하기 위해 투자를 늘려왔다. '두뇌한국21사업'(BK21), '누리사업' 등을 통해 국내 대학의 연구경쟁력은 강화된 것으로 확인되고 있다. 그런데 학문 후속세대로 국가의 미래를 열어 가야 할 주역이라 할 수 있는 대학원생들의 교육환경은 개선되지 않고 있다.

최근 서울대 인권센터가 발표한 '2016 인권실태 및 교육환경 조사'에 의하면 대학원생 34%가 폭언과 욕설을 겪고 있으며, 14.6%는 집단 따돌림을 경험하고 있으며, 40%는 조교나 연구 프로젝트에 참여하고도 적절한 보수를 받지 못하고 있는 것으로 나타났다. 교수의 개인 업무수행이나 논문 대필 등의 비윤리적 행위도 강요되고 있다고

* 경인일보 | 2017. 7. 5.

한다. 대학원생의 19.4%가 우울증을 앓고 있는 것으로 나타났다. 이 같은 우울증 경험률은 학부생의 우울증 유병률(7.5%)의 3배에 달하는 수치이며, 한국인들의 우울증 평균 유병률(5%)의 4배에 달하는 수치이다.

대학원생은 학업과 연구를 동시에 수행하는 피교육자, 연구자인 동시에 프로젝트에 참여하거나 연구실 행정을 분담하는 노동자의 역할도 동시해 수행해야 한다. 그러나 지도교수와 제자라는 특수한 관계 때문에 인권침해가 발생해도 적극적인 대응이 어렵기 때문에 개선도 더딘 실정이다. 대학교수가 성추행이나 가혹행위를 해도 적극적으로 대처하지 못하는 경우가 많은 것도 지도교수와 제자라는 특수한 관계 때문이다. 국내 대학들이 대학평가를 의식한 경쟁에 목을 매달고 있는 것도 대학이 인권을 소홀히 하는 배경이다. 대형 프로젝트에 참여하고 있는 대학원생들은 학문 후속세대가 아니라 지도교수의 논문발표나 연구 프로젝트와 같은 성과 달성을 위한 노동력으로 취급당하는 사례도 적지 않다.

지식 공동체인 대학원에도 새로운 윤리의식의 정립이 필요하다. 사제관계에 대한 우리의 전통에는 스승과 제자를 수직적으로 보는 봉건적 의식이 남아 있다. 문하(門下) 관계의 전통은 책임 있는 스승과 헌신적인 제자의 모습을 상기시키지만 자칫 폐쇄적 가족주의나 파벌주의로 흐를 우려도 있다. 대학원이 참된 지성의 공동체가 되려면, 대학의 구성원들이 교수와 학생 간의 관계를 학문적 동반자 관계로 인정하는 분위기를 만들어야 한다.

지난해 국가인권위원회는 대학원생들의 평등권 침해의 차별행위 금지, 학업·연구권, 복리후생권, 안전권, 연구결정권 및 부당한 일에 대한 거부권, 사생활 보호권, 지식재산권, 인격권 등 대학원생의 권리를 담은 '대학원생 인권 장전 가이드라인'을 제시한 바 있지만 그 실천은 대학의 자율에 맡겨 있다. 문재인 정부도 국가인권위원회의 위상을 강화하고 인권위의 권장 사항 이행 여부를 기관평가에 반영하겠다는 방침을 밝힌 바 있다. 앞으로 교육부 업무평가, 그리고 개별 대학에 대한 평가에서 대학의 인권 전담기구 설치와 운영, 인권교육 실시, 인권 가이드라인 실천 여부 등을 중요한 평가 지표로 삼아 반영할 필요가 있다.

문화계 블랙리스트

'문화계 블랙리스트'에 항의하기 위한 문화예술인들의 광화문 농성이 계속되고 있다. 그리고 해방 후 최초로 한국의 대표적인 5개 문학단체가 모두 참여한 시국선언문도 발표했으나 정작 의혹 규명을 위한 조사는 이뤄지지 않고 있다. 최순실 국정농단 실체가 연일 폭로되고, 검찰의 수사에 이어 대통령 탄핵 국면으로 치달아 가는 긴박한 와중에서 블랙리스트 사건은 여론의 관심에서 멀어진 탓이다. 지난 21일 발효된 이른바 '최순실 특검법'의 조사대상에서도 블랙리스트 사건은 제외되어 있다.

'문화계 블랙리스트'는 박근혜 정권이 정부 정책을 비판하거나 정권에 비우호적이라고 판단한 문화예술인 9천여 명을 조사하여 작성한 명단이다. 문체부와 산하기관의 각종 인사, 지원사업 대상자 선정의 기준으로 삼아왔다는 사실이 드러나 큰 파문이 일었다.

문체부의 전·현직 관료들은 이 리스트가 최순실-차은택 비선 실세 라인이 문체부를 장악한 시기에 청와대에서 주도하여 작성한 뒤에 문체부로 내려보냈다고 제보하고 있다. 또 이 리스트를 기준으로

* 네이버 블로그 '인문도시의 꿈' | 2016. 11. 15.

정치검열 업무를 제대로 수행하지 않았다는 이유로 문체부 차관들이 경질되었다는 제보 등을 고려하면 문화계 블랙리스트는 문체부 내부가 아니라 청와대의 지시에 의해 이뤄졌다고 추정하는 것이 합리적일 것이다.

국민에 대한 정치검열은 일제 강점기나 군사 정권 시대의 산물이다. 정치검열은 문화예술인들의 활동을 위축시키는 반문화적 범죄이며, 국민들의 정신을 정권의 입맛대로 조종하고 통제하려는 음험한 시도이다. 현대판 '분서갱유(焚書坑儒)'를 기획하고 주도한 책임자가 누군지를 밝히는 것은 대단히 중요하다. 검찰은 리스트작성의 책임자, 그리고 어떤 방식으로 문화지원기관에 전달하고 활용하였는지에 대한 전모를 철저히 수사하고 관련자를 처벌해야 한다.

문화계 블랙리스트 문제 해결을 위한 제도 개선 작업을 제대로 펼쳐 나갈 수 있을지에 대한 의구심도 제기되고 있다. 문체부 내부에서는 차관 출신 인사가 장관후보자로 된 것을 반기는 분위기다. 문체부 내부를 잘 알기 때문에 문체부가 당면한 문제를 잘 해결할 수 있을 것이란 기대도 있지만, 인맥과 조직 이기주의 때문에 개혁은 물 건너 갔다는 우려도 높다.

지난해 9월 문화체육관광부는 '문화예술계 블랙리스트'의 작성과 실행에 관여한 공무원과 전직 문체부 산하 공공기관장 등 7명을 검찰에 통보하고, 12명에게 주의 처분을 하는 것으로 인적 청산을 종결했다. 당시 문체부의 조치는 조직보호논리에 갇혀 불법적으로 문화예술인들의 권리를 짓밟은 문체부 관료들의 범죄행위에 면죄부만 부여한 기만행위라는 문화예술계의 격렬한 비난을 들어야 했다.

정부에 대한 입장이나 정치적 견해가 다르다는 이유로 문화예술인을 차별한 것은 문화예술인과 예술 활동에 대한 정치검열로 명백한 범죄행위이다. 헌법에 명시된 국민의 기본권인 평등권, 양심의 자유, 학문과 예술의 자유 등을 근본적으로 부정하기 때문이다. 블랙리스트 사건은 이른바 '최순실과 차은택 라인'이 문체부를 장악하여 문화 행정을 파탄으로 몰고 간 과정에서 드러난 대표적 국정 문란 사건 중의 하나라는 점에서도 반드시 청산되고 재발 방지책을 마련해야 한다.

문화계 블랙리스트 사건이 김기춘 전 청와대비서실장과 조윤선 전 문체부 장관과 같은 고위 공직자의 처벌로 유야무야해서는 곤란하다. 블랙리스트 사건은 정부비판적인 예술인과 예술단체의 명단을 작성하는 과정, 그리고 이들 단체와 예술인들을 각종 문화예술 지원 사업에서 배제하는 과정에서 많은 사람들이 불법적이고 부당한 명령을 수행하는 데 관여하였기 때문이다.

최장노동사회의 망중한(忙中閑)

망중한(忙中閑)은 바쁘게 살던 사람이 모처럼 여유를 얻어 한가롭게 즐긴다는 말이다. 한가로움과 여유는 인간이 추구해온 이상의 하나이다. 시간에 구애받지 않고 여유롭게 살거나 즐기는 것을 '신선놀음'이라고 부르는데 신선은 자연 속에서 쉬거나 유희로 소일하는 존재로 묘사된다. 또 동양적 이상 사회인 도원경(桃源境)에서는 일과 휴식이 조화를 이루고 있는 것으로 나타난다. 그런데 우리의 휴가는 짧은 데다 8월 초로 집중되어 있어 도로는 정체되고, 이름난 휴양지는 인파로 붐빈다. 모처럼의 휴가는 망중한이 아니라 '한중망(閑中忙)'이 되기 일쑤이다.

여가에 대한 우리 사회의 인식부터 소극적이다. 정부는 올해 징검다리 휴일인 5월 6일을 임시공휴일로 지정하여 많은 국민들로부터 환영을 받았다. 그런데 임시공휴일 지정을 너무 임박하여 결정한 데다 관광산업과 내수 진작이라는 경제적 효과를 너무 내세웠다. 일에 지친 국민들에게 휴식의 시간을 준다는 본연의 목적보다 관광과 쇼핑을 비롯한 소비 진작이 목적인 것처럼 인식되어 뒷맛이 개운치 않

* 경인일보 | 2016. 8. 10.

은 것이다.

'요즘도 바쁘지?' 하고 묻는 것은 오랜만에 만난 사람들끼리 흔히 나누는 인사말이다. 이 인사는 뉘앙스가 복합적이다. 상대방이 하던 일을 계속하거나 직장을 잘 다니는지를 확인하면서, 고된 일에 대해 위로하는 한편 격조했던 관계에 대한 '알리바이'를 상대방에게 미리 제공해주는 배려심까지 스며있는 따뜻한 인사말이다. 따지고 보면 바쁘게 사는 것의 해악은 한 두 가지가 아니다. 일에만 몰두하면 몸을 돌보지 못해 건강을 해치기가 쉬우니 첫 번째 죄요. 바빠서 가족과 가까운 사람과도 소원해지게 되며, 가족들이 말 붙이기도 부담스럽게 만드니 두 번째 죄이다. 또 서두르거나 여유 없이 하는 일이 완성도가 높을 리 없고, 일 자체에도 충실하지 못하니 세 번째 죄이다. 또 바쁘다는 것은 필경 다른 사람이 해야 할 일을 뺏은 것일 수 있으니 네 번째 죄 아닌가.

바쁘게 사는 것이 개인 탓만은 아니다. 한국인들은 세계에서 가장 바쁘게 산다. 한국 노동자들의 하루 평균 노동시간은 OECD 회원국 중 최장수준으로 독일 노동자에 비해 연간 4개월가량 더 일하는 것으로 나타나고 있다. 그럼에도 노동 생산성은 낮은 편이다. 최장의 노동시간과 낮은 노동 생산성으로 한국의 기업은 노동자들에게 더 많이 일을 시켜야 하는 '노동시간과 생산성'의 역설이 나타나고 있으며, 이로 인해 개인들의 삶의 질이 저하되는 악순환에 빠져 있는 셈이다.

최장노동으로 인한 삶의 질 악화라는 악순환의 고리를 끊어내는 방안을 우리 사회의 당면 의제로 격상시키고 근본적 해결 방안을 찾아내야 한다. 그런데 세계적 경기침체 국면을 극복하고 높은 실업률을 해결하는 것이 더 시급하다고 생각할 수도 있다. 그러나 노동중독을 치유하는 것과 일자리 확대는 배타적인 관계가 아니라 동전의 양면과 같다고 할 수 있다. 노동시장의 유연화를 중심으로 추진하고 있는 노동 개혁의 방향을 노동시간 단축과 일자리 나누기 중심으로 전환한다면 가능한 일이다.

정부가 추진하는 노동시장의 유연화는 비정규직의 증가를 가져와 소비 부진과 내수침체로 이어질 우려가 크다. 노동시간 단축을 통한 일자리 나누기는 양질의 일자리를 창출하면서 동시에 장시간 노동으로 피폐해진 노동자들의 일상을 여유롭게 만들 수 있다. 그리고 일자리 나누기는 우리 사회의 또 다른 과제인 청년실업과 은퇴자들의 노후 생활에 대한 불안을 덜어 줄 수 있는 정책이다.

가벼움의 가치

한국 문화에서 '가벼움'의 가치는 저평가되기 일쑤이다. '가벼운 사람'이란 일반적으로 행동이 진중하지 못하거나 경박한 사람을 가리킨다. 가벼움은 무거움이나 둔중함의 반대말이다. 가벼움은 민첩하고 유연하다는 의미도 내포하고 있다. 일상생활에서 가벼움은 미덕이 분명하다. 의복이나 장신구들은 가벼워야 한다. 모바일 기기는 가벼울수록 고급제품이다. 모바일 기기 제작회사는 기능개선뿐 아니라 '경박단소'한 제품에 사활을 걸고 있다. '더 빨리, 더 높이 그리고 더 멀리'로 요약되는 육상경기와 스포츠활동의 본질도 '누가 얼마나 가벼운가'로 다투는 것이라 할 수 있다. 언어생활에서 '나비', '잠자리', '새', '날개', '구름', '아지랑이', '산들바람'과 같은 명사의 어감은 생동적이다. 또 '날렵함'이나 '날씬함'과 같은 형용사, '사뿐사뿐'이나 '하늘하늘'과 같은 부사어들은 발랄하고 상쾌하다.

가벼움의 본질은 자유이다. 헤겔은 '가벼움'을 물질을 극복하려는 정신의 근원적 이념인 '자유'라고 해석했다. 물질은 본질적으로 '무게'를 지니고 있지만, 또 다른 형태로의 변화 가능성을 내장하고 있기

---

* 경인일보 | 2016. 6. 29.

때문이라는 것이다. 물질의 변화 가능성이 바로 가벼움의 개념이다. 가벼움은 끊임없이 변화하는 물질세계의 운동 원리에 조응하는 것이다. 가벼움의 본질을 변화 가능성으로서의 유동성, 혹은 유연성이라 한다면 '가벼움'은 '자유'의 본질이자 현상이다. 그래서 인간에게 가장 큰 형벌은 육체적, 정신적 자유가 제약되는 것이다.

가벼움은 웃음이다. 미학적으로는 엄숙함이나 비장함이 아니라 골계(滑稽)의 범주와 관련된다. 웃음을 유발하는 해학은 한국 문화, 특히 민중문화의 바탕이 된다. 탈춤이 대표적이며, 사설시조나 재담과 같은 언어예술, 민화와 서민 공예품에는 유머가 녹아 있다. TV 같은 대중 매체에서 코미디나 예능과 같은 '가벼운' 프로그램이 압도적인 시청률을 보이고 있다. 소설도 흥미로운 스토리가 위주인 '장르 소설'이 대세이다. 코미디물은 현실의 무거움에서 벗어나려는 시민들의 정서적 망명처인 셈이다.

가벼움은 무거움보다 지혜로운 것으로 진지하고 사려 깊은 것과 대립되는 것이 아니다. 삶이나 현실을 관조하여 그 무게를 덜어내는 수고를 해야 한다는 점에서 그렇다. 최선의 가벼움이란 현실의 부당한 무게에 대한 저항인 것이다. 그것은 풍자의 형식을 띨 수도 있고, 현실의 정면이 아닌 우회적으로 현실을 보는 방식일 수도 있다. 찰나적 위안이나 회피는 '가벼움'이 아니다. 소설가 칼비노는 문학에서의 가벼움은 새의 깃털처럼 무게가 없는 것이 아니라 제 몸무게를 감당하면서도 자유롭게 나는 새의 가벼움에 비유한 바 있다. 그에게 가벼움이란 이야기의 구조와 언어적 표현에서 무게를 덜어내려는 시도이다.

미의 본질, 문화의 본질이 '가벼움'이라면 사회도 개인도 더 가볍고 유쾌해져야 건강하고 행복해질 것이다. 그런데 문득 우리 사회를 돌아보면 현실은 겹겹이 난제들이다. 세계 경제는 브렉시트로 불안하고, 남북 관계는 북핵으로 위협받고 있다. 국제관계는 신냉전의 도래를 우려할 수준으로 긴장의 파고가 높아 가고 있다. 우리 사회는 유쾌해야 할 학생들은 입시경쟁으로, 청년들은 실업난으로 고통스럽다. 노인세대는 불확실한 노후 때문에 우울하다. 가공할 무게 앞에 가위눌린 사회와 개인들의 영혼을 가볍게 해줄 수 있는 것이 정치의 최우선 목표, 문화와 예술의 목표가 되어야 할 것이다.

스토리텔링의 본질

이야기 르네상스 시대이다. 문화기획, 문화산업, 관광 분야는 물론 교육현장, 상품 광고에서도 방법은 스토리텔링으로 귀결된다. 스토리텔링은 신비로운 주술처럼 여겨진다. 마치 미다스왕의 손이 닿은 사물이 황금으로 변하듯이, 이야기의 세례를 받은 사물들은 침묵에서 깨어나 생동한다. 바위나 나무가 노래하고, 낯선 공간이 친근한 장소로 바뀌고, 역사의 뒤안으로 사라졌던 인물이 눈앞에 현현하게 된다. 스토리텔링을 만능키처럼 여기게 된 것은 이야기가 지닌 마법성, 혹은 이야기의 서사성, 이야기를 즐기는 인간의 본능, 상호소통기능 때문이라 할 수 있겠다.

스토리텔링의 의미에 대해 서사학자들은 '스토리(story)와 텔링(telling)'의 합성어로 '이야기하기'이며, 상대방에게 알리고자 하는 바를 재미있고 생생한 이야기로 설득력 있게 전달하는 행위라고 한다. 영어권에서는 스토리텔링을 음성과 행위를 통해 청자들에게 이야기를 전달하는 것으로 통용된다. 한국어로 '이야기하기'나 '구연(口演)'을 대응어로 사용할 수 있겠는데 언중들은 스토리텔링이라는 말을

---

* 경인일보 | 2016. 5. 25.

그대로 사용하고 있다. '이야기하기'나 '구연'이라는 말이 스토리텔링이라는 말의 본질적 의미를 온전하게 담지 못하기 때문일 것이다. 스토리텔링이 우리말로 번역되지 않는 것은 스토리텔링의 복합적인 특성 때문이다.

그런데 스토리텔링의 본질은 '이야기가 아닌 것을 이야기로 만드는 것'에 있는 것이 아닐까? 전설이나 신화와 같이 기존의 이야기를 재가공하는 것도 스토리텔링이라 할 수 있지만 그 경우는 소설이나 동화와 같은 문학 장르로 구분된다. 우리가 주목할 것은 스토리텔링이 이야기가 아니었던 것을 이야기로 재구성하고, 이야기가 아닌 것에 이야기적 요소를 결부시켜, 이야기하는 방식으로 표현한다는 것이다. 뛰어난 스토리텔링은 대부분 이야기가 아닌 것에서 이야기의 요소를 발견해서 흥미로운 이야기로 가공한 경우이다. 그리고 '스토리텔링'은 이야기 만들기에서 끝나지 않는다. 스토리텔링은 이야기가 아닌 것을 이야기로 만들고 그 이야기를 전하고 듣는 상황을 가정한 '대화'라는 점도 중요하다. 그래서 할머니가 손주들에게 옛날이야기를 들려주는 시골집과 같은 공간이 필요한데, SNS나 블로그와 같은 뉴미디어가 바로 우리 시대의 이야기 공간이라 할 수 있겠다.

맨부커상 수상으로 화제가 되고 있는 한강의 『채식주의자』는 우리의 가족과 사회에 관통하고 있는 관습 혹은 폭력에 관한 이야기이다. 하루가 멀다 하고 잔혹한 폭력 사건이 발생하지만, 오히려 그 때문에 우리는 폭력에 둔감하거나 마비되어 있다. 관습이란 이름의 일상적 폭력에 대해서는 아예 상식이라 여긴다. 『채식주의자』는 독특한 인물 설정과 탐미적 문체가 빛나는 소설이지만 스토리텔링의 관점에서 본다면, 폭력이 일상화된 묵시록적 사회에서 더 이상 '이야깃거리'

로도 받아들여지지 않는 이야기 감을 이야기로 만들어 독자들로 하여금 일상을 되돌아볼 수 있게 만든 작품이다.

 스토리텔링이 이야기가 아닌 것, 혹은 이야기 감이 아니라고 여기고 있는 것을 이야기로 만드는 것이라면 그 소재는 멀리서 구할 필요가 없다. 진정한 가치란 주어진 것이 아니라 남들이 돌보지 않은 것을 성찰한 결과일 경우가 많듯이 가치의 재발견이나 감동적 스토리텔링을 위해서는 일상에서 물러나거나 다른 각도에서 우리 삶과 사회를 바라보는 여유나 수고가 필요하다.

호모 나랜스 혹은 소통 본능

인간에 대해 새로운 정의 하나가 자리를 잡고 있다. '이야기하는 인간(Homo Narrans)'이 그것이다. 이야기하기와 이야기 듣기, 이야기를 통한 소통이 인간의 본능 중의 하나라는 주장이다. 이 정의는 1999년 미국의 영문학자인 존 닐(John Niels)이 처음 제기한 신조어이다. 존 닐은 인간은 이야기하려는 본능을 가지고 있으며 이야기를 통해 세계를 이해한다고 본 것이다.

이야기의 전승을 주목하면 흥미로운 사실이 발견되는데 바로 죽음을 무릅쓴 이야기꾼들의 이야기이다. 아랍의 민담을 집대성한 '천일야화(千一夜話)'와 보카치오의 '데카메론'이 대표적인 예이다. 아랍 민담을 집대성한 '천일야화'의 원제목은 '샤리아에게 들려주는 셰에라자드의 이야기'이다. 샤리아는 왕비에게 배신당한 뒤 그 원한 때문에 매일 한 명의 여자와 동침하고 이튿날에는 교수형에 처하는 잔혹한 군주이다. 셰에라자드는 스스로 이 잔인한 군주와 결혼하여 천 하루 동안 흥미로운 이야기를 이어간다. 셰에라자드의 이야기에 빠진 술탄은 교수형을 하루하루 늦추다가 천 하룻밤을 보낸 날 마침내 지혜로

---

* 경인일보 | 2015. 5. 13.

운 이야기꾼을 왕비로 맞아들이고 동침한 여인들을 죽이는 악습도 폐지한다.

보카치오 '데카메론'은 이탈리아의 피렌체에 흑사병이 창궐하여 가족을 잃은 7명의 부인과 3명의 청년이 교외의 한 별장에 피신하여 지내는 열흘 동안 주고받은 이야기이다. 이들에게 이야기는 흑사병으로 죽어가는 가족과 이웃에 대한 슬픔과 죽음의 공포를 이기기 위한 위안물이라 할 수 있다. '천일야화'의 이야기꾼 셰에라자드에게 이야기는 목숨을 걸고서라도 해야 할 가치를 지니고 있는 거였고 데카메론에 등장하는 남녀들에게 이야기는 죽음의 공포를 이겨낼 수도 있다는 것이다. 이 역시 이야기의 흥미를 돋우기 위한 기록 서술자의 장치로 볼 수 있지만 말이다.

'삼국유사'에 전하는 '경문왕과 복두(幞頭)장이 이야기'는 이와 흡사하다. 이 설화는 '임금님 귀는 당나귀 귀'라는 제목으로 더 널리 알려져 있다. 복두장이는 경문왕의 귀가 나귀처럼 길어졌다는 비밀을 알고 있지만 평생 발설하지 못하고 죽을 무렵에 대나무밭에 들어가 왕의 귀가 나귀처럼 생겼다고 소리치고 죽는다. 그 뒤부터 바람이 불면 대밭에서 "임금님 귀는 나귀처럼 생겼다"는 소리가 났다는 것이다.

'그리스 로마 신화'에 나오는 '미다스 왕과 이발사' 이야기도 거의 흡사하며, 유사한 이야기는 유럽과 아시아 전체에 분포한다. 미다스 왕의 이발사나 경문왕의 이발사는 비밀스러운 이야기를 사람들에게 할 수 없어 고통스럽게 지내다가 갈대나 대나무밭에다 말하고 죽는나. 이 유형의 실화는 외견싱 비밀은 없디는 교훈을 담고 있지만, 이야기의 관점에서 보면 비밀처럼 흥미로운 이야기를 누구에겐가 털어놓지 못하면 고통을 겪게 된다는 점이다. 고충으로부터 해방되는 길은 들은 비밀을 제3자에게 이야기하는 수밖에 없다. 이래저래 이야기는 인간의 본능이라 부름 직하다.

　이야기의 시대로 접어든 징조가 뚜렷해 지면서 이야기는 만병통치약처럼 쓰이고 있다. 교육과 출판 분야는 스토리텔링이 기본이다. 기업의 홍보 마케팅 분야도 이야기의 기법이 대세이다. 심지어 선거에서도 스토리텔링이 되지 않는 후보는 당선 확률이 낮다고 한다. 대학에서도 문예창작학과를 스토리텔링학과로 바꾸고 있다. 국내외 도시들도 스토리텔링을 통한 관광 마케팅을 서두르고 있다. 그런데 이야기가 소설을 압도하게 된 배경, 왜 TV나 라디오 매체가 아닌 디지털 시대에 이야기의 시대가 다시 열리고 있는지를 살펴봐야 한다. 인터넷 매체나 SNS가 '대나무밭'이라도 되는 걸까? TV, 라디오, 책이 일방향성이라면 인터넷과 SNS는 양방향성이라는 점에서 구별된다. 이야기는 양방향 소통 환경에서 서식하는 본질을 지니고 있다는 점을 이해하게 되면 이야기 시대의 도래를 당연하다고 여길 수 있다.

장그래와 베이비부머

지난해 우리 국민은 세월호 침몰 사건에 대한 탄식으로 보내며 우리 사회의 안전망이 얼마나 취약한지를 확인하고 분노했다. 또 드라마 '미생'을 보면서는 비정규직으로 살아가는 청년세대의 일상과 삶의 불안과 절망을 새삼스럽게 돌아보는 한해이기도 했다. 안팎의 불안이 우리 사회와 개인들을 우울하게 하고 있다.

미생의 주인공 장그래는 프로바둑기사가 되는 것이 꿈이었지만 입단 문턱에서 좌절하고 종합무역상사의 비정규직 사원이 된 인물이다. 그의 소망은 정규직 사원이 되는 것이다. 성실하고 부지런한 장그래는 낙하산이라는 질시도 아랑곳하지 않고 갖은 노력을 다하지만 정규직이 되는 꿈을 이루지 못한다. 바둑판에서 생존의 최소 조건인 '두 집'을 내지 못한 것이다.

현실은 드라마보다 훨씬 각박하다. 청년 실업 400만을 넘어서고 있다. 비정규직의 애환 이전에 취업의 문턱도 통과하지 못해 고통 받고 있는 것이다. 통계청이 발표한 2014년 말 기준 고용 동향은 수치상으로는 상당히 고무적이다. 취업자 수가 전년도보다 53만 3천명

* 경인일보 | 2015. 1. 21.

늘면서 12년 만에 최대 폭 증가를 기록했기 때문이다. 하지만 취업자 증가세를 주도한 것은 50대 이상 연령층이었으며, 청년실업률은 9.0%로 사상 최고 수준을 보이고 고용의 질이 오히려 악화된 측면도 있었다.

정부가 비정규직 근로자들의 고용 기간을 35세 이상 근로자 본인이 원할 경우 현행 2년에서 최대 4년으로 늘리는 내용의 '비정규직 종합대책'을 내놨다. '미생'의 주인공 이름을 본 따 '장그래 법'이라는 명칭을 붙였지만 근본적인 대책이라 하기 어렵다. 불안한 비정규직의 연장책으로 비판받고 있듯이 오히려 비정규직을 양산하는 부작용도 낳을 가능성이 있어 꼼꼼한 보완책이 필요하다.

우리 사회의 20대들은 인턴으로 고용되었다가 계약종료와 함께 버려지거나 비정규직의 불안한 삶을 살아가고 있다. 이처럼 '두 집'을 내지 못해 미생마로 불안하게 하루하루를 살아가고 있는 것이 '장그래'들의 삶이라면, 완생이라고 믿고 있던 '대마'가 한순간에 미생마로 바뀔지 모른다는 위기감에 떨고 있는 것이 50대가 처한 현실이다. 50대는 주로 1950년대 말에서 1960년대 초에 출생한 한국의 베이비부머들이다.

내년부터 60세 정년연장법이 시행되면서 인건비 부담을 우려한 기업들이 올해와 내년에 걸쳐 희망퇴직이나 명예퇴직 형태로 정년 전 퇴직을 유도하고 있기 때문이다. 베이비붐 세대 중 50년대생의 본격적인 은퇴가 시작됐던 2011년에 이어 올해는 간신히 직장에서 버티고 있는 60년대생 베이비부머의 '퇴직 쓰나미'가 덮쳐올 것으로 예상된다. 내수침체와 저성장의 늪 속에서 베이비붐 세대의 비극은 더 심해질 가능성이 높다. 노후 준비 없이 정년을 맞이한 50대들은 상당수가 실패의 위험을 무릅쓰고 자영업에 뛰어들고 있다. 그런데 베이비부머들이 뛰어들고 있는 우리나라의 자영업은 선진국에 비해 그 비중이 2배 이상 높다. 음식업의 경우 5년 평균 생존율이 27%에 불과한 개미지옥이라는 점이다.

우울한 베이비부머들이 선택할 수 있는 자구책 중의 하나는 은퇴자들의 최후 자산인 부동산을 처분하거나 집 크기를 줄이는 것이다. 도심의 주택을 정리하고 외곽이나 농촌 지역을 이주하는 것도 선택지 중의 하나이다. 도심과 외곽지역의 부동산 가격 차가 크기 때문에 차액을 노후자금으로 쓸 수 있다. 전원 지역이나 농촌 지역으로 옮길 경우 주거비와 생활비가 훨씬 적게 들어간다. 그러나 노후자금의 절대액이 부족한 사람들은 일정 기간 일을 해야만 하기 때문에 생활권을 옮기는 것도 만만치 않다.

청년세대와 은퇴자들이 겪어야 할 경제적 곤란, 상실감과 우울은 우리 사회가 '다걸기' 해야 할 중요한 과제이다. 우리 사회의 장그래들과 베이비부머들을 위해 임금피크제나 잡셰어링(일자리나누기)과 같은 고용의 질을 떨어뜨리지 않으면서도 일자리를 늘릴 수 있는 제도의 도입을 적극적으로 검토해야 할 시점이다.

참사의 해, 2014년

한국의 2014년은 참사의 해로 기억될 것이다. 2월에는 경주 마우나 리조트 붕괴사고, 4월에는 세월호 침몰 사건, 윤일병 구타사망 사건에 최근에는 도심의 지반이 침하하는 이른바 '싱크홀' 현상까지 잇달아 발생하자 시민들의 우려와 불안감이 높아가고 있다. 대형사고가 날 때마다 '안전불감증'을 단죄하고 예방의 중요성을 강조하는 여론이 봇물을 이룬다. 이런 이야기와 함께 거론되는 법칙이 있는데 '페덱스의 법칙'과 '하인리히의 법칙'이 그것이다.

'페덱스의 법칙(Fedex's Law)'은 일상적인 예방 활동이나 사전 조치가 얼마나 중요한지를 계량적으로 보여 준다. 페덱스(Fedex)사는 미국의 다국적 물류회사로 철저한 서비스 품질관리로 유명하다. 페덱스의 법칙은 페덱스사의 경영 방침으로 '1대 10대 100의 법칙'이라고 부르기도 한다. 제품이나 서비스 불량이 생길 때 즉시 고치면 1의 비용이 든다고 가정하면, 책임소재를 규명하거나 문책당할 것이 두려워 불량사실을 숨겼다가 나중에 다른 방법으로 이를 처리하게 되면 10의 비용이 들게 되고, 고객의 손에 들어갔다가 고객에 의해 결함

* 인하대학신문 | 2014. 9. 19.

이 발견되어 반품될 경우에는 100의 비용이 각각 든다는 것이다.

'하인리히의 법칙(Heinrich's Law)'은 산업재해 사례 분석을 통해 발견된 하나의 통계적 법칙이다. 산업재해가 발생하여 중상자가 1명 나오면 그 전에 같은 원인으로 발생한 경상자가 29명, 같은 원인으로 부상을 당할 뻔한 잠재적 부상자가 300명 있었다는 것이다. 이 법칙은 '1대 29대 300의 법칙'이라고도 부르는데, 큰 재해와 작은 재해 그리고 사소한 사고의 발생 비율이 '1:29:300'으로 나타나기 때문이다. 모든 사고는 여러 차례의 전조에 뒤이은 결과라는 것, 큰 사고가 일어나기 전 일정 기간 동안 여러 차례 징후와 전조들이 있게 마련이라는 사실을 실증적으로 입증한 것이다.

우리 속담 "호미로 막을 것을 가래로 막는다"는 말도 사소한 일이라 여겨 방치했다가는 큰 사고로 이어진다는 것을 경험칙을 담고 있다. 영어 속담 "One stitch in time saves nine(제때 한 땀을 기워두면 아홉 땀의 수고를 던다)"는 표현도 이와 비슷하다. 또 우리말 속담 "번개가 잦으면 천둥이 친다"거나 "천둥이 잦으면 비가 온다"는 속담은 큰 사고나 사건은 반드시 그 전조가 있다는 것을 강조한 경고들이라 할 수 있다.

상당수의 대형 사건들은 여러 가지 방식으로 전조를 보이므로, 조금만 관심을 가져도 예방할 수 있다. 그렇다고 대형 참사가 시민들의 안전불감증이나 부주의 때문에 발생하는 것은 아니다. 오히려 세월호 참사에서 보듯 이해집단들의 담합과 유착, 구조적인 부실과 비리, 밀법적 괸행의 고리 때문에 발생하는 사고가 더 빈번하다. 지금 지식인들과 시민 사회의 긴급한 임무는 '위험사회'(risk society)로 증대시키고 있는 요인들을 밝히고 그 혁신을 요구하는 일이다.

내부가 위험하다

구미시에서 발생한 불산가스 누출 피해가 확산되자 정부는 사고 발생 12일 만에 이 일대를 특별재난지역으로 선포했다. 불산가스는 구미공단뿐 아니라 전국의 화학공단에 대량으로 저장 유통되고 있는 유독물질이다. 그런데 유독물질과 위험요소가 종류가 많아서 근본적이고 종합적인 대책이 쉽지 않다. 최근 국내 원자력 발전소도 가동이 중지되는 사태가 빈번해지고 있으며, 이웃 나라 일본은 후쿠시마 원전 사고로 국가적 위기 사태를 겪고 있다. 독일의 사회학자 울리히 벡이 일찍이 경고한 바 있듯이 산업화를 통해 구가한 물질적 풍요가 부메랑이 되어 사회를 총체적으로 위협하는 '위험사회(risk society)'를 살아가고 있는 것이다.

'위험사회론'이 사회의 물적 토대와 외적 환경의 위기를 경고한 것이라면, 최근 우리 사회의 몇 가지 징후는 사회의 '내부'가 위기 상태임을 보여 주고 있다. 사회의 내부란 가정과 학교처럼 개인이 보호되고 교육받는 공간이다. 그중 가족과 가정의 위기는 가장 심각하다. 한국형사정책연구원의 발표에 의하면 1990~2002년간 의도적 살인

---

* 경인일보 | 2014. 6. 7.

사건으로 죽은 여성 가운데 46.4%는 배우자이거나 내연·동거관계인 남성의 손에 살해당했으며 이들 상당수가 과거부터 지속적으로 폭행·학대받았던 사람들이었다는 것이다. 여성가족부가 밝힌 가정폭력 통계도 충격적이다. 가정폭력을 경험한 가정이 전체 가정의 53.8%에 달하는 것으로 나타났는데 이는 두 집 중 한 집에서 가정폭력이 발생했다는 것을 의미한다. 가정폭력의 발생수도 최근 10년간 10% 이상 증가한 것으로 나타났다.

한편 심각한 사회문제가 되고 있는 초·중·고교생이 자살하는 사유 가운데 가장 많은 비중을 차지하는 원인은 가정불화인 것으로 (37.5%) 나타났다. 최근 끔찍한 성폭행 사건이 잇달아 일어나고 있어 시민들은 뉴스 보기가 두렵다고 호소하고 있는 실정이다. 그런데 성폭행 가해자의 과반수는 일반적 예상과는 달리 가족이나 친인척, 연인, 직장 상사와 동료, 이웃 사람과 같이 피해자와 가까운 사람들이다. 역시 '내부'의 위기가 심각하다는 지표이다.

개인의 안식처가 되어야 할 가족과 집이 갈등과 폭력으로 갈수록 황폐해지고 있는 것일까? 전문가들은 가족을 둘러싼 바깥 고리인 학교와 일터의 경쟁이 치열해지고 있는 것을 주요한 요인으로 보고 있다. 학교와 직장은 오직 성적과 성과를 기준으로 줄을 세우고 있어 학생들과 직장인들은 만성적 스트레스에 시달리고 있다.

실업률과 비정규식의 증가하면서 사회의 불안지수가 높아지고, 가정 경제의 기반도 취약해지고 있다. 가계부채가 위험 수준에 육박하고 있으며 부동산 경기가 장기 침체에 빠지면서 이른바 '하우스 푸어' 문제도 가족의 삶을 고통스럽게 하고 있다. 대부분의 가정에서는 수입의 대부분을 보육비와 교육비로 지출하고 있어서 '저녁이 있는 삶'

은 요원하다.

'내부'의 위기를 초래한 일반적 원인 중의 하나는 도시화 현상일 것이다. 이는 가족과 집이 위치한 이웃과 마을이 사라지고 있다는 것을 의미한다. 한편 한국 사회가 압축 성장하면서 새로운 가족관이 정립되지 못한 문화적 지체 현상도 한몫을 하고 있다. 상당수의 남성은 여전히 봉건시대의 유산인 가부장적 사고로 가족들을 바라본다. 남편과 아내, 부모와 자녀는 서로 독립적이고 동등한 인격체로서 정서적 동반자로 여겨야 하지만 소유하고 지배하는 대상으로 여기려는 경향이 강하다.

가족은 가장 작은 사회이지만 우리 사회의 미니어처이다. 가족이 겪고 있는 위기를 해결하는 것이 바로 우리 사회가 처한 문제를 해결하는 것이다. 그것은 바로 위기의 가족을 부양할 수 있는 사회적 안전망의 구축이다. 우리의 대선 후보들이 이런 '내부'의 위기, 서민 가정이 처해 있는 위기의 본질을 들여다보고 현실적 대안을 제시하고 진검 승부하기를 희망한다.

아, 세월호

세월호 침몰로 한 괴물이 정체를 드러냈다. 어떤 사람은 세월호의 선장과 선박직 승무원이 원흉이라고 지목한다. 그럴 수 있다. 수백 명의 목숨이 실린 배가 가라앉고 있는 동안 이들은 '선내에서 대기하라'는 방송만 되풀이하면서 옷을 갈아입고 탈출을 준비했다. 구조선이 오자 배를 버리고 제일 먼저 탈출했다. 무책임할뿐더러 반인륜적인 행동으로 처벌과 비난을 피할 길 없다. 또 청해진해운은 선령 18년의 고철을 들여와 화물량을 늘리기 위해 선실 증축 등 구조변경을 하여 인천-제주 항로에 투입 운항해왔으며, 이번에 세월호는 승선 명부도 제대로 작성하지 않고, 화물도 크게 초과 적재한 데다 제대로 결박하지 않은 채 운항한 것으로 드러났다.

그런데 문제는 세월호를 다른 선장과 선원이 운항했다고 해도 사고가 일어날 수밖에 없었다는 데 있다. 그래서 세월호 침몰 사고와 관련 선사인 청해진해운도 문제지만 정부의 책임이 더 크다는 주장하는 사람도 많다. 배의 구조변경 허가와 운항을 관리하는 정부가 감독을 철저히 했다면 사고가 일어나지 않았을 가능성이 높기 때문이다. 사고 수습과정에서도 정부는 무능과 혼란이 극치를 보이고 있다.

* 인하대학신문 | 2014. 5. 5.

중앙재난안전대책본부는 침몰 직후 승객 중 학생 전원이 포함된 368명을 구조했다고 발표했다가 오후에는 180명을 구조했다고 정정하는 등 사고 6시간이 지나도록 가장 기초적 상황도 파악하지 못했다. 이런 기초적 상황 파악의 혼란은 사고 2주일이 지난 지금도 마찬가지이다.

국내 화물선과 여객선에 대해 안전검사를 하고 있는 한국선급의 책임도 크다. 한국선급은 청해진해운이 노후 선박을 들여와 중축 개조한 세월호에 대한 검사를 진행하고 선박검사증서를 발급해줬다. 한국선급은 해수부 고위관리들의 낙하산 인사로 전문성이 떨어지는데다 임원들의 횡령, 배임수재 등으로 내부비리가 만연한 복마전이라는 오명을 받아온 기관이다. 여객운송사업자들의 운항 관리와 선박 검사를 지도 감독할 의무가 있는 해운조합 역시 기본적 역할을 하지 않았을 가능성이 높다.

세월호를 운항한 선장과 선원들, 청해진해운, 운항 관리 감독기관들, 그리고 해경을 비롯한 해양 안전기구와 정부의 재난 대책 시스템 가운데 어느 하나만이라도 기본을 지켰다면 세월호 참사는 방지할 수 있었거나 적어도 피해를 최소화할 수는 있었을 것이다. 국민의 생명과 안전을 책임져야 할 재난대책기구는 전혀 작동되지 않았다. 세월호 침몰로 '대한민국'은 위험사회임을 스스로 폭로하였다. 그동안 '대한민국'은 성장 신화에 취해 효율성만을 앞세워 생명과 안전을 경시해온 사회였던 것이다. 앞으로 선박 운항 관련 부실과 비리 그리고 탈법과 그릇된 관행의 고리, 그리고 국가안전 시스템을 전면 재점검하고, 모든 것을 경제 성장의 수단으로 만들어 버리는 효율성 중심의 사회구조를 근본적으로 바꿔 나가야 할 것이다.

이야기로 노소동락하는 사회

우리 사회가 급격하게 고령화하고 있어 이에 대비한 주택정책과 사회문화정책을 세워야 할 때이다. 인천시의 경우 2022년에는 65세 노인 인구 비율이 14%를 넘어서는 고령사회에 진입하고 2028년에는 20%를 넘어서는 초고령사회에 진입할 것으로 예측된다. 강화군과 옹진군은 2001년 이전에 이미 초고령화 사회에 진입했다. 도심의 고령화는 원도심 활성화의 걸림돌이 될 수 있으므로 이와 관련된 도시정책의 전반적 수정이 불가피해 보인다.

도시의 고령화로 인한 문제는 원도심 지역의 슬럼화로 이어져 전반적인 쇠퇴를 초래할 우려가 크다는 점이다. 원도심 지역의 노령화는 제조업을 비롯한 전통 산업의 쇠퇴와 부동산 하락의 한 결과로 나타나는 현상이지만, 이로 인해 해당 지역 기초자치단체가 도시재생사업으로 위로 미루게 되고, 이로 인해 도시 경쟁력은 더욱 취약해지는 악순환에 빠져들 가능성이 있기 때문이다.

고령화 현상은 비단 인천만의 문제가 아니라 수도권 전체의 문제이나, '젊은 수도권, 늙은 지방'이라는 통념이 무너지고 있다. 수도권 주

* 경인일보 | 2014. 3. 25.

요 도시들의 고령화 속도가 오히려 비수도권보다 빨라지고 있기 때문이다. 우선 고령화에 대비한 도시 인프라와 주택 수요 변화를 예측하고 변화에 부합하는 대책이 수립되어야 한다.

고령화에 대비하여 원도심 지역 도시계획의 고령 친화적 개발은 당면한 과제이다. 병원, 공원 등을 주거시설과 가까운 거리에 배치하는 고밀도 복합주거단지를 조성하는 방안이 제시되고 있다. 또 1인 가구와 고령 가구의 급격한 증가에 대비하여 상권 형성이 활발하지 않은 역세권을 중심으로 노인 전용 임대주택부지를 공급하는 방안, 무장애 주택과 노인 친화형 디자인 주택을 공급하는 방안도 대책으로 제시되고 있다.

고령화에 대비한 도시계획과 주택 대책과 함께 사회·문화적 정책도 추진되어야 한다. 고령 친화적 도시계획이 의도와 달리 원도심 지역을 고령화 지구로 기정사실화하고 도심 실버타운으로 고착시키는 결과를 가져올 우려도 있기 때문이다. 도시 공간이 생애주기별로 구획되는 것은 결코 바람직하지 않다. 오히려 원도심 지역에는 청년층의 일자리를 창출할 수 있는 사업을 우선적으로 추진하여 청년세대가 유입되어 세대가 공존할 수 있는 세대 균형적 도시재생 전략이 강구되어야 할 것이다.

문화체육관광부가 지원하는 사업 중에 '아름다운 이야기 할머니' 자원봉사자 양성 프로그램이 있다. 유치원 등 유아교육 기관에서 어린이들에게 선현들의 미담이나 전래동화를 재미있게 들려줄 수 있는 스토리텔러 할머니를 양성하는 프로그램이다. 2009년 대구 경북에서 시작된 이 프로그램은 전국으로 확대되어 현재 약 1천 명의 이야기 할머니들이 3천여 곳의 전국 유아교육 기관에서 이야기 활동을 펼치고 있다. 현재 이 프로그램은 이야기를 할 수 있는 어르신을 발굴하고, 이야기 구연 양성 교육프로그램을 이수한 후에 유치원, 초등학교에서 이야기를 구연하고 있다. 이야기를 통해 조손(祖孫) 세대 간의 문화 소통이 자연스럽게 이뤄지며, 옛사람들의 지혜가 담긴 이야기는 아이들의 인성함양에도 기여할 수 있으며, 고령화 시대 노인층의 여가 활성화에 도움이 되고 있다. 이 성공적 프로그램을 지역별로 특성화한다면 그 파급효과가 배가될 수 있을 것으로 보인다. 전래동화 중심으로 구성되어 있는 이야기에 도시와 마을 이야기를 추가하는 것이다. 세대 간 소통의 전령인 이야기 할머니들은 마을의 이야기를 통해 이웃과 이웃을 소통하는 역할도 톡톡히 할 수 있을 것이다.

기성세대와 신세대가 누리는 문화적 차이는 크지만, 실제로 일상에서 세대들은 공존하고 의존하며 살아가고 있으며, 세대 간 공유문화의 폭이 클수록 사회는 안정적으로 유지 발전될 수 있다. 도시계획에서 세대와 세대가 공간적으로 구획되지 않도록 유의해야 하듯이, 문화적으로도 세대가 서로 의존하며 살아가는, '노소동락(老少同樂)' 하는 프로그램을 다양하게 개발하여 지원할 필요가 있다.

허수아비 세우는 사회

가을이 깊어간다. 이즈음이면 농민들은 참새들을 쫓기 위해 밭 가장자리에 형형색색의 허수아비를 만들어 세운다. 요즘은 참새가 줄어 허수아비도 많이 줄었다. 볏짚을 묶어 몸통을 만들고 헌 저고리를 입히고 밀짚모자를 씌운 고전적인 허수아비도 찾아보기 힘들다. 대신 양복에 운동모자를 씌운 신세대 허수아비나, 큰 곰 인형 따위를 주워 장대에 매달아 놓은 재활용 허수아비가 늘었다.

사실 허수아비를 만들어 세우는데 들인 공력에 비하면 그 효과는 그리 크지 않다. 헝겊 얼굴에 눈과 코와 입을 그리고, 산 사람처럼 흔들거리는 장치까지 해 놓아도 새들은 잘 속지 않는다. 그래서 '허수아비'란 말은 제구실은 못 하고 자리만 차지하고 있는 사람을 가리키는 비유어가 된 것이다.

그런데 들녘의 허수아비는 곡식을 지키기 위해 만든 것이지만, 자신이 옳다고 우기기 위해 남의 말을 허수아비처럼 만들어 버리는 일도 있다. 논쟁에서 상대방을 공격하기 쉬운 가공의 인물로 만들거나, 상대의 주장을 약점이 많은 주장으로 바꿔놓은 다음 논박하는 수법

---
* 인하대학신문 | 2013. 10. 14.

이다. 논리학에서 '허수아비 논증(straw man argument)'이라고 부르는 오류가 그것이다.

어느 집에서나 있음직한 모자간의 대화를 들어보자. 엄마는 아들에게 게임만 하지말고 공부도 좀 하라고 나무라면, 아들은 게임만 한 게 아니고 학교도 갔고 학원도 다녀왔다고 항변한다. 이 대화에서 학생은 '공부도 좀 하라'는 엄마의 말을 '공부만 하라'는 말로 슬쩍 바꿔 놓고 반발하고 있다. 순간 엄마는 말문이 막힌다. 전형적인 허수아비 논증에 속한다. 그런데 엄마의 말도 가만히 보면 아이가 게임'만' 했다고 과장했기 때문에 역시 허수아비 논증의 오류를 저질렀다. 피장파장인 셈이다.

허수아비 논증은 일상생활뿐 아니라 실제 학생들의 과제물이나 연구자들의 논문에서도 빈번히 발견된다. 자신의 주장이 옳음을 입증하기 위해 기존의 주장이나 학설에서 약점을 의도적으로 확대한 다음 이를 논박하는 식이다. 더욱 고약한 것은 정치적 현안을 놓고 벌이는 정당 간의 논쟁이다. 애당초 대화할 마음은 없고, 상대의 약점을 침소봉대해서 자신의 주장만 펴겠다는 태도이니 억지에 다름없다. 허수아비 논증은 일상에서 빈번히 범하는 오류 중의 하나인데, 실은 논리적 오류라기보다는 배타적 이기심이나 이해관계의 충돌과 같은 입장의 차이에서 비롯된 경우가 더 많다. 상대의 말은 듣지 않고 내 고집만 앞세우게 된다.

들판의 허수아비야 제구실을 못한다 해도 가을을 알리는 전령 노릇은 한다. 또 농민들의 표현물이라 여긴다면, 서로 다른 표정을 하고 서 있는 허수아비들로부터 소박한 조형적 가치를 발견할 수도 있다. 그러나 허수아비 논증은 대화를 비생산적으로 만들며 배타적 대립으로 사회를 분열시키는 백해무익한 '허수아비'이다. 들판의 허수아비를 볼 때마다 우리 사회에 횡행하는 허수아비 만들기 식의 토론문화나 내가 저지른 허수아비 논증의 오류도 되돌아보면 어떨까.

한국발(發) 인문주의

최근 우리 정부의 정책을 보면 수 세기 전 유럽을 풍미했던 문예 부흥기를 방불케 한다. 르네상스를 관류하는 정신 중의 하나는 인문주의라 할 수 있는데, 현 정부 들어서서 인문정신은 국정과제인 '문화융성'을 실현하는 과정을 비롯한 여러 분야에서 강조되고 있기 때문이다. 지난 6월 한중 정상회담에서 두 나라 간 인문 유대 강화 활동을 제안하여 이에 관한 합의가 이루어졌으며, 박근혜 대통령은 '인문정신문화계 인사'를 청와대로 초청하여 인문학 활성화와 문화 융성 방향에 대한 의견을 나누기도 했다. 한국연구재단이 매년 420억 원의 연구비를 대학에 지원하는 인문한국(HK) 프로젝트까지 감안한다면 최근 정부의 인문정신에 대한 관심과 배려는 주목할만하다. 인문정신과 관련한 더 중요한 움직임은 현재 문화체육관광부가 국회에 제출하기 위해 준비하고 있는 「인문정신문화진흥법」 제정 작업일 것이다. 「인문정신문화진흥법」은 우리 사회의 인문적 전통과 공동체적 삶의 가치를 고양하여 삶의 질을 향상시키기 위해서는 인문정신문화의 진흥과 제도적 지원이 필요하다는 공감대가 형성되었기 때문이다.

---

* 경인일보 | 2013. 10. 8.

14~15세기 르네상스기의 인문주의가 신의 굴레로부터 인간을 해방시켜 인간성 옹호와 수호를 주된 내용으로 삼았다면, 21세기 한국발 인문주의는 물신주의로부터 인간성을 회복하려는 것이라 할 수 있다. 잃어버린 가치의 회복, 변화된 사회에 적합한 새로운 가치관 정립이 절실하기 때문이다. 눈부시게 발전한 미디어와 정보 혁명은 역설적으로 사회구성원들을 개인화하는 결과를 낳았다. 새로운 공동체의 회복이 절실한 시점인 것이다. 우리나라가 전례 없이 빠른 산업화 과정을 거쳐 온 것도 한 배경이 된다. 이로 인해 물질주의와 이기주의를 극복하기 위한 최소의 시간을 갖지 못했던 것이다. 우리는 물량적 생산과 속도가 지상과제인 시대, '부자 되세요'라는 말이 인사인 시대를 살아가고 있는 것이다. 한편 창조성이 사회 각 분야의 화두가 되고 있는데, 특히 성장동력이 떨어진 한국 경제의 혁신을 위한 핵심 가치로 부상하고 있다. 정부는 한국 경제의 활로를 '창조경제'에서 찾고 있다.

이처럼 인문정신을 강조하는 배경을 살펴보면 이 시대가 문화적 전환을 요구하는 시대라는 반증이며 자본주의 축적의 위기가 도래한 시대라는 것을 말해준다고 해석할 수 있다. 그렇게 본다면 인문정신의 강조는 인문학과 같은 특정한 학문을 강조하는 것이 아니라 삶의 방식에 대한 변화, 다시 말해 철학의 대전환에 방점을 찍어야 하고 그럴 경우 충분히 의미 있는 성과를 얻을 수 있을 것이다.

다만 인문정신의 강조는 목표와 방법, 그리고 그 과정에서 인문적이어야 한다. 인문주의의 목표는 자유롭고 평등하며 진실로 행복하게 살 수 있도록 민주주의적 가치와 전통을 확립하는 것과 다르지 않다. 그렇기 때문에 구체적인 삶의 문제를 해결하는 것과 긴밀하게 연관되어야 하며 추상적이고 관념적인 논의로 흐르지 않도록 유의해야 한다. 인문정신의 강조가 계몽주의로 흘러가는 것도 특히 경계해야 한다. 정부의 인문정신 관련 정책이 우리 사회 전반의 인문학 열풍을 일정 부분 반영하고 있기는 하나 다분히 국민 교양 방식이다. 위로부터의 문화 운동은 성공한 사례가 흔치 않다.

한중문화교류에서 인문 유대의 강화 역시 추상화되면 두 국가가 공유하고 있는 한자 문화나 유교 문화를 매개로 한 교류 이상으로 발전하기 어렵다. 어쩌면 교류의 출발점은 공통문화요소에서 찾되 그 목표는 문화의 '차이'를 이해하고 존중하여 자국 문화를 풍요롭게 하는 자원으로 삼아야 한다. 또 국가 단위보다는 도시나 분야, 부문별 교류가 더 중요하다. 그런데 인문정신의 회복이 가장 절실한 곳은 한국의 정치 현실인지도 모른다. 정치 쟁점이 되고 있는 대통령기록물 논란을 보면 대통령기록물 제도의 문제에 대한 논쟁이 아니라 오직 상대 당을 공략하기 위한 정쟁의 도구로만 사용하고 있지 않는가?

끝이라는 말에 대하여

출강하는 대학의 교학부에서 보낸 메일을 여니 기말성적 처리 안내문이었다. 개강이 엊그제였는데 어느덧 학기 말이라니! 종강이 다 가오면 마음은 가벼워지고 방학을 기다리는 즐거움이 앞서게 마련이다. 한편 계획대로 보내지 못한 지난 학기에 대해 반성하는 것은 학생이나 교수나 매한가지일 것이다. 또 기말시험이나 과제가 남아 있어 학업에서 완전히 '해방'된 시간이 아니다. 캠퍼스의 학기 말이란 방학을 기다리는 홀가분함과 기말평가의 무거움이 쌍곡선을 그리는 기간인 셈이다.

우리는 학기가 '끝'나기를 기다리고 있지만, 사람들은 짧은 것보다는 긴 것을 좋아하는 경향이 있다. 끝없이 펼쳐진 지평선이나 수평선, 길게 뻗어 나간 철길을 보고 낭만적 감정을 느낀다. 그런 장소에서는 여유와 평온함을 얻을 수 있기 때문일 것이다. 땅의 끝이라 할 수 있는 절벽이나 폭포를 보기 위해 산을 오르기도 하지만 그런 장소가 주는 느낌은 자못 아슬아슬하고 비장한 것이어서 오래 머무를 곳은 못 된다.

* 인하대학신문 | 2013. 6. 3.

아리스토텔레스는 『시학(Poetics)』에서 '끝'이란 어떤 것 다음에 이어지는 것이며, 그것 다음에는 아무것도 존재하지 않는 것이라고 정의한 바 있다. 반대로 '시작'이란 그 자체로 어떤 것 다음에 있는 것이 아니고, 그것 다음에 다른 어떤 것이 자연스럽게 뒤따르는 것이 있는 것이라고 설명했다. 또 시작과 중간과 결말은 앞의 사건과 뒤의 사건이 서로 개연적(probable)이거나 필연적인(necessary) 인과관계로 연결되어 있어야 한다는 점을 강조하였다.

결말과 시작에 대한 이 명쾌한 정의는 글을 쓰거나 글의 구조를 이해하는 데 요긴할뿐더러 우리 인생의 귀감이 될 수 있다. 일이 제대로 끝났으면 뒤탈이 없어야 한다. 사랑이 영원하기를 바라지만, 부득이 헤어지기로 했으면 뒤돌아보지 말고, 제 갈 길로 가는 모습이 아름다운 법이다. 이형기 시인이 「낙화」에서 "가야 할 때를 알고 떠나는 이의 뒷모습이 얼마나 아름다운가"라고 노래했듯이. 권력이나 지위에서 물러날 때도 그 진퇴가 분명하지 않으면 추한 뒷모습을 남기게 된다. 평소에 건강하게 살려고 노력해야 하지만 인생이 유한하다는 사실을 흔쾌히 수락해야 여유롭고 품위 있는 노년을 보낼 수 있다.

인간은 생명의 유한성과 시간의 불가역성이라는 숙명을 넘어설 수 없지만 시작과 끝이 절대적인 것은 아니라는 사실도 분명하다. 불교의 연기설에 의존하지 않더라도 개체로서의 인간의 삶과 죽음은 분명하게 구분되지만, 종(種)으로시의 인류의 시작과 끝에 대해서는 아직 제대로 밝혀진 바 없다. 끝을 의미하는 한자인 '마칠 종(終)'자는 '실 시(絲)'와 '겨울 동(冬)'자로 이뤄져 있다. 길게 이어져 있는 실과 계절이 끝인 겨울은 각각 연속과 중단이라는 모순되는 의미의 결합이다. 실제로 캠퍼스의 학기 말은 다음 학기의 시작으로 연결된다.

그렇다면 '씨 뿌린' 봄 학기의 끝은 '수확하는' 가을 학기의 시작일 것이다.

길과 여행의 아이러니

여행은 현대인이 가장 선호하는 여가활동이다. 이 현상은 소득 계층이나 성별, 연령과 무관한 분포를 보이고 있어 일반적 취향이라 할 수 있다. 지난해 인천시민들을 대상으로 한 문화지표조사에서 30.7%가 주말의 여가활동으로 관광을 꼽았다. 평일의 여가활동 중 1순위도 관광이었다. 물론 여행과 관광에 대한 시민들의 욕망은 시간과 비용의 제약 때문에 실현되기 어렵다. 안타깝게도 시민들의 주말 여가는 '낮잠'(19%)이나 'TV 시청'(15%)과 같은 소극적 여가활동으로 대체되고 있다. 여가실태는 다른 도시나 전국 조사에서도 유사하게 나타난다.

이러한 여가 수요와 현실의 간극을 메꾸는 일은 문화정책의 과제이겠다. 농촌 마을과 협력하여 저비용의 가족 단위 체험형 여행프로그램, 환경운동 단체들이 시도하고 있는 이동 거리와 비용을 줄인 친환경 여행프로그램, 그리고 여행지의 역사, 문학, 예술 테마를 어행과 결합시킨 역사예술기행 등이 대표적 사례이다. 그런데 대안적 여행프로그램의 개발보다 여행과 관광에 대한 우리의 인식부터 되돌아봐야

* 경인일보 | 2013. 3. 27.

겠다.

'질주하는' 우리의 여행 문화! 여행상품의 숨 가쁜 일정표는 길을 나서면 많은 곳을 둘러보고 싶어 하는 우리들의 '욕심'이다. 여행지에서 다음 경유지를 향해 출발을 독촉하는 가이드, 다음 경유지를 향해 바삐 발길을 돌리는 한국 관광객들의 여행 문화가 외국인들에게 이색적 구경거리이다. 사실 정상 정복에 급급하면 등산을 제대로 할 수 없는 법이다. 일상의 시간과 공간을 벗어나 여유와 사색의 시간이 되어야 할 여행도 성과주의의 강박증이 역력하다. 모처럼의 여행에서 더 많이 보고 듣고 싶어 하는 것은 인지상정이지만 주마간산 격으로 경유지를 훑고 지나간다면 오히려 한 곳도 제대로 보지 못할 수 있다.

길에서 보는 풍경과 풍물도 중요하지만 더 중요한 것은 길을 떠난 나그네 자신이다. 찾아야 할 것은 바쁜 일상에서 잃어버린 자아이며 회복되어야 할 것은 노동으로 쇠약해진 자신의 영혼이다. 그러고 보면 여행지를 굳이 먼 곳에서 찾을 필요가 없지 않을까? 가까운 공원과 산, 도시 안의 마을도 여유롭게 걸으면 새로운 것을 발견할 수도 있다.

여행이란 일상으로부터 떠나는 것이라고 생각해왔다. 그래서 되도록 먼 곳으로 떠나고 싶어 하고, 또 먼 곳을 다녀온 사람을 만나면 부러운 마음부터 앞서는 것이 사실이다. 문제는 비용과 시간이다. 유럽이나 남미를 해마다 여행할 수 있는 여유를 가진 사람은 흔치 않다. 자신이 살고 있는 도시의 이곳저곳을 일과 무관하게 시간을 내어 걸어본 경험이 있는 사람은 의외로 드물다. 화려한 외국의 관광지보다는 국내를, 자신의 삶터를 먼저 돌아봐야 하지 않을까? 그렇지 않으면 세계의 도시들을 섭렵하고도 정작 자기 나라와 도시, 이웃의 삶에는 청맹과니인 '내부실향민'이 될 수도 있다.

촬영 강박증에서도 벗어나야 할 듯하다. 여행지에서 기억과 느낌을 디지털 사진이 대신해 줄 수 없음에도 불구하고 카메라 셔터 누르기에 바쁘다. 애써 다녀온 여행에서 '남는 것이 사진뿐'이라면 너무 쓸쓸하지 않은가? 취재나 조사목적이 아니라면 카메라 셔터를 눌러야 한다는 강박증에서 벗어나 맨눈으로, 몸으로, 마음으로 여행지를 바라보는 여유가 필요하다.

'길이 끝난 곳에서 여행이 시작된다'는 역설은 헝가리의 미학자 루카치가 현대 소설의 내적 형식을 진정한 자기 인식에 도달하려는 문제적 인물의 내면으로의 여행 과정에 비유한 것이다. 진정한 가치를 추구하는 주인공의 시도는 결국 실패로 입증되지만, 주인공이 추구하던 조화로운 삶의 가치는 소설이 대단원을 내린 순간에 비로소 독자들의 마음속으로 부상(浮上)한다는 것이다. 소설의 본질을 설명하기 위한 루카치의 역설은 우리의 여행 문화를 돌아보는 데도 유효할 듯하다.

힐링 코드를 돌아본다

'힐링' 코드가 어느 겨를에 우리 일상에 넘쳐나고 있다. 예능프로와 출판에서 시작한 힐링 문화에 음식과 외식 산업, 건강과 여행 산업의 마케팅도 의존하려는 기세이다. 지난 대선에서도 후보들도 직간접적으로 힐링 코드를 내세우거나 활용한 바 있다. 힐링(healing)이란 본래 상처 난 몸이나 마음을 치유한다는 말이니 의사나 종교인들이 전담 분야이다. 1990년대 이후 몸과 마음의 건강을 강조한 웰빙(well-being) 코드가 트렌드였었는데 몇 년 사이 힐링이 대세가 되었다. 지금의 힐링 열풍은 2000년대 들어 본격화된 자기계발 열풍과 결합하면서 강력한 문화 코드로 바뀐 것으로 보인다.

상처받은 사람들의 영혼과 마음을 달래고 삶의 의지를 북돋워 주는 일을 해주는 멘토들의 역할은 소중하다. 그런 역할을 자임하는 사람들이 늘어난다면 그만큼 우리 사회는 따뜻해질 것이기 때문이다. 그런데 힐링이 문화 코드로 바뀌었다는 사실은 우리 사회와 개인들의 삶이 그만큼 절박해졌다는 역설적 반증일 수 있다고 생각하면 무턱대고 반기기만 할 일은 아닌 것이다. 사회학자들은 이 같은 현상

* 경인일보 | 2013. 2. 6.

을 신자유주의의 파고가 높아지면서 더욱 치열해진 경쟁 때문에 개인이 감당하기 어려운 스트레스로 좌절감과 무력감에 빠져든 결과로 분석한다.

힐링해야 할 상처는 대부분 국민들이 겪고 있는 경제적 고통에서 비롯된 것이다. 유럽발 경제위기와 세계 경제의 침체 속에서 한국 사회의 양극화가 더욱 심화되었다. 성장의 결과는 대기업과 일부 계층이 독식하고 중산층은 저소득층으로 추락하고 있다. 빈부격차가 급격하게 확대된 상황에서 주기적으로 다가오는 경제위기는 고스란히 서민 경제의 위기로 전가되고 있는 것이다. 실업률과 비정규직이 증가하면서 사회의 불안지수가 높아지고, 가정 경제의 기반도 취약해지고 있다. 가계부채가 위험 수준에 육박하고 있다. 부동산 경기가 장기 침체에 빠지면서 생겨난 '하우스 푸어'들에게, 늘어만 가는 교육비가 힘겨운 서민들에게 '저녁이 있는 삶'은 당분간 꿈이다.

대선을 거치면서 우리 사회의 새로운 갈등과 상처가 모습을 드러냈다. 이른바 세대 간 갈등이다. 지난 대선은 보수와 진보의 대결이 아니라 2040세대와 5060세대가 총력전을 치르듯 투표한 결과였다. 51 대 48이란 근소한 차이로 승패는 결정되었지만, 갈등의 골은 깊어졌다. 중산층의 감소로 양극화 현상이 심화되고, 지역갈등도 해결될 조짐이 요원한 판국에 세대갈등까지 추가된 것이다. 그런데 두 세대가 직면하고 있는 좌절과 불안감도 따지고 보면 그 뿌리는 경제적 요인이다. 청년들은 학비와 일자리 때문에 전전긍긍하고 베이비부머인 50대는 주택과 노후문제로 불안한 형국이다.

예능프로에서의 힐링이나 이른바 양산해내는 힐링 상품들을 보면 상당수는 함량 미달이어서 기껏 '하루만의 위안'을 넘어서기 어렵다.

힐링이 대중문화 코드로 자리 잡자 이를 상업화하는 과정에서 생겨난 결과이다. 수술이 필요한데 자가 치료를 권하거나, '험한 세상'과 무관하게 '착하게' 살자는 식의 해묵은 교훈들을 새로 포장한 상품들인 경우가 많다. 그러한 대중요법(對症療法)으로 개인들이 앓고 있는 뿌리 깊은 우울증이 치유될 리 만무하다. 무엇보다 개인을 좌절시킨 원인이나 구조적 문제와 정면으로 대면하기를 포기하고, 자신의 무력감을 운명론과 순응주의로 대체해버리는 위약이 될 수도 있다는 점이다.

진짜로 힐링해야 할 대상은 상처받는 개인들의 마음이 아니라 우리 사회를 절박하게 만들고 국민들의 일상을 황폐하게 만들고 있는 사회구조이기 때문이다. 최대의 힐링은 민생이며 소통 불능에 빠진 사회의 복원이다. 그렇다면 이런 문제를 해결할 수 있는 주체, 그리고 해결해야 할 책임이 있는 주체는 국가와 정부, 정치인들이며 사회 지도층들일 것이다. 정치가들은 국민들의 절망감에 의존하여 표와 인기를 얻을 것이 아니라 약속대로 사회를 힐링하는 방안을 제시해야 할 것이다.

큰 바위 얼굴과 대통령 선거

마침내 미국 대선이 끝났다. 민주당 오바마가 공화당 롬니 후보의 거센 도전을 물리치고 재선에 성공했다. 미국인들은 '변화의 지속'을 선택한 것이다. 2008년 미국 건국 이래 첫 흑인 대통령으로 당선된 오바마는 미국의 저력과 변화에 대한 기대를 반영한 정치 지도자였다. 이제 40일 후면 우리도 대통령 선거를 치르게 된다. 대통령 선거가 시작되면 국민들은 우리 사회가 안고 있는 과제를 해결해줄 '영웅'을 대망(待望)하는 마음이 된다. 미국의 소설가 호손(Nathaniel Hawthorne)의 단편 「큰 바위 얼굴」에서 큰 바위 얼굴의 현현(顯現)을 기다리는 주인공과 마을 사람들의 마음이 이와 흡사하다. 이 사람일까 하고 마음을 정했다가 실망하고 또 다른 사람에게 기대를 걸어보곤 한다.

소설 속의 주인공 어니스트는 바위 언덕에 새겨진 '큰 바위 얼굴' 닮은 사람이 태어나 훌륭한 인물이 될 것이라는 전설을 듣고 자란다. 세월이 흐르면서 마을 출신으로 엄청난 재산가 된 인물과 전쟁에서 큰 공을 세운 군인, 성공한 정치가가 차례로 나타나지만 모두 기

---
* 인하대학신문 | 2012. 12. 2.

대하던 인물은 아니었음이 드러난다. 주인공은 마침내 한 시인이야말로 큰 바위 얼굴을 닮은 인물이라고 믿고 그가 나타나기를 기다린다. 그러나 마을을 찾은 그 시인은 어니스트의 말과 사람 됨됨이를 보고 자신보다는 오히려 어니스트야말로 대망하던 큰 바위 얼굴이라고 선언한다. 이 소설은 독자들에게 이상적 인간형이 어떤 것이냐는 질문을 던진 것이다. 사람의 가치는 부나 권력, 말과 같은 외형적인 것에 있는 것이 아니라 일상 속에서 완성되어가는 내면적 진실성이 더 가치 있다는 것이다.

물론 대통령을 뽑는 것이 이상적 인간을 찾아내는 일과 같지는 않을 것이다. 그리고 대통령이 모든 문제를 해결하는 '영웅'이나 만능 해결사가 될 수도 없다. 다만 대통령은 재임 기간 중 국가의 경제와 사회, 교육과 문화, 외교와 국방에 커다란 영향을 미치게 되며 국민들의 일상생활도 달라지게 된다. 그래서 적어도 대통령 후보라면, 모든 권력의 주인인 국민을 섬길 줄 알아야 하며, 물신주의와 무한 경쟁으로 황폐해진 사회를 사람이 사는 사회로 바꾸어 나가려는 목표와 철학 정도는 가지고 있어야 한다.

그런데 과연 어떤 후보가 우리의 '큰 바위 얼굴'일까? 대학생들도 국민의 한 사람으로 투표에 참여해야 하는 것은 물론이고 투표 전에 후보자들의 유세현장을 찾아 그의 말과 인간 됨됨이도 직접 들어봐야 할 것이다. 우리들이 영화평론이나 광고로 영화감상을 대신하지 않듯이! 미디어를 통해 보는 후보자들의 이미지나 주변 사람들이 전해주는 이야기는 사실과 다를 수 있기 때문이다.

역마차의 교훈과 갈등관리

／

　사회적 과제들이 점차 중앙정부로부터 지방정부로, 지역 커뮤니티의 책임으로 이관되는 것이 세계적 추세가 되고 있다. 행정 역시 국민정부로부터 지방 커뮤니티로 광범위하게 분산된다. 한국 사회에서 1980년대 이후의 과제가 민주화였다면, 1990년대 이후의 정치와 행정의 중요한 어젠다는 지방화라 할 수 있다. 지방분권화와 관련된 이슈들이 2012년의 총선거와 대통령 선거 과정에서도 다양하게 제기될 것이다. 지방화가 본격적으로 진행되는 과정에서 각종 갈등이 분출하고 있으며 이로 인한 사회적 비용 또한 증폭되고 있는 것이 사실이다. 지방 행정이 이루어지는 과정에서 이해 당사자의 의견 불일치와 대립으로 인하여 발생한 갈등은 업무수행을 지연시키나 극단적인 경우 불가능하게 되는 상황이 빈번히 발생하고 있다.

　이 점에서 본다면 지방 자치의 핵심적 역할 중 하나는 갈등의 관리 조정능력이라 할 수 있다. 당분간 지방자치단체장과 지방정부 및 의회, 시민 사회와 언론은 지역의 갈등에 대해 지속적인 관심을 가지고 역량의 상당 부분을 갈등관리에 쏟을 수밖에 없다. 과거의 정권

* 경인일보 | 2011. 11. 29.

은 사회적 갈등과 인식의 차이를 주로 권위주의적 방식으로 해결해 왔다. 모든 변화와 개혁은 시민적 동의를 필요로 하며 동시에 갈등의 해결도 갈등집단의 동의 또는 승복을 받아내어 사회적 협력을 도모할 수 있어야 한다.

갈등(conflict)은 심리학적으로는 양립하기 힘든 정신과 행동에 나타나는 반응이다. 갈등의 주체가 조직이나 계층으로 확장되면 사회적 갈등이 된다. 일반적으로 갈등을 바라보는 두 가지 관점이 존재한다. 갈등을 사회병리적 현상으로 간주하고 그 원인과 치료를 강구하는 이론과 갈등을 불가피한 것으로 받아들이고 그 해결을 사회적 발전의 계기로 사고하는 태도가 그것이다. 갈등을 사회병리적 현상으로 바라보는 관점은 해결하는 과정에서도 갈등 해소에 급급하여 권위주의적 방식에 의존할 가능성이 높다. 이에 비해 갈등을 사회발전의 필연적 산물로 보는 관점은 해결방식에서도 협의와 공론을 통한 갈등의 조정을 강조하게 된다. 역사적으로 볼 때 무갈등 상태의 사회는 존재하지 않았으며, 사회의 발전과 함께 갈등은 더욱 복잡하고 심각한 양상을 띠고 있음을 감안할 때, 사회적 갈등은 불가피한 것이며 그것의 극복이 사회발전의 계기가 된다는 적극적 관점에 설 필요가 있다.

서부극에 등장하는 역마차는 말이 끄는 수레 중 가장 빠른 것이다. 그런데 증기 기관차의 등장으로 사라진 역마차가 말과 마차의 갈등이 낳은 산물이란 점은 흥미롭다. 마차의 수레바퀴는 표면이 매끄럽고 단단하여 마찰력이 작은 곳에서 잘 구른다. 그런데 마차를 끄는 말의 입장에서 보면 풀밭 같은 곳에서 달리는 것이 편하다. 미끄러지지 않고 오래 달릴 수 있기 때문이다. 그러나 부드러운 흙길에서는 바퀴가 잘 구르지 않는다. 이처럼 마차의 수레바퀴와 말의 다리는 화해할 수 없는 갈등 관계에 있다. 말이 달리기에 편한 길은 마차 바퀴가 잘 구르지 않고, 반대로 마차 바퀴가 잘 구르는 곳은 말이 달리기 어렵다. 이러한 모순을 해결하는 방법으로는 마찰력이 적으면서 어느 정도의 탄력이 있는 길을 만드는 것이다. 표면이 매끄러운 고무판 같은 길을 상상해볼 수 있을 것이다. 그러나 세상의 길들을 적당한 탄성을 지닌 고무판으로 포장한다는 것 자체도 어렵지만, 설사 그러한 길을 만든다 할지라도 바퀴와 말을 완전히 만족시킬 수는 없다. 말은 말대로 바퀴는 바퀴대로 불만을 호소할지도 모른다. 여기서 양자의 갈등을 이상적으로 해소하는 방법으로 바퀴가 구르는 길과 말이 달리는 길을 분리하는 방법이 고안된 것이다. 마차 바퀴는 레일 위를 구르게 하고 레일 사이의 흙길로는 말이 달리게 하는 것이다. '역마차'의 교훈은 하나의 비유이지만 화해할 수 없는 것처럼 보이는 갈등도 양자가 모두 만족하는 방법(win-win)으로 해결될 수 있다는 사실을 시사해준다.

뒤집어 본 인문학 열풍

인문학에 대한 대중적 열기가 몇 년째 지속되고 있다. 『정의란 무엇인가』와 같은 마이클 샌델의 정치철학서가 베스트셀러 목록에 오르고, 대학과 각종 도서관이나 문화 기관의 프로그램, 백화점 문화센터, 동사무소에 이르기까지 인문강좌가 개설되어 수강생을 끌고 있다. 대학이 개설하는 최고경영자 과정도 인문학 강좌로 진행하는 것이 유행처럼 되었으며, 일부 기업에서는 사원들을 위한 인문학 강좌를 유치하는가 하면 신입사원 채용에 인문학 전공자를 늘리려는 움직임도 보이고 있다.

이 같은 인문학 열풍은 1980년대의 사회과학 열기에 비견할만한데, 사회과학 열풍의 진원지가 대학이었다면, 인문학 열풍은 기업과 사회 전반의 현상으로 확산되는 양상을 보인다는 점이다. 본래 이공계 중심으로 출발했던 대학에서 학제를 개편하여 인문학 과정을 강화하고 통섭 인문학 혹은 융복합 과정으로 인문학과 과학의 융합이 시도되고 있기도 하다. 이쯤 하면 인문학은 위기가 아니라 가히 르네상스를 맞고 있는 것처럼 보인다.

---

* 경인일보 | 2011. 5. 3.

인문학 열기가 이례적이라고만 할 수는 없다. 이미 1990년대에 유홍준의 『나의 문화유산 답사기』 시리즈 열풍이 그 조짐을 보여 주었듯이, 물신주의로 황량해진 우리 삶의 내면과 환경을 되돌아보려는 대중적 욕망의 흐름은 계속되었기 때문이다. 그동안 한국 사회는 압축 성장의 신화를 창조했지만, 정작 주인공들에게 질주하는 기관차처럼 오직 속도와 성과만 요구해왔다. 경제위기 이후에 파급된 신자유주의의 물결은 개인이 삶의 가치나 사회적 정의를 고민하는 것을 사치처럼 여기게 만들었다. 그 점에서 본다면 최근의 인문학 열풍은 가장 비인문학적인 시대에 불고 있는 수상쩍은 흐름인 셈이다.

인문학 열풍을 유도하는 진원지 중의 하나는 기업이다. 기존의 정보산업을 넘어 창조산업(문화산업) 중심으로 급속하게 이동하고 있어 효율성 중심으로 경영해온 기업이 세계적 경쟁력을 지닐 수는 없다는 것을 경영자들이 깨닫기 시작한 것이다. 최근의 인문학 열풍이 자본과 기업의 갱신 수단으로 동원되어 '인문정신' 본연의 기능과는 무관하게 흘러갈 수 있다는 것을 말한다. 정부가 추진해온 '인문 한국 프로젝트'도 인문학 진흥의 한 계기이다. 이 지원사업도 본래 목적과 달리 과제의 선정과 평가에서 정치적 판단이나 관료적 관점이 개입하여 인문학과 연구자들을 순치(馴致)한다는 비판도 제기된다.

인문학 열풍이 인문학의 위기를 극복하는 계기가 될 수 있을지는 아직 미지수이다. 정작 인문학연구의 본산이 되어야 할 대학의 인문학 관련학과의 입지는 위축되고 있으며, 학제 개편 시 우선적 통폐합 대상이 되고 있다. 교양 강좌에서도 문학과 역사, 철학 과목 대신 취미나 취업 관련 인기 과목을 확대하고 있기 때문이다. 또 시민 대상의 인문학 강좌와 출판물이 인문학을 대중화한다는 점에서 긍정적이나 상품화의 길을 걸어갈 때 시장 논리에 편승하여 호기심이나 위안물이 될 가능성도 엄존한다.

인문학은 황폐해진 현대인의 영혼과 삶의 환경을 재성찰하는 에너지로 전환되어야 한다. 그러기 위해서는 인문학 본연의 기능을 회복하는 일과 인문학의 실용화라는 '두 마리 토끼'를 목표로 삼아야 하지만, 전자가 더 근본적이라는 점을 망각해서는 곤란하다. 그 점에서 본다면 우리 사회의 인문학 열풍 현상을 가장 진지하게 성찰해야 할 주체는 대학이 되어야 할 것이다. 그동안 대학은 산업화 사회를 거치면서 기업과 사회의 분업 구조를 대학에 이식하여 인력양성소처럼 만들어 오지 않았던가? 인문학은 지식이나 기술과 달리 인간과 사회를 총체적으로 관조하고 거기에서 얻어지는 지혜의 학문이라는 점을 재확인해야 한다.

인문학자들의 과제는 단순히 인문학 지식의 전달자가 아니라 시민들과 인문학적으로 사유하는 방법을 토론하는 일이다. 시민들은 고전 읽기를 통해 과거를 재조명하고 현재와 미래를 투시하는 힘을 얻고자 하는 것이다. 그것은 진정한 삶의 가치가 무엇인지를 발견하는 일, 그 가치를 자신이 살아가고 있는 현장에서 실천하기 위한 지혜에 대한 목마름이다.

한국 사회의 다문화 의식

한국은 다문화 사회일까? 이주노동자나 국제결혼의 증가로 외국인 이주자 120만을 넘어서고 있다는 최근의 통계를 보면 우리 사회가 다인종, 다문화 사회로 진입하였다는 평가는 사실처럼 보인다. 그러나 이주노동자나 결혼이민자 수의 증가만으로 우리 사회를 다문화 사회라 부르기는 어렵다. 여전히 제도나 의식 수준은 이를 뒷받침하지 못하고 있으며, 이주자들의 상당수는 차별을 감수하거나 단속대상인 불법체류자로 불안한 나날을 보내고 있기 때문이다. 특히 이주노동자들에 대해서는 우리 사회에 정착하여 일하게 하기 위한 적극적인 노력이 필요함에도 불구하고 정작 정부의 정책은 이주노동자의 정주화를 막거나 미등록 이주노동자의 단속과 추방에 집중되고 있는 실정이다.

최근 결혼 이주자를 포함한 가족을 '다문화 가족'이라고 부르고 있다. 그런데 다문화 가족이란 명칭은 두 가지의 문제를 포함하고 있다. 우선 개념의 혼란이다. 다문화 가족은 국제결혼이나 혼혈인이라는 말이 연상시키는 인종주의를 회피하려는 배려로 만들어진 용어이

* 경인일보 | 2011. 3. 29.

다. 그런데 이 용어로 인해 다문화주의가 내포하고 있는 가치가 궁색해졌을 뿐 아니라 차별성을 감소시키려는 애초의 의도와 무관한 또 다른 차별어로 사용되고 있다는 점이다. 정부가 추진하고 있는 각종 '다문화 가족' 정책의 대부분이 저출산 위기 해결이나 복지의 문제에 국한된 것이어서 낡은 통합주의적 문제의식에 머물러 있다는 점이다. 결국, 우리 사회의 다문화 가족 정책은 외국인과 외국문화를 존중하고 상호 공존을 지향하는 다문화 정책이 아니라 '한국인 만들기'를 목표로 하는 '단일문화' 정책에 가깝다.

이주노동자와 결혼이민자들이 겪고 있는 고통은 한국인 특유의 혈통 중심주의나 단일민족 신화에 근거한 폐쇄적 국민관 때문이다. 현재 250여 개의 우리나라 성씨 중 절반이 넘는 130여 성씨가 중국을 비롯한 일본, 여진, 위구르 등지에서 온 귀화 성씨라는 사실을 상기하면 단일민족 이야기는 신화임이 분명하다. 이민족의 귀화는 멀리 고조선 시대로부터 조선 시대에 걸쳐 지속적으로 이루어졌으며 국제적 개방국가였던 고려 시대에는 무려 60여 성씨가 귀화했다고 한다. 세계화 시대에는 한국인들이 세계 각국으로 진출하여 세계인들과 함께 살아가듯이 이주자들도 사회의 주인으로 받아들이는 개방적 자세를 가져야 한다.

유네스코가 2005년 말 '문화다양성 협약'을 채택하였던 사실을 상기해보자. 이 협약은 154개국 가운데 148개국의 압도적 찬성을 얻어 통과되었는데, 문화적 관점에서 국제관계를 바라보는 최초의 국제 협약이다. 이 협약의 정신은 2001년 유네스코 총회에서 채택한 '문화다양성 선언'에 바탕을 두고 있는데, "문화다양성은 교류와 혁신, 창의성의 원천으로 인류에게 필요한 공동의 유산"으로 규정하고 있다.

이보다 앞서 캐나다 정부는 다문화주의를 아예 국시(國是)로 정한 바 있다. 캐나다 정부는 각국으로부터 유입되는 다양한 문화들을 단일한 문화로 통합하기보다는 각 민족 고유의 문화를 인정하고 이를 계승 발전시켜 캐나다 문화를 창조하는 원동력으로 삼겠다는 문화전략을 선택한 것이다. 캐나다 정부의 다문화주의 정책은 다방면으로 추진되고 있는데, 소수 종족으로 남아 있는 인디언과 이누이트들을 위한 학교 설립과 여러 민족 고유의 문화를 유지 발전시킬 수 있는 프로그램들을 지원하는 것이 대표적 사례이다.

이주자들이 살기 좋은 사회로 만들어나가는 것은 당면한 경제적, 사회적 문제를 해결하는 일이기도 하지만 국가의 미래와 밀접하게 관련되어 있다. 다문화 사회를 위한 준비 가운데 가장 중요한 다문화의 가치와 핵심을 재확인하는 일일 터이다. 이주자들이 자신들의 고유 문화를 간직한 채 우리 사회의 일원으로 기여할 수 있도록 하는 프로그램이 필요하다. 그런데 이런 정책의 전제는 스스로 낡은 단일민족 신화에서 벗어나는 일이며, 국력과 해당 국가의 국민을 동일시하는 오류에서 벗어나는 일이다.

마트료시카 인형

마트료시카는 둥근 모양의 목각 인형이다. 이 인형을 열면 그 속에 작은 인형들이 겹겹이 들어 있는데 보통은 네댓 개에서 많게는 수십 개에 이르는 인형이 인형의 몸통 속에 차곡차곡 들어차 있다. 러시아어로 마트료시카는 어머니를 뜻하는 '마티'에서 유래했다 하니 러시아인들은 이 인형을 통해 다산과 풍요를 기원하는 민속신앙을 상기한다. 1891년 예술가 세르게이 말루틴(Sergey Malyutin)이 디자인하여 발표한 뒤 일약 러시아의 상징이 되다시피 한 이 인형의 기원에 대해서는 일본 목각 인형 '다루마(達磨)'나 '시치후쿠친(七福神)'이라고 보는 견해가 주류이다.

백 년 남짓한 세월 동안 이 전통인형은 러시아의 어느 거리나 상점에서도 만날 수 있는 대표적 문화상품이 되었다. 제작 방법에 따라 공장에서 대량 생산되는 저가 상품과 장인이나 예술가가 고객의 주문을 받아 직접 제작하는 고가의 애호가용으로 나뉜다. 그 종류도 다양하여, 러시아 전통 머릿수건을 쓴 농촌 여인을 기본으로, 기독교 성인들, 러시아 혁명 영웅 등이 대종을 이루었으나 점차 시대상을 반영하여

* 경인일보 | 2011. 2. 23.

비틀즈나 세계적 스포츠 스타, 미국 대통령, 심지어는 오사마 빈 라덴의 모습을 묘사한 것도 있다. 미국의 한 수집가는 6천 종의 마트료시카를 소장하고 있다고 하니 얼마나 많은 종류가 제작되었는지를 가늠하기도 어려울 정도이다. 생산이 최고조에 달했던 1980년 한해에 1천만 세트가 제작 판매될 정도로 '대박' 문화상품이다.

그런데 이 목각 인형이 러시아인과 외국인의 관심을 받는 문화상품이 된 비결은 무엇일까? 그 하나는 외래문화를 러시아적 전통문화와 지혜롭게 융합시켰다는 점일 것이다. 인형의 형상은 외국에서 빌어왔으되 거기에 러시아 신화를 윤색함으로써 고유한 문화로 만든 것이다. 이것은 모든 문화의 생성원리이다. 외래문화에 토착문화를 적절히 가미할 때 새로운 문화가 창조된다는 것이다. 두 번째 특징은 다양성이다. 마트료시카 인형은 둥근 목각의 재질만 유사할 뿐 그 형상은 천태만상(千態萬象)이다. 인형을 모으면 시사만화가 되고, 역사 인물전이 되고 대중적 스타의 전시장이 될 정도이다.

더 중요한 특징은 마트료시카 인형에 '부착된' 풍부한 이야기라고 봐야 할 것이다. 러시아인들이 일본 원산의 인형을 풍요와 다산의 수호신처럼 여기게 된 것은 인형과 연관되는 다양한 신화 때문이다. 어떤 사람들은 이 인형이 우랄지방의 고대 신화에 나오는 여신 '주말라'의 형상이라고 믿는가 하면, 어떤 이는 모스크바 근교의 옛 왕국에 살았다는 '황금 여인' 전설과 연관 짓는 사람도 있다. 이들 여신들의 몸속에는 다른 사람이 들어 있거나 삼라만상을 담고 있다는 특징이 공통적이다. 이런 특징은 미국이 마텔사가 제작하여 성공한 여자 인형 바비와 대비된다. 바비도 1959년에 출시된 이래 미국과 세계로 날개 돋친 듯 팔려나간 문화상품으로, 점차 기능과 외모 면에서 다양한 형태로 진화했다. 바비의 성공 비결은 소녀들의 자의식과 환상적 몸매에 대한 욕망이라고 볼 수 있다. 그런데 이 바비인형에는 신화나 흥미로운 이야기가 없다.

마트료시카의 성공담에서 얻을 수 있는 시사점은 '이야기'의 힘이다. 이야기는 사물에 의미를 부여한다. 이야기로 인해 한갓 나무 조각에 불과한 인형이 생명을 지닌 존재나 신비한 능력을 지닌 존재처럼 변신한다. 최근 모든 도시들이 문화도시 혹은 창조도시를 표방하며 도시의 매력을 높이는 데 관심을 기울이고 있다. 도시의 매력은 쾌적한 도시공간과 더불어 도시와 도시의 장소에 깃들인 이야기이다. 그 이야기는 고대 신화일 수도, 최근의 역사적 사건일 수도, 그곳에 산 인물의 이야기일 수도 있다. 작가를 비롯한 예술인의 또 다른 사명은 우리가 사는 삶터에 서려 있는 이야기를 발견하는 일이다. 이야기가 깃든 공간이 정겨운 장소, 매력적인 도시로 바뀔 것이기 때문이다.

노출 파문과 소외된 예술

2005년 하반기 불법 도청 테이프 폭로로 정치권이 요동치는 가운데 문화계는 MBC '음악캠프'의 알몸 노출 사건으로 소란스럽다. 폭로자와 노출 소동을 일으킨 카우치의 멤버는 모두 사법처리의 대상이 되었다. 불법 도청을 하고 도청 테이프로 오히려 도청대상을 협박한 폭로자에 대한 공분과 처벌은 당연하다. 그런데 온 국민은 카우치의 멤버에 대해 반사회적 중범으로 손가락질하고, '음악캠프'를 중단시키고 프로그램 관계자에 대해 방송위가 중징계를 내렸으나 뒷맛은 개운치 않다. 이번 사고를 빌미로 인디밴드 전체를 규제와 통제의 대상으로 삼으려는 과잉 반응까지 나타나고 있다.

잠시 흥분을 가라앉히고 사태를 냉정하게 바라볼 필요가 있다. 이번 노출 사건을 일으킨 주범은 두 명의 인디밴드 단원이다. 그런데 이들의 행위를 처벌할 법률은 공연음란 및 업무방해죄로 고의성을 입증한다 해도 시청자들과 국민이 느끼는 분노가 해소되지는 않을 것이다. 분노의 물꼬는 급기야 무고한 인디밴드, 그리고 방송국과 해당 프로그램 관련사를 향하고 있다. 그러나 열악한 여건에서 비주류

* 인천일보 | 2005. 8. 10.

문화를 일궈온 인디밴드나 가요 프로그램의 다양성을 위해 나름대로 노력해온 '음악캠프' 운영진을 단죄해서 우리가 얻을 수 있는 것은 무엇일까?

노출 사고를 일으킨 장본인들은 비난받아 마땅하다. 인디밴드나 방송국을 단죄하려면 이들의 미필적 고의를 입증해야 하는데 이는 쉽지 않은 일이다. 우발적 사고였기 때문이다. 그러나 분명히 우발적 사고임에도 불구하고 이러한 사고가 재발할 우려가 엄연히 상존한다. 그리고 인디밴드를 규제하거나 방송국 관계자를 처벌한다고 해서 근절될 문제가 아니다. MBC와 유사한 노출 사고는 외국의 방송계에서도 잇달아 발생했다. 지난해 2월 미국에서는 CBS가 슈퍼볼 중계방송 중 하프타임 쇼에 출연한 팝스타 자넷 잭슨의 웃옷을 고의로 찢고 가슴을 노출한 사고가 발생했다. 일본의 경우, 2003년에 지상파 방송인 후지 TV의 생방송 프로그램에 출연자의 성기가 노출되는 사고가 발생했으며, 바로 지난주에도 성기 노출 소동은 발생했다. 일본의 대표적인 여름 록 축제의 마지막 날 일본의 한 인디밴드의 가수가 3분 동안 알몸으로 노래해 관객들을 경악게 한 것이다. 한·미·일 문화계는 노출 동맹이라도 맺은 것인가? 충격의 체감지수만 다를 뿐 내용은 대동소이하다.

이쯤 되면 노출 사고를 재생산하는 주범은 전혀 엉뚱한 데 있다고 봐야 한다. 우선 일반 인디밴드가 아닌 주류 팝스타들이 출연하는 프로그램은 과연 어떤가? 간신히 불법은 면했지만 다 벗은 것보다 더 선정적인 의상과 노골적인 몸짓을 보여 주고 있는 것 아닌가? 우리의 대중 '스타'들 가운데 상당수는 상업주의적 매체와 결탁하여 예술은 뒷전이고 육체의 이미지를 판매하는 데 급급하다. 말 그대로 '천둥벌

거승이'인 카우치 멤버에 대한 돌팔매질은 그만하면 됐다. 이제 우리가 감시하고 성찰해야 할 대상은 시청자들을 관음증의 노예로 만들고 대중스타들에겐 노출을 강요하며 번성하고 있는 상업 매체들, 남의 몸을 팔아 제 배만 불리는 뚜쟁이들이다. 그리고 소외된 예술로 인해 황폐해진 우리의 일상과 내면이다. 상업주의로 병든 예술을 치유하기 위해서는 이것과 길항 작용을 할 수 있는 건강한 문화들이 필요하다. 대안 예술의 영토를 넓히고 고사 위기에 있는 기초예술과 순수예술에 대한 사회적 지원을 강화하자는 주장의 소이가 바로 여기에 있다.

광고경쟁의 악순환

광고경쟁이 삶의 곳곳을 초토화하고 있다. 광고 전쟁이 펼쳐지는 대표적인 공간은 거리와 도시의 건축물이다. 경쟁적으로 대형화되고 있는 간판과 온갖 광고물들이 도시 전체를 뒤덮어 가고 있다. 건물을 비롯한 보도와 육교나 고가도로, 펜스와 전주, 버스와 전철의 내부에 이르기까지 온갖 광고물들이 점유해 시민들의 눈을 자극한다. 거리의 광고물들은 보행권이나 안전을 위협하고 있다.

하나의 광고물이 대형화되면 주변의 광고물들도 덩달아 대형화하고 더 자극적인 색채를 사용하게 된다. 광고물 대형화의 악순환으로 이익을 얻은 것은 오직 광고물 제작업자뿐이다. 광고물 제작비의 증가는 광고주의 경영 부담인 동시에, 그것은 상품가격에 포함되어 소비자에게 전가된다. 광고물 대형화 경쟁은 오히려 광고 효과는 감소하는 반면 도시미관을 훼손시키고 시각공해를 유발하는 새로운 사회문제가 되고 있는 셈이다.

광고경쟁이 소비자를 우롱하는 또 다른 현장은 언론매체이다. 공공적 기능을 소리높이 외쳐온 중앙일간지들의 광고 행태는 실로 후

* 경인일보 시침분침 | 2003. 7. 14.

안무치다. 지금처럼 지면의 반 이상이 광고로 구성되어 있는 매체라면 '신문'이 아니라 차라리 '광고전단지'라고 불러야 할 것이다. 이들은 변형 광고(기사형 광고나 광고성 기사)로 전면을 채워 독자들을 호도하기도 한다.

광고를 '자본주의의 꽃'이라고 부르는 이유는 광고가 소비자들에게 상품에 대한 다양한 정보를 제공해 선택의 폭을 넓혀주기 때문이다. 언론매체의 광고가 소비자의 매체 수용가격을 낮추는 데 기여하는 것도 사실이다. 그러나 이제 광고의 과잉으로 인해 소비자들은 정보공해와 시각공해에 시달리고 있다.

한국의 신문은 다른 나라에 비해 광고 의존도가 지나치게 높다. 신문사가 독자의 구독료로 운영되는 것이 아니라, 80% 이상을 광고에 의존하고 있는 실정이다 보니 독자를 위한 신문이 아니라 광고주를 위한 신문이 될 수밖에 없는 괴리현상이 발생하고 있다.

매체가 가져야 할 공익적 가치에 대한 고민은 뒷전이고 신문사의 모든 관심은 광고지면 판매에 집중되어 있다. 질 높은 기사를 위한 광고, 독자의 선택기회 제공을 위한 광고가 아니라, 광고를 위해 기사가 작성되고 신문이 제작되고 있는 형국이다. 신문의 기사가 독자의 시선을 집중시킨 다음 최종 목적지인 광고면으로 유도하기 위한 '바람잡이'에 불과하다고 비난해도 변명의 여지가 없다.

광고 단가를 높이기 위해 발행 부수를 늘려야 하고, 그러자니 무료배포나 무단투입 후 구독료를 신청하는 편법이 횡행하고 있다. 더 많은 광고를 게재하기 위해서는 지면을 늘려야 한다. 구독자를 늘리기 위해서라면 판촉물 살포와 같은 불공정거래도 서슴지 않는다.

1990년대 이후 경쟁적으로 벌이고 있는 중앙일간지들의 증면 경쟁으로 일일 40면에서 48면을 발행하는 데까지 이르렀다. 영세한 지역신문이나 지방신문의 경쟁력은 더욱 떨어질 수밖에 없다. 이런 상황에서 질 높은 기사로 신문의 경쟁력을 높이겠다는 양심적 언론이나 영세한 지방언론이 생존할 여지는 없어진다. 악화가 양화를 구축(驅逐)하는 셈이다.

언론시장이 경쟁에서 살아남은 소수의 중앙일간지로 독점화되면서 왜곡 보도가 늘고 여론형성을 그르치면서 지역신문의 의제설정 능력은 현저히 저하하게 된다. 이러한 독점의 폐단은 고스란히 독자들과 사회로 귀결된다.

한편 종이신문의 광고전단화 현상과 저질보도는 결국 신문 자체의 역할 축소로 이어지고 결국 독자들에게 버림받게 되는 부메랑 효과가 서서히 나타나고 있다. 최근 영상매체의 영향력이 종이신문을 비롯한 인쇄 매체의 영향력을 압도하고 인터넷 매체와 같은 뉴미디어의 영향력이 급속히 성장하고 있다.

특히 독자들이 친숙한 인쇄 매체라는 환경을 버리고 인터넷 매체로 집중되는 현상의 배경에는, 기존의 언론들이 다양한 가치관과 독자의 욕구를 제대로 읽지 못했기 때문이다. 기존 매체에서 정보 욕구를 충족시킬 수 있다면 지금처럼 인터넷 매체로의 급격한 이동은 일어나지 않을 것이다. 아름다운 도시를 위해서, 그리고 언론의 공공적 기능 회복을 위해 광고경쟁의 악순환은 근본적으로 개선되어야 한다.

참여정부와 코드 논란

새로운 권력의 등장은 언어 현상에도 어김없이 반영된다. 참여정부 출범 이후 회자되고 있는 유행어들이 그 대표적 사례이다. 노무현 대통령의 상투어인 "맞습니다. 맞고요"는 가벼운 대화에서 흔히 들을 수 있는 조크가 되었을 뿐만 아니라 공식적인 대화에서 분위기를 바꾸는 역할을 하기도 한다. 대화와 토론은 상대방을 우선 긍정하는 데서 출발해야 한다는 점에서 보면 이 유행어는 유희적 기능 이상의 역할을 하고 있는 셈이다. 경직되고 무거운 분위기를 유연하게 만들고, 상호이해를 바탕으로 이해당사자들이 수용할 수 있는 타협을 찾는데 '맞습니다' 식의 화법은 도움이 될 수 있다.

또 다른 유행어는 대통령의 의도나 통치 철학을 의미하는 이른바 '코드'론이다. 원래 '가느다란 끈이나 줄'을 의미했던 이 외래어는 점차 의미의 범위가 확장되어 '신호나 부호'와 같은 추상적 의미를 가지게 되었으며, 최근에는 작품의 주제나 핵심어, 나아가서는 시대의 '정신'을 의미하는 데까지 그 쓰임새가 확장되었다.

물론 '코드'라는 말이 대통령과 전혀 무관한 말은 아니었다. 일반

* 경인일보 | 2003. 5. 19.

인들에겐 잘 알려져 있지 않았지만 '코드 원(cord No.1)'은 대통령이나 대통령이 탄 자동차나 비행기를 은밀하게 부르던 용어였다.

참여정부에서의 '코드'는 '통치 철학이나 정신'을 가리키는 용어로 갱신되면서 정책 결정이나 인사에서 우선적 기준이 된 형국이다. 인수위 시절이나 정권 출범 초기까지만 해도 노무현의 코드는 대통령의 일자 주름만큼이나 선명하게 '개혁'의 동의어로 사용되었다.

그러나 시간이 흐르면서 코드가 함축하는 의미들은 자기 분열하면서 복잡해졌으며 전혀 예측지 않았던 방향으로 선회하기도 한다. 총리와 장관 인선 과정에서 '코드'의 의미 목록에는 '개혁'과는 이질적인 가치인 '안정'이 추가되었다. 지지자들의 표정이 실망감으로 바뀌었다. 대북송금 특검법을 처리하는 과정이나 이라크 파병을 결정하는 과정을 보면서 '노무현 대통령의 코드'는 좀 더 난해해졌다.

그것은 원칙보다는 상대주의, 명분보다는 실리를 선택한 것이기 때문이다. 한미정상회담과정은 그러한 코드 혼란의 클라이맥스처럼 보인다. 지지자들은 이번 정상회담을 자주성과 주체성을 상실한 굴욕외교라고 강하게 비판하고 나섰다.

지지자들의 심리적 혼란을 단적으로 보여주고 있는 것은, 노무현 대통령이 이마에 일자 주름 대신 상품용 바코드를 붙이고 부시 대통령의 계산대를 통과하는 것으로 풍자한 어느 일간지의 시사만화일 것이다. 이에 반해 야당은 대북정책을 둘러싼 사회적 갈등을 해소하고 우리의 에너지를 하나로 결집시킬 수 있는 계기가 되었다고 유례없는 호평을 하고 있다. 실망한 지지자들이 떠난 자리를 반대자들이 환호하며 메우고 있다. 이쯤 되면 코드는 무의미한 것처럼 보인다.

그러나 후보 시절의 주장과 대통령의 행동이 일치하지 않는다고 해서 비난할 수는 없다. 이상과 현실은 타협할 수밖에 없기 때문이다. 또한, 외교적 언사의 특징이나 현재 북핵 문제로 꼬여 있는 한반도의 정세를 고려하지 않은 채 '코드'의 혼란만을 비판할 수는 없다. 어떻게 보면 지지자들은 노무현 대통령이 '미국에 사진 찍으러만 가지는 않겠다'는 주장만 기억하고 촛불시위를 만류하며 '친미와 자주가 공존할 수 있다'고 주장했던 사실은 망각하고 있는지도 모른다.

'코드'에 집착하는 문화는 사실 권장할 것은 아니다. 현실의 다양성이나 역동성을 간과할 수 있기 때문이다. 거기다 노무현 정권의 사상적 바탕이 자유주의(리버럴)인데다, 국내 정치적 역학관계에서 소수정권이며, 소속 정당은 분열되어 있지 않은가. 그만큼 현 정권의 정책결정은 유동적일 수밖에 없다. 청와대의 신임 대변인이 노무현 정부의 국정철학을 "실용주의와 상대주의, 그리고 세력 간의 균형"이라고 부연한 바 있는데, 이는 사실상 '코드는 없다'는 선언인 셈이다.

이제 코드 읽기는 무망한 일이 되고, 자신의 코드를 노무현의 코드라고 여겨온 지지자들의 원성만 드높은 듯하다. 코드 혼란이 유연한 정책선택으로 작용할지 아니면 일관성 없는 통치로 귀결될지를 점치기에는 아직 이르다. 지금까지의 코드 혼란은 '국익'이라고 하는 추상적 영역에 주로 관련된 것이었지만, 만약 이것이 '국민의 이익'이나 '시민의 권리'와 같은 구체적인 영역에서도 반복된다면 전혀 다른 양상이 펼쳐질 것이다.

대안적 여가를 위하여

동양인들이 꿈꿔온 영원한 이상향은 '무릉도원(武陵桃源)'이었다. 도연명의 '도화원기'에는 일과 휴식이 구분되지 않은 한가로운 무릉의 삶이 묘사되어 있다. 그곳의 사람들은 시간의 흐름에 대해 알지 못한다. 복숭아나무 아래에서 바둑을 두는 노인을 그린 신선도 역시 동양적 유토피아를 시각화한 것이다. 반대로 가장 무서운 형벌은 신화 속의 시시포스처럼 희망도 가치도 없는 노동을 계속해야 하는 것이다.

주5일 근무제의 시행을 둘러싸고 노-사-정 간 계속된 지루한 줄다리기가 끝나고 본격적 시행이 눈앞에 다가왔다. 지금까지의 논쟁의 핵심이 생산성을 떨어뜨리지 않으려는 경영자의 입장과 노동시간을 줄이려는 노동자의 입장 간의 충돌이었다면, 이제부터는 노동시간의 단축이 삶의 질 향상으로 이어지게 하는 것이 사회적 의제로 되어야 한다.

만약 여가시간의 증가가 문화산업이 조장하는 소비의 증가로 이어진다면, 노동자들은 늘어난 소비만큼 더 일해야 하는 악순환에 빠지며 저소득층의 가계는 더욱 빠듯해질 것이다. 주5일 근무제를 대비

---

* 경인일보 시침분침 | 2003. 5. 19.

한 사회적 준비가 제대로 마련되어 있지 않은 현실을 감안하면 그 같은 우려는 현실화될 공산이 크다.

늘어난 여가시간은 고된 노동으로 지친 심신을 회복하고 일을 위한 재충전의 시간이어야 하며, 바쁜 일상으로 소원해진 가족과 인간관계를 두텁게 하는 시간이어야 한다. 그리고 무엇보다 노동자 자신의 삶을 되돌아보고 자기계발을 할 수 있는 기회로 활용되어야 한다.

'여가시간의 증가'가 진정한 '여가의 증대'로 이어지도록 하기 위해서 도서관, 박물관, 미술관과 같은 공공문화기반시설과 극장이나 공연장과 같은 문화공간의 대대적 확충이 필요하다. 물론 이러한 시설의 확충과 함께 문화기반시설의 지역적 불균형 해소와 공공성이 결여된 운영방식의 개선 등이 시급한 과제가 되고 있다.

여행은 가장 많은 사람들이 희망하는 여가활동이지만 시간과 비용 때문에 실현하지 못하는 경우가 많다. 저렴한 비용으로 떠날 수 있는 대안적 여행프로그램을 환경 및 문화 관련 시민단체들이 개발할 필요가 있다. 특히 지방정부나 농민들의 협조를 얻어 도시 근교의 민박형 농가를 확보하여 농경체험형 여가활동도 한 방안이 될 수 있다.

여가가 늘어났다고 해서 주말마다 여행을 떠날 수는 없다. 그렇게 된다면 경제적 부담의 증가뿐 아니라 환경파괴와 상시적 교통체증과 같은 사회적 비용도 만만치 않게 된다. 가급적 도시 내에서 여가를 의미 있게 보낼 수 있는 여가 패턴이 자리 잡아야 한다.

이 점에서 정부와 지방자치단체들은 도시공원이나 광장과 같은 휴식공간을 확충하는데 집중적으로 투자해야 한다. 지금까지의 도심 공원들은 주로 녹지와 조경수를 감상하는 장소로 설계되었다. 이제부터는 다수의 시민들이 다양한 여가활동을 즐길 수 있는 다목적

휴식 활동 공간으로 설계되어야 한다.

그 외에 도서관의 추가 건립과 장서 구입비의 증액이라든가 시민들의 자율적인 문화 활동을 지원하기 위한 시설과 프로그램, 도시의 문화공동체를 형성할 수 있는 '마을 축제'의 활성화가 이루어져야 할 것이다.

문명은 노동의 결과이다. 인간다움과 자아를 실현하는 길은 노동을 통해 이루어진다. 그러나 동시에 그것은 여가의 덕택이기도 하다. 영어의 '학교(school)'이 원래 여가를 뜻하는 그리스어 '스콜레(scholē)'에서 나왔다는 것은 의미심장하다. 학문이나 예술적 진리탐구도 바로 여가와 휴식의 산물임을 시사하는 것이다. 주5일 근무제는 지루한 일상과 노동에서 벗어나 스스로 자신과 이웃의 삶을 되돌아보고 새로운 에너지를 얻는 계기가 되어야 한다.

최소의 비용으로 여가를 누릴 수 있는 여가활동 프로그램에 관심을 기울이자. 정부와 지자체는 각종 문화기반시설의 확충에 박차를 가하고, 기업들 역시 노동자들의 여가활동에 필요한 지원을 아끼지 말아야 한다. 노동의 결과가 사회를 발전시켜 온 것과 마찬가지로 여가의 결과도 사회발전의 바탕이 된다. 창의력과 아이디어가 더 중요한 의미를 지니는 지식정보화사회에서는 더더욱 그렇다.

색깔론과 순수 미망

21세기의 한국 사회가 극복해야 할 병통 중의 하나가 이른바 색깔론이다. 16대 대선 과정에서 매카시즘의 한국형 개정판인 색깔론은 16대 대선에도 어김없이 그 모습을 드러냈지만 약발은 예전처럼 듣지 않았다. 우리 국민들의 사고가 이젠 낡은 분단의식을 넘어서고 있다는 청신호였다. 그런데 선거가 끝난 뒤에 야당 대표와 전경련의 한 간부가 대통령 당선자와 새정부를 좌파로 규정하며 해묵은 색깔론을 제기하고 나섰다. 색깔론은 1948년 정부 수립 이후 남한의 진보세력을 탄압하고 재갈을 물리는 수단으로 사용되어 왔다.

개혁적인 정책이나 세력을 좌파로 규정하고 북한과 연관시킴으로써, 색깔론의 대상은 늘 치명적인 타격을 입어야 했다. 3대 대선에서 이승만과 대결했던 진보당의 후보, 조봉암도 색깔론의 희생자가 되어 처형되고 말았다.

색깔론은 동족상잔의 비극적 체험을 상기시키면서 상대방을 흑백논리에 가두어 제거하려는 사고방식이기에 단세포적인 증오의 논리이다. 또 민족의 비극과 상처를 상대를 파멸시키는 빌미로 삼고, 자신

* 경인일보 시침분침 | 2003. 1. 19.

의 생존 수단으로 삼는 행위이기에 도덕적으로 파렴치한 행위이기도 하다. 현실의 변화를 거부하는 기득권 세력이 자신들의 '안전'을 마치 국민들의 '안정'인 것처럼 호도해왔던 것이다. 전 국민이 낡은 정치를 청산하고 21세기를 향한 일류사회, 선진정치를 희망하고 있는 마당에 색깔론을 제기하는 것은 스스로 냉전적 사고의 포로이자 민심의 이반자임을 폭로하는 행위에 지나지 않는다.

이와는 좀 다른 지점에 자신은 '순수'하다고 생각하고 타자는 '불순'하다고 여기는 미망(迷妄)이 있다. '불순'이라는 말은 곧잘 이데올로기적인 연상작용을 불러일으키기 때문이다. 물론 긍정적 원칙을 고수하고 합의된 공동체의 이상을 실현해나가려는 데 쏟는 '순수'의지는 아름다운 것이다. 그러나 우리 사회에서는 관념의 순수에 사로잡혀 다원성을 거부하거나 현실의 다양성을 무시하는 논리로 곧잘 사용된다는 점이다.

과연 불순 혹은 비순수가 악일까? 문학 논쟁에서 순수주의가 사실상 자기기만임이 입증되었듯이, 현실 세계에서의 완전한 순수란 존재하지 않으며 오히려 끔찍한 상태일 수 있다. 우리가 마시는 물은 여러 가지 무기물이 함유된 '불순'한 물이며 순수한 물인 증류수를 마시려는 사람은 없다. 무균실에서 살기를 바라는 사람도 없을 것이다. 생명의 세계에서도 잡종과 종 다양성을 안정적인 것이고 우세한 상태라고 하지 않는가. 위기 국면이 끊임없이 덮쳐오는 경제 정세에서, 국가 경제의 구조도 다양할수록 유리하다고 한다.

문화에서도 잡종성과 다양성은 미덕이다. 위대한 문화는 다양한 외래문화를 녹여서 효과적으로 자기화하는 가운데 탄생된 것이다. 유독 한국의 정치문화에서 이러한 보편적인 진실은 부정된다. 정치

자체가 다양한 정당이 만들어가는 하나의 교향악이듯이 하나의 정당 역시 다양한 정치세력의 혼거 상태인 것이다. 대중정당의 정체성은 다양성을 전제로 한 특정한 세력의 주도를 의미하는 것이지, 순수한 '보수'나 '진보'는 애당초 존재하지 않는다. 오늘의 개혁이 내일의 보수로 바뀔 수도 있다. 그것을 구별하는 기준과 원칙은 오로지 끊임없이 움직이는 현실이기 때문이다. 낡은 관념의 잣대로 자신의 순수와 상대방의 불순을 규정하려는 시도는 헛된 시도일 것이다. 이제는 우리 사회를 누가 더 자유롭고 평화롭게 할 것인가, 개인들에게 더 많은 기회를 보장할 것인가와 같은 실용적 기준으로만 정치를 평가해야 할 것이다.

필자는 늦은 밤, 철시해버린 재래시장을 가로질러 귀가할 때가 종종 있다. 거기엔 오직 고요와 생선 비린내뿐이다. 한낮이 되면 그 시장은 온갖 푸성귀와 과일, 생선과 육류 냄새가 버무려진 싱그러운 곳으로 탈바꿈한다. 그리고 상인과 행인들이 만들어 내는 소음들이 어우러져 생동감 있는 풍경이 연출된다. 21세기의 한국 사회에서 색깔론의 망령과 순수에의 자기기만이 부디 사라지기를, 그리고 다양성과 생동감의 정치가 개혁을 고대하고 있는 국민들을 감동시키기를 대망한다.

부끄러운 정치문화

제16대 대선에서 한국인들은 변화와 개혁을 선택하였다. 이번 선거는 주류와 비주류, 종이 신문과 인터넷 매체, 기성세대와 신세대, 냉전주의와 대북 화해주의, 체계적이고 조직적인 골리앗 정당과 자발적 지지자로 구성된 혼성여단이 대결하는 양상을 보여 주었다. 20세기와 21세기의 대결에서 한국인들은 단호히 21세기를 선택했다. 그 결과 이회창 후보와 한나라당은 질 수 없는 싸움에서 패배했고, 반면에 노무현 후보는 이길 수 없는 싸움에서 승리하는 한 편의 드라마가 연출된 것이다.

이번 선거가 국민들에게 안겨준 선물 중의 하나는 그동안 낙후한 정치지형 속에서 이리저리 몸을 옮기며 생존을 유지해왔던 다수의 기회주의적 정치인들이 중인환시리(衆人環視裡)에 위선의 가면을 벗어던지고 정치적으로 파산한 사실일 것이다.

한편 이번 선거를 계기로 우리는 무엇이 청산되어야 하는지를 성찰해야 한다. 지역주의가 일정하게 퇴색하고 폭로주의가 더이상 발붙이기 어렵다는 사실도 확인되었지만, 우리의 토론문화는 여전히 낡

---

* 경인일보 시침분침 | 2002. 12. 22.

고 치졸한 수준을 벗어나지 못하고 있다. 흔히 네거티브를 지양해야 한다고 하지만 대안(포지티브)은 반대와 비판을 통해 제시될 수 있기 때문에 그 자체가 중요한 것은 아니다. 문제는 논리가 갖추어야 할 최소한의 요건마저 팽개치는 행위이다. 그런 낡은 토론문화가 바뀌지 않는다면 생산적인 결과도, 정치발전도 기대할 수 없다.

유권자들을 모독하는 행태 중 대표적인 것은 '허수아비 논증'이다. 사실(fact)이나 상대방의 주장을 왜곡, 과장하여 공격하기 쉽게 만든 뒤에 이를 비난하는 논리이다. '행정수도 이전'공약을 '수도서울 천도'로 바꿔치기하고 서울 공동화 현상을 유포하여 유권자들을 헷갈리게 만든 것이 대표적 사례이다. 음모론도 단골 메뉴이다. 정치인들은 자신이 이해할 수 없는 현상이 나타나면 조건반사적으로 '음모론'을 제기한다. 민주당 경선에서 대세론을 뒤집고 이른바 '노풍'이 불었을 때, 그리고 촛불시위가 전국적으로 확산되고 반미분위기가 고조되자 어김없이 등장했다. 현상의 원인을 숙고하기보다는 '보이지 않는 손'부터 떠올리는 악습은 한국의 음습한 공작정치의 반사물인지도 모른다. '색깔론'이라는 저급한 논리는 이번에도 어김없이 그 모습을 드러냈다. 한나라당은 노무현의 대북화해론과 북한 조평통의 주장이 같다고 함으로써 양자의 연관이 있다고 주장했지만 유권자들의 호응을 전혀 얻지 못했다.

2002년을 기점으로 한국은 더 이상 '과거의 한국'이 아님은 세계인들에게도 뚜렷이 각인되었다. '붉은 악마'로 표상되는 월드컵 응원문화를 통해서, 또 드높아진 자주 의식과 인권의식의 표출인 '촛불시위'를 통해서 이미 한국 특유의 역동적인 주체들은 그 모습을 드러냈고 대선에서도 확고한 영향력을 발휘하고 있다. 신세대들이 탈정치적일 것이라는 예측은 오류였으며 이제 막 기성세대로 진입하기 시작한 민주화 운동 세력도 그들의 꿈을 포기하지 않았음이 드러났다. 오랜 간 난신고 끝에 진보정치가 복권된 것도 한국 정치의 미래를 낙관케 하는 것이다. 민주노동당은 6·13 지방선거와 16대 대선을 통해 제3의 정당임이 입증되었으며 동시에 보수 정당들이 정체성이 분명한 정책 정당으로 변화할 것을 강제하는 역할도 수행할 것이다.

이제 한국의 모든 정치세력들은 한국 정치의 토양이 어떻게 변화하였는지를, 그리고 새롭게 등장한 시민 주체의 욕망과 요구가 무엇인지를 공부하고 거듭나야 할 것이다. 이번 대선에서 사실상의 패배자 중의 하나인 민주당도 예외는 아니다. 민주당은 승리의 화환과 샴페인을 즐길 만큼 떳떳하지 못하다. 대선 과정에서 드러난 무기력과 기회주의적 혼란의 요인이 무엇인지를 규명하고 근본적 개혁을 서둘러야 할 것이다.

이름을 숙고하자

이름은 사물의 실상에 조응해야 한다. 이름이 실상에 부합하지 않으면 혼란이 생긴다. 공자가 정치의 요체를 묻는 자로의 질문에 '이름을 바로잡는 것'에서 시작해야 한다고 강조한 것도 이 때문일 것이다. 필자는 최근 한 문화행사에 관여하면서 이점을 소홀히 하여 여러분들의 마음을 불편하게 만든 적이 있어, 정명(正名)의 철학은 더욱 새삼스럽다. 정명의 사상에는 명분의 윤리학도 함께 담겨 있다.

다만 '임금이 임금답고 신하는 신하다우며 아버지답고 아들은 아들다워야한다(君君臣臣父父子子)'는 말을 경직된 명분론을 펼치는 논리로 쓰지는 말아야 한다. 세계의 변화 가능성을 차단하거나, 사람들마다 지니고 있는 다양한 개성과 가능성들을 단일성으로 귀착시킬 위험성이 있기 때문이다. 다문화공존사회로 가고 있는 21세기에 명분론을 내세웠다간 편협한 보수주의자라는 비난을 면하기 어렵다. 특히 여성이나 청소년 같은 사회적 소수자들에게 명분론은 이들의 행동과 사고를 억압하는 이데올로기로 작용하는 경우가 많다는 사실을 유의해야 한다.

---

* 경인일보 시침분침 | 2002. 10. 27.

'개구리 소년' 사건으로 알려진 대구 어린이 실종사건의 경우를 보면, 이들의 유골을 11년간 방치하고도 사인조차 규명하지 못하게 된 데에 '개구리 소년'이라는 섣부른 명명의 죄가 크다. 실종 직후부터 수사당국은 이들이 '개구리를 잡으러 갔다'는 제보에만 의존했고, 아예 언론에선 이들을 '개구리 소년'이라고 이름을 붙여버렸다.

11년이 지난 실종 소년들의 유골이 발견된 현장은 타살의 정황을 분명히 알려주고 있는데도 수사는 미궁으로 빠지고 있다. '개구리 소년'이라는 이름은 수사관들이나 국민들에게 이들이 길을 잃고 헤매다 죽었을 거라는 관념을 갖게 만들었고 수사의 초점도 자연사에만 맞춰졌던 것이다. 법의학자들이 도착하기 전에 중요한 수사단서가 될 유골의 발굴현장을 함부로 파헤쳐 버린 것도, 이들이 자연사했을 거라는 선입견 때문이었다. 당시 다섯 소년들이 갔던 야산은 군부대의 사격장이 위치해 있었던 곳이고, 소년들이 탄피를 주우러 갔다고 하는 제보도 여럿 있었지만, 이미 이들은 '개구리 소년'일 뿐 아무도 이들을 '탄피 소년'이라고 부르지 않았다. 이름이 진실을 가린 것이다.

김대중 정부의 대북정책을 압축하고 있는 이른바 '햇볕정책'은 어떤가? 이 정책은 남북 간의 대결을 종식시키고 대화와 포용을 통해 통일로 나아가려는 구상으로 그 기조는 국내외적인 지지를 받고 있음에도 언제나 논란의 중심이 되고 있다. 우화적 상상력에 기댄 '햇볕정책'이라는 이름이 한때는 꽤나 신선한 명명처럼 받아들여졌다. 그러나 이러한 이름은 그것을 기억하는 데는 도움이 될지 모르지만, 오히려 이름 자체에 공연한 빌미 거리가 내장되어 있었다. 대화의 상대자인 북의 입장에서 생각해보면 이 정책은 '벗기기' 정책인 것이고, 남한 내 보수세력들에게는 '퍼주기'라고 비난할 소지가 그것이다. '포용

정책'이나 '평화우선정책'과 같은 소박한 이름이 차라리 나을 뻔했다. 평화를 보장받기 위해서라면, 몇억 달러뿐 아니라 그보다 더한 것을 '퍼준다' 한들 반대할 사람은 없을 것이다. 이 경우는 기교가 과하여 본래의 의도를 제대로 표현하지 못한 경우에 해당한다.

인천의 땅이름은 뒤죽박죽이 되었다. 역명 가운데 제물포역의 경우는 아무 근거도 없이 갖다 붙인 이름이며, 동인천역은 본래의 축현역을 개악한 사례이다. 인천의 지명에 나타난 방위들은 아무런 구실을 하지 못하는 허사(虛辭)들이 많다. 동구와 동인천은 인천의 서쪽에 위치하고 있다. 서구 역시 어디를 기준으로 서쪽이라고 한 것인지 알 수 없다. 차라리 연수구나 계양구와 같은 명칭이 훨씬 편안하게 느껴진다. 얼마 전에 작명한 남동구 역시 난센스이긴 마찬가지다. 남동구(南洞區)는 남구와 동구 사이의 남동구(南東區)처럼 오인되고 있다.

서양인들의 기준에서 명명한 '동북아시아'라는 말보다는 '황해권 혹은 환황해지역'이라는 용어를 쓰는 것이 자연스럽다. '동북아'라는 말 속에는 거칠고 황량한 변방이라는 의미가 은근히 스며있다. 이러한 작명들은 행정구역이 끊임없이 바뀌어 왔고 바뀔 수밖에 없다는 사실을 간과했거나 손쉽게 이름을 붙이고 보자는 행정 편의주의에서 비롯된 것이다.

우리의 방위 감각을 혼란스럽게 하는 땅이름을 바로잡는 노력이 국민의 삶을 좌우하는 정치의 영토에서도, 우리의 사소한 일상적 실천 속에서도 요긴한 화두 중의 하나이다.

신화의 시간 일상의 시간

숱한 이변을 남긴 한일 월드컵대회가 드디어 막을 내렸다. 우리 대표팀이 연승행진을 거듭하는 사이 한국인들은 '신화의 시간대' 속으로 빨려들어 갔으며, 무표정하던 도시의 거리는 온통 붉은 물결이 넘치는 거대한 축제 마당으로 바뀌었다. 2002년 6월은 잊지 못할 행복한 시간으로 기억될 것이다. 신화는 신의 가호를 받는 영웅의 이야기다. 태극전사와 히딩크 감독은 신화 속의 영웅처럼 우리가 주문한 1승을, 16강을 어김없이 실현했다. 그뿐 아니라 8강, 4강에까지 신화가 이어지면서 이를 바라보는 축제 군중의 열광도 함께 증폭했다. '하느님의 보우' 없이는 불가능한 승리가 현실화되는 광경을 보았기 때문이다.

경기장에서 공을 차고 달리며, 부딪히고 쓰러지는 선수들과 한 몸이 되어갔다. 대표팀의 승리는 곧 나의 승리였다. 이러한 일체감은 미디어가 만들어 낸 환각 효과일 수도 있다. 그러나 '붉은 악마'가 없어도 가능했을까? 경기장과 한반도를 하나의 굿판으로 만들고, 굿판의 구경꾼들을 일거에 '필승 코리아'와 '대~한민국'을 연호하는 주술사로

* 경인일보 시침분침 | 2002. 6. 30.

만든 주역은 '붉은 악마'였다. 한국팀이 이룩한 4강 위업과 함께 '붉은 악마'가 연출한 사상 최대의 굿판은 일대 문화적 사건이 되었으며 향후 한국 사회에 넓고 깊은 영향을 미칠 것이다. '히딩크를 배우자'는 바람은 이미 불고 있지만, '붉은 악마를 배우자'는 후폭풍은 아직 시작되지 않았다. 한국인들은 '붉은 악마'의 유니폼을 아직 벗지 않고 축제의 끝판을 즐기고 있기 때문이다.

200명 남짓했던 인터넷 축구 동호회가 이 거대한 축제의 중심이 될 수 있었던 이유는 무엇인가? 그들은 한국인들의 의식과 무의식에 스며있는 금기와 콤플렉스를 '딛고 넘음'으로서 진정한 축제의 조건을 만들었다. 그들은 '붉은색'이 공산주의자들의 전유물이라고 여겨온 기성세대의 편협한 색채의식을 뒤흔들어 놓았다. 그리고 붉은색이야말로 행운과 승리를 상징하는 민족 고유의 색임을 그들의 응원 도구였던 유니폼과 몸을 통해 보여 주었다.

본래 우리 민족은 붉은색을 색 중의 으뜸으로 삼았다. 붉은색은 동짓날 팥죽과 부적의 색이며 오방신장(五方神將)의 색으로 잡귀를 내몰고 경사를 기원하는 색이 아니었던가.

이들은 또한 '악마'라는 말을 외래 종교적으로만 해석해온 사회적 통념을 가볍게 뿌리쳤다. 민담 속의 도깨비도 서양인의 눈엔 악귀의 일종이겠지만 우리에겐 지혜로운 인간을 적대시하는 법이 없는 친근하고 깜찍한 귀신이다. 전통 가옥의 사래는 귀신의 얼굴을 새긴 귀면와(鬼面瓦)로 마감한다. 우리의 전통문화는 비좁은 이분법적 사고의 니미에 있다.

'붉은 악마' 응원단은 일상적으로 거의 불리지 않았던 공식 국호 '대한민국'에 리듬을 부여하고 친근한 이름으로 만들었다. 경기장과 광장은 물론 술집과 골목길에서도 '대~한민국'이 즐겁게 울려 퍼졌다. 태극기도 더 이상 높은 게양대에만 걸려 엄숙과 경건을 강요하는 국가 상징이 아니다. 그저 깃발로 만들어 흔들다가 이제는 망토로 치마로 두건으로 사용하는 패션 도구의 단계로 발전했다.

그리고 '붉은 악마' 응원단들은 다양한 보디 페인팅을 선보이면서 몸에 대해 보수적인 한국인들에게 보디 페인팅의 진정한 즐거움을 만끽하게 했다. 육체에 새겨진 동일한 문양은 사람들에게 가장 강력한 동질감을 느낄 수 있게 하는 수단인 동시에 자신의 육체가 오로지 자신의 소유임을 확인하는 영토표시이다.

한국인들이 의식하고 있는 사회적 금기들을 일거에 뛰어넘게 만든 일련의 문화체험은 뻣뻣한 가죽을 무두질하여 부드럽게 만드는 갖바치의 작업처럼 경직된 관념을 유연하게 만들어 주었다. 이제 축제는 끝나고 우리는 다시 지루한 일상으로 돌아가야 한다. 주한미군의 전차에 깔려 죽은 두 여중생의 죽음과 느닷없이 발생한 서해안에서의 교전사태는 지금이 '신화의 시간'이 아님을 일깨우고 일상으로의 귀환을 재촉하고 있다. 이번 축제는 한국 사회의 역동적 에너지를 우리 자신과 세계인들에게 분명히 확인시켜주었다. 그리고 우리는 진정한 축제에 목말라 있었다는 것, 한국인들이 거듭된 패배에 주눅 들고 너무 많은 사회적 금기에 위축되어 있다는 사실을 확인했다. 일상은 결코 축제일 수 없지만 우리의 일상 속에서도 위대함은 존재하는 법이다. 축제에서 확인한 역동성을 일상에서도 찾아내고 또 그것을 즐기자.

노동중독사회에 대한 메시지

제4회 광주 비엔날레가 지난달 29일 개막되었다. 이번 전시의 주제는 '-멈-춤-, -P-A-U-S-E-, -止-'이다. 로고 타입의 문자 사이에 그어 놓은 밑줄들은 멈춤과 휴지(休止)의 기호이다. 이번 기획은 우선 현대미술의 거대한 스케일과 숨 가쁜 행보를 잠시 멈추고 성찰해 보자는 것이지만, 현대문명 전체에 대한 발언인 동시에 우리의 비루한 일상에 대한 미학적 도전이기도 하다.

자동차를 거꾸로 매달아 놓은 한 설치미술품에 관람객들의 시선이 집중되고 있다. 수라시 쿠솔웡(Surasi Kusolwong)의 '휴식기계'라는 작품이다. 자동차는 그 속도와 편리함으로 근대문명의 꽃으로 예찬되지만 우리로 하여금 일에서 일로 신속히 이동할 것을 강요하는 잔인한 기계이며, 사고와 공해라는 죽음의 그림자가 어른거리는 저주받을 기계중의 하나이기도 하다. 이 현기증 나는 '이동 기계'를 정지시키고 해체, 전복하니 문득 아늑한 휴식의 공간이 생성된 것이다. 모든 발전을 양적 확장이나 속도 증가와 등가로 여기는 우리의 심성과 희망 없는 노동의 나날, 그리고 소비의 영토로 변해버린 일상의 공간

---

* 경인일보 시침분침 | 2002. 4. 7.

도 발본적으로 성찰하자는 제안인 셈이다.

우리 사회의 전 분야에는 생산성에 대한 과잉 숭배와 함께 성장 신화를 통한 무한 경쟁이 조장되고 있다. 개인의 일상은 인간을 노동으로만 바라보는 노동윤리와 이에 굴복한 노동중독증에 의해 심각하게 훼손되고 있다. 더 큰 비극은 대부분의 사람들이 그러한 사실조차 인식하지 못한 채 나날을 보내고 있다는 점이다. 수단과 방법을 가리지 않는 경쟁의 폐단은 경쟁자들의 육체와 영혼을 파괴하고 결국 사회 곳곳을 병들게 만든다는 점이다. 최근 우리 사회가 조장한 경쟁의 모델은 벤처기업들이다. 한때 성공신화의 대명사였던 벤처기업들 가운데 상당수가 도산하였거나 고전을 면치 못하고 있다. 또 벤처 사업가들 중 몇몇은 각종 대형 비리 사건의 주역이 되어 지면을 오르내리고 있다.

노동중독증은 일과 일에 대한 보상을 통해서만 자아를 실현할 수 있다는 이념이 낳은 병리 현상이다. 휴식과 놀이를 은연중 부정하며 자신과 타인을 일과 보상의 노예로 전락시킨다. 물론 일하지 않고 살 수 없으며, 우리 사회에는 실업자와 최저생계비 이하로 살아가야 하는 서민들도 많다. 그러나 인간답게 살기 위한 필수 노동을 제외한 나머지 시간은 자신과 가족 그리고 이웃과 함께 즐거움을 누릴 때 인간은 비로소 온전해질 수 있다. 경제 규모가 세계 13위인 한국은 결코 가난한 나라가 아님에도 불구하고 장시간 노동과 높은 산업재해율로 인해 삶의 질은 후진국을 면치 못하고 있다. 과로로 인한 심신의 파괴를 초래하는 행위는 육체에 대한 저강도 전쟁이거나 자기 테러 행위이다. 정부가 금년 내에 시행하기로 공언한 주5일 근무제의 도입은 근로자를 비롯한 개인들이 삶 자체를 관조하고 스스로 여가를 설계할 수 있는 획기적 계기가 될 수 있다. 그러나 기업이 평일의 노동강도를 높여 줄어든 노동시간을 보전하려 하는 한, 그리고 노동자들이 여전히 노동중독증의 포로가 되어 있는 한 긍정적 결과를 기대하기란 어렵다. 오히려 늘어난 여가시간을 주체하지 못해 주말 노동을 자청하거나 소비로 여가를 대체하는 경우에는 전보다 더 많이 일해야 하는 '과소비-과잉노동'의 악순환이 발생할 수도 있기 때문이다.

이제는 성공신화가 손짓하는 유혹을 뿌리치고, 속도에 대한 강박증과 노동중독증에서 벗어나 대안적 생활 스타일과 공간을 창조해야 한다. 프란츠 카프카는 '남자 기수에 대한 추억'이라는 그의 단편에서 말했다. 사려 깊은 사람이라면 어떤 유혹이 있어도 경주에서 일등을 하고 싶어 하지 않을 것이라고. 우리 민족은 예로부터 일과 놀이를 한데 아우른 '두레'의 빛나는 전통을 가지고 있으며, 어려움에 봉착해도 '신명'이라는 놀이 정신으로 극복해왔다. 더군다나 오늘의 한국인은 경제 대국을 일군 주역이 아닌가. 일은 줄이고 더 많이 즐기며, 기쁨을 발견할 권리가 누구에게나 있다. '일은 말리고 휴식과 놀이를 권하는 사회' 그것이 진정한 문화의 세기 혹은 문화사회의 도래를 알리는 징표이다.

겨울 상징

흔히 겨울을 네 계절의 끝이라고 말한다. 이는 계절의 순환을 인생이나 생명현상에 빗대어 생각하는 문화적 관습일 뿐 실제로는 가을과 봄 사이의 계절로 24절기로 보면 입동부터 입춘 전까지를 말한다. 우리나라의 기후로 볼 때는 12월에서 2월까지가 겨울이다. 어원을 따져보면 겨울의 어원인 '겻'이나 가을의 '갓', 여름의 '녈', 봄의 '볻'은 모두 해(태양)와 관련되는 고유어로 짐작된다. 우리 조상들은 계절의 변화가 태양의 움직임과 기온변화에 기인한 것으로 여겨왔던 것이다. 겨울은 가을에 거둔 곡식을 저장하는(秋收冬藏) 계절이다. 이때 저장한 곡식은 겨우내 먹을 식량이면서 봄이 되면 파종할 종자이기도 하다. 겨울은 봄을 기다리는 시간인 셈이다.

문명의 발달로 계절의 변화는 농경사회에서와 같이 우리의 일상을 좌우하지 않은 것처럼 보이지만 여전히 달력의 12월은 한 해를 마무리하고 1, 2월은 새해를 준비하는 기간이다. 겨울은 추위와 눈과 얼음의 계절이다. 추위와 얼음은 자연의 생명 활동을 중단시키거나 위축시키지만 인간에게 혹독한 추위는 생명의 의지를 더욱 강렬하게

* 경인일보 시침분침 | 2002. 1. 4.

자극하는 계기가 되기도 한다.

　조선조 선비들의 시조나 문인화에 나타난 겨울 이미지는 생명의 '봄'을 부각시키는 대조로 사용되는 경우가 많다. 조선 후기의 가객 안민영은 「매화사」에서 "바람이 눈을 맞아 산창에 부딪히니/ 찬 기운 새어 들어 잠든 매화 침노한다/ 아무리 얼우려 한들 봄뜻이야 앗을 소냐"고 노래한 것이 대표적 사례이다. 또 눈 속에 서 있는 소나무나 대나무, 매화를 유배자나 은둔지사의 지조를 표현하는 상징으로 삼았던 것이다. 설경도(雪景圖)에는 하얀 눈과 먹빛의 선명한 대비를 통해 생명을 얼어붙게 하는 냉기와 이를 견디는 나무와 꽃의 비장한 아름다움을 보여준다.

　설죽도나 설송도 가운데 가장 빼어난 작품은 완당 김정희가 제주도 유배 중에 그린 「세한도」이다. 「세한도」에 나타난 세 그루 송백의 늠름한 자태, 고통스러운 세월의 무게와 비바람을 견디면서도 기품을 잃지 않고 있는 한 그루의 노송, 그 가운데에 자리 잡은 한 채의 낡은 초가집은 고적한 분위기를 자아내지만, 범접키 어려운 고상한 기품이 흐르고 있다. 이 풍경은 "곤궁해야 선비의 절개가 드러나며, 세상이 어지러워야 충신을 안다(士窮見節義 世亂識忠臣)"거나 "세찬 바람이 불어야 억센 풀을 알 수 있고, 매서운 서릿발이 내려야 늘 푸른 나무를 구별할 수 있다(疾風知勁草 嚴霜識貞木)"는 유가적 처세 철학을 형상화한 것이다.

　이러한 전통은 현대 시로도 이어지는데, 저항 시인으로 불리는 이육사의 중요한 시편들은 대부분 겨울을 배경으로 하고 있다. 이육사는 「교목」, 「절정」, 「광야」, 「꽃」과 같은 작품에서 혹독한 추위에 맞서는 나무나 꽃과 같은 식물적 이미지를 시의 중심적 이미지로 설정하여 현실 극복 의지를 표현하였다. 「꽃」에서 "북쪽 툰드라에도 찬 새벽은/눈 속 깊이 꽃 맹아리가 옴작거려/제비 떼 까맣게 날아오길 기다리나니"라는 구절을 통해 동토의 대지에 봄을 기다리며 꿈틀거리는 생명의 씨앗을 노래했다. 그의 시에 나타난 겨울 이미지는 일제 강점기라는 역사적 상황을 가리키는 은유에 해당한다. 정지용의 대표작 가운데 하나인 「장수산」도 겨울을 배경으로 한 작품이다. 그는 "시름은 바람도 일지 않는 고요에 심히 흔들리우노니 오오 견디련다 차고 올연(兀然)히 슬픔도 꿈도 없이 장수산 겨울 한밤내-"라고 노래했다. 이러한 심경은 겨울밤의 시름과 적막감을 온몸으로 느끼며 올연히 견디겠다는 인고(忍苦)의 자세로 보인다.

겨울에 대한 역설적 상상력은 시가 문학이나 문인화와 같은 전통적 예술에서 확인할 수 있듯이 한국인의 독특한 미적 사유방식으로 자리 잡아 왔다. 그리고 현실의 모순인 '사회의 겨울'이 존재하는 한, '겨울'은 예술 작품 속에서 현실과 대결하는 시적 주체의 의지를 표상하는 이미지로 거듭해서 나타나게 될 것이다.

6 평화체제의 길목에서

일본의 배은망덕
한일무역전쟁과 아베 정권의 책략
역할분담이 필요한 한미동맹
촉진자의 딜레마
분단현실과 예술적 비전
패권주의 시대의 생존 전략
불가역성 논쟁과 미국민주당의 내로남불
미국 우선주의와 한반도
평화의 배와 통일의 선율

일본의 배은망덕

일본의 고대 문명이 한반도로부터 건너갔다는 사실은 일본도 인정한다. 아스카 시대의 대표적 유물은 백제를 비롯한 한국 삼국시대의 기법과 양식이다. 4세기경 야마토 정권은 백제로부터 건축, 토목, 제철, 목마, 양초, 직조, 양옹, 의약, 음악 등 다양한 선진문물을 받아들임으로써 급속히 세력을 확대하고 규슈 북부의 패권을 차지할 수 있었다. 백제의 근초고왕은 아직기와 왕인을 왜에 파견하여 한자와 천자문, 논어를 보냈는데 왜가 문명을 여는 기틀이 되었다. 신라와 당, 고려와 송나라의 관계처럼 동아시아의 국가들은 갈등 속에서도 문물과 사람을 서로 교류하며 번영을 구가해왔다.

그런데 역사적으로 일본은 국내 정변이나 기근이 발생하면 번번이 한반도를 침략하여 노략질하는 것으로 해소했다는 점이다. 고려말 수백 차례 침략해온 왜구의 난동은 고려가 붕괴하는 한 요인이 되었다. 최악의 노략질은 임진왜란과 정유재란이었다. 2차에 걸친 침략전쟁 기간중 일본군은 조선 전체를 유린하고 엄청난 살육을 저질렀으며, 퇴각하면서도 수만 명의 조선인을 납치해갔다. 당시 납치 대상은 각종 기술을 보유한 도공 인쇄공, 제지공, 철물공, 목공, 석공, 기와공,

---

* 페이스북 칼럼 | 2019. 8. 14.

의원(醫員), 승려 등이었는데 도자기 기술자인 도공을 납치하기 위해 수단과 방법을 가리지 않았다. 일본이 도예 문화를 일으키고 나중에 세계적 도자기 국가로 자리매김할 수 있었던 것은 조선의 도자기를 약탈하고 도공을 납치한 기술강탈의 결과이다.

근대 일본의 성장사는 곧 식민지 조선의 수탈사이다. 조선의 자원을 침탈하고 조선인의 고혈을 짜내어 일본 기업들과 국가의 부를 축적했다. 1868년 메이지 유신으로 일본은 아시아 최초의 근대국가로 혁신했으나, 신정일체의 고대국가적 요소를 청산하지 못했으니 정신사적으로는 명백한 퇴행이었다. 폐번치현(廢藩置縣)으로 조선과 이웃나라의 해변 마을이나 지방을 노략질하는 해적 집단 같은 지방 군벌 사회가 유신을 계기로 공공연히 국가를 침탈하고 식민지로 만들어 경영하는 제국주의 국가로 변신했을 뿐이다. 노대국 청나라와의 청일전쟁에서 승리한 일본은 러일전쟁, 을사늑약, 만주사변, 중일전쟁을 잇달아 일으키는 과정에서 아시아 국가를 복속시키는 대동아 공영권을 넘어 세계 제패로 야욕을 키웠다. 계속된 전쟁에서 저지른 학살, 강제동원 등의 만행으로 우리나라는 엄청난 피해를 입었다. 강제노역에 동원된 조선인이 공식적으로 확인된 숫자만 무려 650만여 명에 달한다. 일본의 기업 가운데 미쓰비시 중공업, 미쓰이 광산, 마쓰시타 전기(파나소닉), 닛산, 스미토모 등의 전범 기업은 일본의 군국주의자들이 벌인 전쟁에 무기와 군수품을 납품하는 한편 식민지에서 수탈한 자원과 노동력으로 성장한 것이다.

2차 세계대전에 패망한 일본이 고도성장의 궤도에 올라서고 경제대국이 된 계기도 한반도 상황 때문이다. 패전 직후 일본은 전쟁의 후유증으로 최악의 경제 상황을 맞이하였고 국민들은 극빈을 벗어나지 못했다. 옛 식민지 조선도 남북으로 분단되고 6·25로 참담한 고통과 시련을 겪어야 했지만, 분단과 한국전쟁이 패망한 제국 일본에게는 기사회생의 기회가 되었다. 한국전쟁 당시 일본은 미군 군수품 생산을 독점하였으며 군수품 생산에는 처음 400여 개의 공장이 나중에는 860개의 공장이 참가하였는데 당시 미군에게 제공하는 군수품 금액만 25억 달러 이상이었다고 한다. 일본의 기업들은 막대한 군수물자 생산과정에서 기술력과 생산력을 비약적으로 향상시켰으며 경제 대국으로 성장하는 도약의 발판을 마련한 것이다.

지금도 일본은 한국과의 무역에서 막대한 이득을 취하고 있다. 수출 규모로 한국은 세계 6위이지만 수출이 늘면 일본산 소재와 부품을 늘려야 하는 의존형 경제 구조 때문에 최근 10년간 누적된 대일 적자만 307조 억 원에 달한다. 한국은 '재주부리는 곰'처럼 수출로 번 돈을 고스란히 일본에게 넘겨주고 있는 것이다. 이 같은 한일 불평등 무역구조는 목구멍을 매어놓아서 잡은 물고기를 삼키지 못하고 어부에게 토해 놓아야 하는 '가마우지'에 비유되기도 한다.

일본에게 한국은 과거나 현재나 은혜의 나라였다. 그럼에도 지금 아베 정권은 일본 우파의 정치적 목표 실현을 위해 한국의 핵심 산업 생산 시스템이 일본의 소재와 부품, 장비 없이 작동하기 어렵다는 약점을 파고들며 위협을 가해 오고 있는 중이다.

한일 무역전쟁은 보복과 역보복의 악순환을 부르고 일파만파의 갈등으로 확산될 것이다. 이제 은혜를 원수로 갚으려는 일본 정부를 엄히 꾸짖지 않고서는, 그리고 반한감정을 선동하여 군국주의의 부활 여건을 조성하려는 아베 정권의 음험한 책동을 한일 양국의 민주 시민들이 분쇄하지 않고서는 동아시아의 평화를 기대할 수 없을 것이다.

한일무역전쟁과 아베 정권의 책략

한일 간 무역전쟁이 악화일로이다. 반도체 제조에 필수적인 소재의 수출규제에 이어 '화이트리스트'에서 한국을 제외하는 법령 개정을 즉각 강행할 전망이다. 한국 경제에 심각한 타격을 가할 수 있는 품목의 수출 절차를 대폭 강화하겠다는 것이다. 일본이 전략물자를 가지고 경제보복을 확대할 경우 한국은 한·일 군사정보보호협정 지소미아(GSOMIA)를 파기하는 것으로 결연하게 대응해야 한다는 주장이 제기되고 있다.

자국의 제품 판매를 막아 우리 경제의 숨통을 죄겠다는 일본의 수출규제는 '자해공갈'의 수법과 흡사하다. 일본 무사들의 할복이나 악명높은 가미카제 특공대의 자살공격처럼 자신을 파괴하면서 상대방을 굴복시키려는 일본 스타일이다. 일본의 책략이 단기적으로는 참의원 선거를 앞두고 보수표 결집을 노린 카드라고 보는 것은 사태의 일면만 본 것이다. 한국을 경쟁국가로 규정해야 할 필요성이 대두된 것이다. 헌법개정을 통한 군대의 부활이라는 일본 우익의 정치적 목표 때문이다.

---

* 경인일보 | 2019. 7. 31.

아베 책략의 목표 중의 하나는 한국의 정권교체이다. 한국의 국론 분열을 유도하고 눈엣가시 같은 문재인 정권에 타격을 가함으로써, 향후 정권교체까지 내심 기대하는 있는 것이다. 문재인 정부가 박근혜 정부가 합의해준 '위안부 합의'를 무력화하고 한국의 대법원이 강제징용배상 판결을 내렸는데도 '적극적' 대응을 취하지 않고 있다고 간주하고 있다. 비핵화 협상과 남북정상회담으로 북미, 남북 간의 관계가 급진전하는 과정에서 일본이 느끼는 소외감도 작용하고 있다. 북일 관계의 첫 단추도 꿰지 못한 아베 총리로서는 이래저래 불만이다. 한국 경제가 장기불황의 일본경제를 추격하고 있다는 불안의식도 한 원인이다. 불황의 원인을 외부에 전가하고, 실패한 아베노믹스의 면죄부까지 만들려는 의도도 깔려 있다.

아베 총리는 한국 대법원이 내린 일본 전범 기업 강제징용 배상 판결에 대해 한국 정부가 적극적 대응 방안을 가져오면 협상하겠다고 공언했다. 한국이 대법원의 판결을 수정하거나 철회하기 어렵다는 사정을 알고 있다. 일본은 타협 없는 전쟁을 선포한 것이다. 대화와 협상이 아니라 보복과 역보복, 추가 보복의 악순환을 거듭하다가 최악의 상황에서 협상의 문은 열릴 것이다. 현 단계에서 한국이 굴복 외에 일본을 협상 테이블로 이끌어 낼 카드가 없다는 것이다. 일본의 경제보복 배경이 단순하지 않으며 일본 우익과 아베 내각의 집권 전략의 일환이라는 점에서 우리의 입체적인 대응전략을 가져야 한다.

다만 일본의 경제보복이 한국과 세계 경제, 마침내 불황에 시달리는 일본경제도 위태롭게 하는 부메랑이 될 것이라는 전망은 유효하다. 한국 반도체 생산의 차질은 세계 각국의 경제로 확산되고 일본도 예외가 될 수 없다. 만약 한국이 반도체 소재의 구매를 다변화하거나 국산화까지 성공한다면 일본의 소재 산업은 최대 판로를 잃고 치명적 타격을 받게 된다. 미국도 결국 개입해야 한다. 아베 정부가 벌이는 무역전쟁으로 중국이 최대수혜자가 되는 것은 미국에게는 또 다른 재앙이기 때문이다.

한일 무역전쟁에서 시간은 한국의 편일까? 국력을 총동원하여 한일무역 역조의 주범인 부품산업의 자립화 계획을 추진하는 것이 전제된다면 전화위복이다. 우리 경제는 수출이 늘면 일본산 부품수입을 늘려야 하는 구조이다. 최근 10년간 누적된 대일적자만 307조가 넘는다. 한국이 수출로 번 돈을 고스란히 일본에 바치는 과잉의존 구조 때문에 우리 경제의 숨통을 일본이 쥐고 흔드는 상황이 초래된 것이다.

한일간의 무역역조를 바로잡기 위한 장기 계획을 세우고 경제 예속에서 벗어날 수 있는 근본적인 대책 수립에 '몰입'할 때다.

역할분담이 필요한 한미동맹

최근 통일부는 개성공단 기업인 방북 신청을 승인하고 국제기구의 인도적 지원사업에 800만 달러를 지원키로 했다. 한반도 평화 프로세스를 소신 있게 추진해나가겠다는 정부의 의지이다. 이 조치가 교착상태에 빠진 북미, 남북 관계를 대화로 전환하는 마중물이 될 수 있을지는 의문이다. 개성공단과 금강산 관광 재개는 하노이 회담의 옵션으로 거론된 바 있지만 미국 측의 완강한 반대로 철회했다가 하노이의 좌절로 절치부심하고 있는 평양을 향해 뒤늦게, 그것도 일부를, 마지못해 꺼내든 셈이기 때문이다.

바둑에서는 돌을 놓는 순서, 수순(手順)이 승부를 결정한다. 국면을 전환하는 묘수도 수순에서 나오고 다 이긴 판을 놓치는 패착도 수순에서 나온다. 개성공단 입주기업이 겪고 있는 고통과 공단가동으로 얻었던 경제적 이익이나 남북 간 신뢰 회복 효과까지 두루 감안하면, 개성공단 방문 승인은 만시지탄이 아닐 수 없다. 다만 개성공단 재가동은 언젠가는 풀어야 할 매듭이었다. 선택지가 거의 없는 '촉진자의 결단'을 북한이 적극적으로 평가하기를 기대해보는 것이다.

* 경인일보 | 2019. 5. 22.

그런데 북미 간의 압박이 임계치를 향하고 있다. 하노이 회담의 결렬 이후 한동안 칩거하던 김정은 위원장은 연일 생산현장 방문을 통해 '인민'들의 실망감을 달래는 한편, 군부와 강경파들을 의식한 저강도 도발을 계속하고 있다. 북한의 경우, 예측하지 못한 하노이 결렬로 인해 김정은 위원장의 리더십까지 손상을 입은 것으로 알려져 협상 테이블로의 복귀가 쉽지 않아 보인다. 트럼프 행정부도 하노이 노딜의 책임을 북한의 '준비 부족' 탓으로 돌리는 한편 북한의 석탄 운반선을 압류하는 등 제재를 강화하고 있다.

  만약 북한이 발사체 발사로 도발의 강도를 조금씩 높여나간다면 교착상태가 긴장과 갈등 관계로 바뀌는 것은 시간문제이다. 가장 비관적 시나리오는 북한의 압박과 미국의 군사적 선택이 서로 충돌하면서 비핵화 협상을 원점으로 되돌려 놓는 것이다. 안타깝게도 비관적 시나리오의 최대 피해자는 한국이다. 트럼프가 외교적 실패로 인한 비난을 감수한다면 미국이 잃을 것은 사실상 없다. 미국의 군산복합체는 내심 결렬을 원하고 있으며, 그 대변자들인 매파들은 협상의 문턱을 높여 성사 가능성을 줄이고 있다. 미국의 야당은 북미협상을 트럼프가 하는 것 자체가 불만이어서 협상 성사에 관심이 없다. 북한의 경우 비핵화 협상이 제재 완화로 이어져 경제발전의 기회가 될 수 있으나, 기득권층에게 평화체제와 개방은 일종의 도박이 될 수도 있기 때문이다.

  한반도 비핵화라는 공동 목표에서 한미간의 이해가 일치하는 것처럼 보이지만, 그 과정이나 결과로 구축될 한반도 평화체제에 대해 미국과 한국의 입장이나 이해는 다를 수밖에 없다. 결국 북한이 다시 협상장에 설 수 있는 명분과 미국이 비핵화 협상을 추진할 수 있는 동력을 발굴하는 것은 우리의 몫이다. 유엔의 제재 대상과 무관한 사업이라면 일일이 미국의 동의를 구할 필요는 없다. 유연한 상황 관리를 위해서도 미국과 전략적 방향은 공유하되 세부사항은 당사자가 '창의적'으로 접근하는 것이 유리하다. 개성공단 재개 건도 우리 정부가 결자해지의 관점에서 책임성을 가지고 접근했더라면, 그리고 미국은 한국에 판단을 위임해 두었더라면 지금처럼 신뢰의 위기는 조성되지 않았을 터이다.

미국이 선호하는 일괄타결의 가능성은 차츰 줄어들고 있다. 하노이 노딜로 신뢰의 위기는 더 심각해졌다. 빅딜을 고집할 수 없다면 신뢰회복의 차원에서라도 비핵화를 2~3단계로 나누는 것이 현명한 태도이다. 합의사항 위반시 협정을 철회할 수 있는 역진방지규칙(snapback)을 제시해 미국의 우려를 불식하는 한편, 국제기구를 통한 식량과 농업분야, 환경생태분야, 그리고 과학기술분야의 지원을 강화하는 등 전략의 다변화가 '촉진자'에게 절실하다.

촉진자의 딜레마

문재인 대통령이 한미정상회담을 마치고 돌아왔지만 교착국면을 전환할 수 있는 카드는 보이지 않는다. 일괄타결의 빅딜을 선호하는 미국과 동시적 상응조치의 스몰딜을 내세우는 북한간의 견해차를 좁히기 어려운 국면이 계속되고 있다. 미국과 북한의 입장이 첨예할수록 중재자의 지위도 백척간두처럼 위태롭다. 비핵화 협상에 대한 야당측의 회의적 주장도 '촉진자'의 운신의 폭을 좁히고 있다.

정부는 개성공단과 금강산관광 재개를 '굿 이너프 딜(충분히 괜찮은 거래)'의 하나로 제시했다. 미국이 원하는 제재의 틀을 유지하면서 북한에게 비핵화 검증의 명분을 제공한다면 교착 타개의 마중물이 될 수 있기 때문이었다. 이 제안에 대한 미국의 반응은 '시기상조'라는 것이다. 이 와중에서 북한은 한국이 중재자를 자처하며 강대국의 메신저 역할을 하고 있다고 불만스러운 신호를 보내고 있다. 이처럼 중재자는 머리 둘 곳 없이 늘 곤궁하다. 이해관계가 다른 갈등과 분쟁의 당사자들을 협상장으로 불러내 화해시키는 일은 쉽지 않다. 양보 없는 타협이 없음에도 불구하고 상대방의 양보를 요구할 뿐 먼저 양

* 경인일보 | 2019. 4. 17.

보하려 들지 않는다. 협상이 삐걱거리면 중재자가 편파적이라고 의심의 눈초리를 보내고, 협상이 결렬되면 중재자는 오히려 비난의 대상이 된다.

선택지가 좁아진다고 해서, 또 처지가 곤궁하다고 해서 중립적 지위로 회피할 수 없다는 것이 우리의 운명이다. 당사자이기 때문이다. 미국과는 비핵화 목표를 같이하며 북한을 상대하는 플레이어이며, 무엇보다 비핵화 협상의 과정과 결과에 긴밀하게 연계되어 추진되고 있는 남북교류의 마당에서도 중재자나 촉진자가 아닌 주역이기 때문이다. 비핵화 협상의 진척과 평화체제의 확립은 민족의 생존 전략이며, 전쟁의 공포와 불안으로부터 해방되어 공동번영을 추구할 수 있는 길이기 때문이다. 물론 교착상태가 2017년과 같은 일촉즉발의 위기에 비할 바 아니며, 미국과 북한이 협상 의지를 분명히 하고 있어 고무적이다. 한미정상회담 이후 남북정상회담의 계기는 확보된 것으로 보인다. 다만 3차 북미정상회담을 성과적으로 '촉진'할 수 있는 실효적 지렛대가 마땅하지 않다는 점이다.

촉진자(facilitator)란 집단 간 의사소통 촉진 기술을 통해 이해 당사자들 간의 갈등을 해소하거나 공동의 과제를 도출해내는 역할을 수행하는 역할이다. 촉진자는 공감적 이해와 수용적 태도를 갖춰야 하며, 당사자들이 개방된 마음과 합리적 사고를 통해 창의적 대안을 제시할 수 있도록 해야 한다. 비핵화 협상의 어려움은 한국전쟁 이후 70년간 적대시해왔던 국가인 미국과 북한, 북한과 한국 간의 협상이라는 점이다. 트럼프 대통령이 협상의 문턱을 높이려는 매파들에게 둘러쌓여 있듯이, 김정은 국무위원장도 미국식 비핵화 방안을 수용할 경우 핵보유국의 '위업'과 지위만 상실할 수 있다는 우려 때문에

'다른 길' 카드를 내보이며 협상 결렬에 대비한 출구전략을 시사하고 있는 상황이다.

　협상의 진전을 가로막고 있는 것은 상호불신이다. 비핵화 협상과 남북교류는 지난해 판문점 선언, 싱가포르 선언과 9월 평양공동선언의 합의를 차근차근 이행하기만 하면 된다. 문제는 방법이다. 미국은 북한의 동시상응 원칙을 핵폐기를 미뤄둔 채 여러 단계로 나눈 스몰딜로 실리만 취하는 살라미 전법이 아닌가 의심한다. 북한도 미국의 '불가역적 비핵화'를 전제로 한 일괄타결 방식에 대해 비핵화 조치후 상응조치를 강제할 수단에 의구심을 품고 있다. 합의 이행에 대한 상대방의 대응을 신뢰하지 못해 논의는 답보 상태이다. 신뢰 문제를 해결하기 위해서는 합의 내용이 이행되지 않을 경우 제재를 복원함으로써 이행을 보장하기 위한 스냅백(Snapback) 장치를 고민할 필요가 있다. 대신 일괄타결이 아니라 비핵화를 두세 단계로 나누어 성실한 이행과 상응하는 조치의 선순환을 이뤄 나가는 것이다.

분단현실과 예술적 비전

／

　지난해 6월 14일, 판문점 공동경비구역(JSA)을 시범적으로 비무장화하는 방안이 남북장성급 군사회담에서 논의되었다. 이 회담에서 또 비무장지대 내 지뢰 제거, DMZ 내 최전방 감시초소 및 중화기 철수, 서해 북방한계선 일대 평화수역화 방안 등도 논의되었다. 남북의 군인들이 비무장지대를 확대하자는 제안을 주고받고 있는 것이다. 판문점 선언, 싱가포르 북미정상회담 등으로 남북 관계가 급진전되면서 취해지는 조치들에서 언젠가 어디선가 본듯한 기시감이 역력하다.

　신동엽 시인이 50여 년 전 쓴 시 「술을 많이 마시고 잔 어제 밤은」도 그 기시감의 실체 중의 하나이다. 한반도의 완전한 비무장화를 꿈꾼 시인의 노래에는 비무장지대의 총부리와 탱크가 뒤로 돌아 완충지대가 팽창되다가 마침내 한반도 전역이 평화로운 비무장지대로 바뀌는 장면이 담겨 있다. 목하 남북정상회담의 결과인 '군사합의서'가 이행 중이다. 11월 1일, 군사분계선 일대에서의 군사연습 중단, 판문점 공동경비구역과 강원도 철원 일대의 지뢰 제거작업 개시, 서해 일

* 경인일보 | 2019. 3. 13.

대의 해상완충 구역 설정과 해안포 사격 중지와 해안포 포문 폐쇄조치 등이 실행되었다. 시인의 상상, 취기 어린 몽상의 실현을 우리는 보고 있는 것이다.

신동엽 시인이 「술을 많이…」을 쓴 1968년은 한반도의 긴장이 최고조에 달한 때이다. 그해 1월 21일, 김신조 등 북한정찰국 소속 무장공작원 31명이 청와대를 습격한 '1·21 사태'가 발생했다. 1월 23일에는 미 해군 정보수집함 푸에블로호(Pueblo 號)가 북한 원산항 앞 공해상에서 북한으로 나포되고 83명의 미 해군이 북한에 억류되는 사건까지 벌어져, 남북 간 그리고 북미 간의 갈등 때문에 한반도는 또 다른 열전으로 비화될지도 모르는 일촉즉발의 위기가 조성되었을 때였다.

비무장지대 확대로 이 땅이 평화지대로 바뀌는 상상도는 전쟁 발발까지의 상황에서 쓴 것이다. 이 당시로써는 7·4 남북공동선언과 같은 통일 관련 남북협의를 상상하기조차 어려울 때였다. 이 같은 상상은 신동엽의 일관된 소신이었던 중립화 평화통일론을 시적 비전(vision)으로 표현한 것이기도 하겠지만 가장 엄혹한 시기에 대결의 종식과 평화 시대에 대한 간절한 소망이 불러낸 비전일 수 있다.

지난해 가을 이종구 화백의 전시회 「광장-봄이 오다」에서도 작가의 '예측'이 화제를 모았다. 그의 「봄이 왔다」 연작 중에는 남북한의 두 정상이 나란히 백두산을 올라갔다 내려오는 모습을 사실주의적으로 묘사한 작품 두 점도 함께 전시되었다. 그런데 평양에서 열린 3차 남북정상회담 마지막 날인 9월 19일 문재인 대통령과 김정은 국무위원장 일행이 함께 백두산을 등반함으로써 「봄이왔다」 연작은 마치 예언처럼 현실에서 실현되었다.

이종구 화백이 예언가일 리는 없다. 그림의 구도는 지난해 4월 27일 김정은 국무위원장이 문재인 대통령의 손을 잡고 판문점 공동경비구역의 경계선을 넘어 북측 지역으로 갔다가 남측으로 되넘어온 장면이다. 작가는 이 장면을 두 정상이 공동경비구역의 경계선 대신, 백두산과 한라산으로 표상되는 국토의 남북을 자유롭게 오고 갔다는 의미를 부여하고 싶었을 것이다. 거기에는 가까운 미래에 온 민족이 남북을 자유로이 왕래하게 될 날이 도래할 것이라는 기대와 희망도 함축된 것이다.

세계의 이목이 쏠렸던 하노이에서의 북미정상회담이 결렬되었다. 교착국면을 타개하고 평화체제의 기반을 다질 것이라는 다수의 예측은 실현되지 않았다. 그러자 비관론자들은 목소리가 높아지고 있다. 그러나 역사는 낙관주의자의 편인지도 모른다. 우연처럼 보이는 역사의 전개에는 시작과 끝으로 연결된 필연의 법칙과 '간지(奸智)'가 함께 작동하고 있기 때문이다. 50년 전 한반도의 평화지대를 꿈꾼 신동엽 시인의 무구한 꿈이 지금 비무장지대에서 실현되고 있듯이 말이다.

패권주의 시대의 생존 전략

도널드 트럼프 미국 행정부가 우리 정부의 한·일 군사정보보호협정(GSOMIA·지소미아) 종료 결정에 이례적으로 강한 불만을 표시했다. 미국이 동맹국을 향해 '강한 우려와 실망(strong concern and disappointment)'과 같은 노골적 표현을 쓴 것은 전례가 거의 없다고 한다. 아베 정부가 반도체 핵심 부품 수출규제, 화이트리스트 배제 등으로 한국에 대한 경제보복 조치를 단행해도 미국은 사실상 방관해왔던 사실을 감안하면, 지소미아 종료 결정에 대한 미국 측의 강도 높은 불만 표시는 명백히 이율배반적이며 주권침해의 소지가 다분하지만, 모두가 잠잠하다.

아베 정권이 한국을 신뢰할 수 없는 국가로 규정하고, 협상과 대화를 거부한 채 경제보복을 강행하고 있는 이상 한국의 선택지가 없었음을 미국이 모를 리 없다. 국가 간 군사정보의 교류는 최고 수준의 교류이다. 아베 정권이 한국을 신뢰할 수 없는 국가라고 선언하고 경제보복을 시작한 이상, 한일 외교부 장관 회담에서 '현상동결 제안', 사실상의 휴전 제안마저 '단호히 뿌리친' 이상, 한국으로선 지소미아

---

* 페이스북 칼럼 | 2019. 8. 23.

종료 외의 선택지가 없었다. 지소미아 협정은 연장하되 정보는 제공하지 않는 안을 상정할 수 있겠으나 절충안이 아니라 또 다른 논란의 빌미만 될 것이다.

지소미아의 유지를 아베 정권이 기대했다면 '안보 위협국가'라고 비난을 퍼부어 온 한국으로부터 값비싼 군사정보를 거저 얻겠다는 염치없는 짓이고, 만약 지소미아의 파기는 예상치 못한 결과라는 표정을 짓는다면, 확전의 책임을 한국에 전가하려는 일종의 '할리우드 액션'을 취하면서 경제보복의 명분을 축적하고 있는 것이다. 그럼에도 미국은 한국이 사태 악화의 장본인인 것처럼 비판함으로써 일본을 편들고 나선 것이다. 국내 보수세력이나 일본여론과 달리 국제사회의 여론은 대체로 일본이 정치적 이유로 평지풍파를 일으킨 것으로 보도하고 있다. 일본의 수출규제는 경제보복으로 한일 양국의 우호협력 관계를 적대관계로 돌려놓고 스스로 자유무역질서를 확립하겠다는 공언과는 모순되는 행동이기 때문이다. 트럼프가 꾸짖어야 할 대상은 역사 문제를 둘러싼 갈등을 경제전쟁으로 비화시킨 아베 정권이다. 미국의 분노가 느닷없다는 것은 그동안 사태가 악화될 수밖에 없는 배경과 과정을 충분히 파악하고 있었음에도 한일간의 분쟁을 중재하려는 어떤 노력도 하지 않았기 때문이다.

한국에 대한 일본의 경제보복은 트럼프 정부가 보복관세를 통해 중국, 유럽연합을 공격하면서 WTO를 노골적으로 무력화하고 있는 것을 따라 배운 것이다. 그 점에서 보면 미국은 한일무역분쟁의 원인 제공지인 동시에 패권주의적 경제침략을 감행한 아베의 간접 교사범이다. 또한, 트럼프는 일본의 군비 확장과 재무장화를 부추기면서 한편으로는 미국의 무기판매 성과를 '과시'해왔다. 우리는 이를 트럼프의 미국 국내 정치용이라고 간주하면서 애써 외면해 해왔지만 현실이었다. 우리의 '혈맹'은 한 손으로는 사드 배치와 방위비 분담으로 우리 어깨를 짓누르면서 다른 한 손으로는 일본의 재무장이라는 아시아의 악성 종양을 키우고 있는 것이다. 난제는 이뿐 아니다. 사드 배치에 경제보복으로 응수한 시진핑도 언제 더 사나운 표정으로 나설지도 알 수 없다는 점. 생각해보면 경제를 무기화하는 아베의 책략은 시진핑이 일본에 써먹은 수법 아닌가. 러시아는 혼란을 기화로 동해영공을 침범한다. 불화수소산 공급 제안을 한다면서 호시탐탐 영향력을 확장하려 든다. 호혜(互惠)도 선린(善隣)도 뒷전인 노골적 패권주의의 시대이다.

우리 정부가 관리해야 할 외교 현안이 참으로 착잡하다. 미국과 일본, 나아가 북한의 힘이 충돌하는 곳을 제어할 수 있는 지렛대, 일본과 미국 관계의 약한 고리를 찾아내지 못한다면 우리가 일본 재무장화의 '도구'로, 미국 제일주의를 관철하는 '수단'으로 전락할 수도 있다.

> 앞뒤로 덤비는 이리 승냥이 바야흐로 내 마음을 노리매
> 내 산 채 짐승의 밥이 되어 찢기우고 할퀴우라 내맡긴 신세임을
> 나는 독을 차고 선선히 가리라
> 막음날 내 외로운 혼 건지기 위하여
>
> -김영랑 「독(毒)을 차고」에서

일제 강점기의 한 시인은 도처에서 실존을 위협하는 암울한 현실과 불의에 굴복하지 않고 죽음을 각오하고 맞서겠다는 사즉생(死即生)의 비장한 의지를 보여 준 바 있다. 난국을 돌파하자면 이 같은 결

기도 필요하고 지혜도 필요하다. 철저한 실리외교로 가야 한다. 더이상 예측 가능한 나라일 필요도 없다. 패권주의의 도가니 속에서 선량한 '촉진자'의 포즈를 계속할 수 없다. 오히려 대외적으로 전략적 모호성과 불확실성을 높여 호락호락한 나라가 아니며, 우리와 동아시아의 절대 가치인 평화를 위해서라면 무엇이든 할 수 있다는 '결기'를 보여야 할 때이다.

불가역성 논쟁과
미국민주당의 내로남불

역사적 북미정상회담 이후 2주일의 시간이 흘렀다. 6·12 싱가포르 회담은 훗날 한국 현대사의 최대 사건 중 하나로 기록될 것이다. 북미 간, 그리고 남북한 간 70년 전쟁과 적대관계를 종식할 수 있는 결정적 합의가 이뤄졌기 때문이다. 트럼프와 김정은이 서명한 합의문은 평화와 번영을 바라는 두 나라 국민의 염원에 맞는 새로운 북미 관계를 수립하고, 북한과 미국은 한반도에서 항구적 평화체제 구축을 위해 노력하며, 이를 위해 한반도의 완전한 비핵화를 위해 노력할 것을 담고 있다.

이 합의에 대해 대다수의 국민들은 환호하고 있지만 보수 야당은 비관적이다. 미국도 여당인 공화당과 국민들은 지지하고 야당인 민주당과 CNN을 비롯한 주류언론은 비판적이다. 비판의 요지는 북미정상회담의 합의문에 '완전하고 검증 가능하고 불가역적인 폐기', 즉 'CVID'가 빠졌다는 것이다. 핵 폐기를 검증하고 불가역성을 확인하는 내용을 명시해야 한다는 주장이다. 일부 비평가들은 인권 유린

* 경인일보 | 2018. 6. 27.

국가의 독재자 김정은을 어떻게 신뢰할 수 있느냐는 의문까지 제기한다.

'CVID'를 금과옥조처럼 여기는 사람들이 그 주장이 북한 핵뿐 아니라 한반도 핵, 즉 미군의 핵과 핵무기를 운반하는 핵 추진 항공모함과 잠수함, 스텔스 전투기와 폭격기를 '완전하고 검증 가능하며 비가역적으로 해체'하는 부메랑이 될 수 있다는 사실을 인지하고 있는지는 의문이다. '완전한 비핵화(Complete Denuclearization)'의 개념은 검증을 전제로 한 것으로 CVID를 완전히 포함하는 용어라는 트럼프의 주장이 현실적이다.

의미론적으로 CVID는 "100% 진짜 순 참기름" 같은 한국의 농담처럼 동어반복(tautology)이며, 실현하기 어려운 관념이다. 제조된 핵무기와 핵물질, 그리고 그 제조 수단을 폐기하거나 해체하는 일은 가능하지만, 국가를 해체하지 않는 한 이미 성취한 핵 관련 기술과 과학자, 핵 원료 물질을 완전히 제거할 수 없다. 북한의 우라늄 매장량은 세계 총매장량을 능가하는 수준이라고 한다. 정세의 변화로 북한이 체제의 위협을 다시 느끼면 핵무기 프로그램을 복원하는 것은 시간문제다. 비핵화에서 '불가역성'이란 북한이 보유한 핵무기를 스스로 폐기하는 동시에 미국과 주변국이 북한의 '핵 보유 의지'를 영구히 폐기하는 환경을 조성해주는 것이다.

전쟁을 종식하고 평화체제를 조성하는 것은 언제나 선(善)이다. 'CVID' 불가역성에 대한 미국 언론의 시비는 트럼프에 대한 기본적 불신 때문이다. 군산복합체의 이익을 대변하는 미국의 매파들이 협상장의 문턱만 높이려는 주장에는 뾰족한 대책이 없다. 트럼프의 비인도적 이민정책, 세계시장 질서를 뒤흔들고 있는 미국우선주의 무역

정책과 한반도 비핵화 정책은 구별해야 한다.

　1년 전까지 트럼프가 전쟁 위기를 고조시킨다고 비난하던 미국 민주당이 이번엔 평화 협상을 서두른다고 비판하고 나선 것은 중간 선거를 고려한다고 해도 이해하기 어렵다. 민주당의 '내로남불'식 반대로 인한 여론 악화는 새로운 장애물이 될 수 있어 외교적 해법이 필요하다. 우리 국회가 판문점선언과 싱가포르합의에 대한 지지를 결의하고, 미국 의회도 분단의 아픔과 전쟁 위기에서 살아온 우방국 대한민국의 미래와 마지막 냉전체제를 평화체제로 전환하는 정책에 지지를 표해야할 것이다.

미국 우선주의와 한반도

　미국이 교육과 문화 교류를 위한 국제협력기구인 유네스코(UNESCO)에서 탈퇴를 선언했다. 유네스코가 팔레스타인 자치정부의 회원 가입을 승인한 것에 대한 항의로 6년간 분담금 납부를 미뤄오다가 결국 탈퇴라는 초강수를 던진 것이다. 미국은 지난 6월 세계 각국이 온실가스 축소를 위해 노력해온 결정체인 파리기후변화협약을 탈퇴해 경제 대국의 책임을 회피하고 있다는 국제적 비난을 받아왔다.

　미국은 2차대전 이후 북대서양조약기구(NATO), 세계무역기구(WTO), 환태평양동반자협정(TPP), 북미자유무역협정(NAFTA) 등 각종 국제기구를 창설하면서 이를 통해 미국의 국가적 이익과 영향력을 관철해왔지만 지금은 국제기구에서 잇달아 탈퇴하거나 일방적인 협정 파기를 선언하고 있다. 국제기구 탈퇴와 파기 행진은 오바마의 성과 지우기인 'ABO(Anything But Obama)'와 관련된다는 해석도 있지만, 트럼프 정부의 미국 우선주의(America First) 정책의 소산이다.

　미국 우선주의가 결국 미국의 국제적 위상을 훼손하는 부메랑이

* 경인일보 | 2017. 11. 1.

될 것이라는 '매몰비용론'이 제기되고 있으나 트럼프는 아랑곳하지 않는다. 당장의 이익이 문제이지 국가 신뢰도나 우방국들 간의 관계 훼손은 안중에 없다. 미국 우선주의의 후폭풍은 국제 질서의 기반을 흔들고 있다. 미국이 균형자의 역할을 포기한 자리는 힘의 대결장이 된다. 이라크나 시리아와 같은 분쟁지역의 갈등은 더 복잡한 양상을 띠게 될 것이다. 미국의 이란 핵협정 '불인증'도 파장이 크다. 오랜 외교적 노력의 결실을 부정함으로써 국제사회가 분열되는가 하면 핵 비확산체계의 위기감과 국제정세의 불확실성도 높아지고 있다. 미국-이란 핵 협상을 무효화한 배경에 미국의 무기 상업주의가 있다는 분석도 있다.

문제는 한반도이다. 도널드 트럼프 미국 대통령의 한국 방문이 2주일 앞으로 다가왔다. 트럼프는 한국 방문에 앞서 5일 일본에서 아베 신조 총리와 양자 회담을 하고, 8일에는 중국을 방문해 시진핑 주석과 만날 예정이다. 트럼프를 맞이하는 아시아 각국 정상의 표정은 판이하다. 북핵 위기 국면에서 트럼프와의 공조 강화로 정치적 위기를 극복한 아베 총리의 표정은 한결 밝지만, 시진핑 주석의 얼굴은 그렇지 못하다. 트럼프 대통령이 미국과 중국 간 최대 현안인 무역 불균형 문제를 북한 제재와 연계하는 지렛대로 활용하여 압박을 가하고 있기 때문이다.

동맹국인 미국 대통령을 맞는 한국 정부의 속내도 복잡하다. 미국과의 긴밀한 협력 없이 당면한 북핵 위기를 극복할 수 없지만, 트럼프 대통령은 김정은 위원장과 말폭탄전을 벌이며 위기를 고조시켜 왔다. 미국은 한미 통상무역의 기축인 자유무역협정(FTA)의 폐기까지 거론하고 있다. FTA 개정 협상 국면에서 유리한 고지를 점하기 위한 미국 측의 요구를 어떤 식으로든 제기할 것이다. 만약 트럼프의 관심이 동아시아의 핵 위기의 항구적인 해결이 아니라, 이를 지렛대로 삼아 한국과 일본에 방위비 분담, 무기구매를 요구하는 데 더 관심이 있다면 문제는 더욱 복잡해진다. 미국의 방위비 분담과 무기구매 압력, 그리고 FTA 개정 압박에 합리적으로 대응하면서, 북핵 위기 극복을 위한 한국과 미국의 인식 차이를 최소화하는 것이 당면한 외교적 과제이다.

평화의 배와 통일의 선율

분단의 장벽을 극복하기 위한 행사들이 인천과 경기도에서 잇달아 열리게 된다. 인천에서 열리는 '평화의 배 띄우기'와 경기도에서 펼쳐지는 '평화축전행사'이다. 오는 7월 27일 남북이 대치하고 있는 한강하구에 평화행사를 위한 민간 배가 들어간다. 정전 52년 만에 처음으로 열리는 뱃길이라고 한다. '인천시민연대'를 비롯한 인천지역 15개 단체가 주최하는 이 행사의 일정은 시민단체 회원들과 보도진 등 300명을 태운 연안 여객선을 타고 강화도 외포리를 출발, 어로한계선을 넘어 북측 인접 지역인 한강하구까지 갔다가 되돌아오는 것이다.

이번 행사는 정전 이전까지 주민들이 왕래했던 한강하구가 그동안 '오갈 수 없는 바다'처럼 돼 있으나 남북화해시대에 평화의 강으로 복원하자는 취지에서 열리는 것이다. 그런데 한강하구에 배의 왕래를 막을 군사분계선이나 비무장지대가 실제로 있었던 것은 아니다. 정전협정 1조 5항에는 '한강하구 수역은 쌍방 민간선박의 항해에 이를 개방한다'라고 되어 있기 때문이다. 그런 점에서 이번 평화의 배 띄우기를 통해 우리들의 마음 속 분단을 극복하는 계기가 될 수 있다는

* 경인일보 | 2006. 7. 14.

점에서 더욱 의미가 깊다.

한편 8월 1일부터 9월 11일까지 열리는 경기도 세계평화축전에 평양 윤이상 관현악단이 참가하는 행사가 열릴 전망이다. 윤이상 관현악단은 지난 1990년 창단한 이래 윤이상의 가곡, 교향곡 등과 통일을 주제로 한 활발한 연주 활동을 하고 있으며 단원은 50여 명인 것으로 알려져 있다. 북한이 '통일 음악의 전진기지'로 내세울 정도로 자부심을 갖고 있는 윤이상 관현악단이 광복 60주년 전야제의 메인 행사를 장식할 경우 평화축전의 최대 이벤트가 될 것으로 기대하고 있다. 또한 평화축전 기간에 도라산역 일대에서 진행될 '도라산 평화 인권 강연회'에 사나나 구스마오(Xanana Gusmao) 동티모르 대통령이 초청 연사로 참석키로 확정되어 기대된다.

인천과 경기도에서 펼쳐지는 분단극복을 위한 행사들이 차질없이 진행되기를 그리고 통일을 앞당기는 디딤돌이 되기를 기원한다. 지방자치단체들은 막혔던 뱃길을 열고, 문화교류의 획기적 사건이 될 이 행사들이 성과를 거둘 수 있도록 지원을 아끼지 말아야 할 것이다.

7 다가선 미래

블록체인 기술과 민주주의
인천의 우유부단
블록체인 기술과 문화지형
개방성과 미래 도시
도시 정책의 창의성과 일관성
인공지능과 인간의 공진화
도시브랜드와 도시 거버넌스
눈 앞에 온 미래
3D프린터 시대의 일상과 문화
해양경영과 인천
창조사회의 토대와 환경
사회적 기업과 '마켓 3.0'

블록체인 기술과 민주주의

블록체인 기술이 빠르게 확산되고 있다. 블록체인 기술은 암호화폐의 기반 기술로 인식되어 왔지만 다양한 활용이 가능한 4차산업혁명의 '뿌리' 중의 하나로 주목받고 있다. 10년 내 블록체인 플랫폼이 세계 GDP의 10%에 달할 것으로 전망될 정도로 최근 폭발적으로 확장되는 테크놀러지이다. 이미 월마트는 블록체인 기술에 사물인터넷을 결합하여 중국 업체들이 납품하는 돼지고기의 사육과정과 육질, 유통경로와 위생상태를 완벽하게 관리하고 있다. 무역 거래에서 수출입의 전 과정을 하나의 체인으로 연결하여 실시간 확인 가능한 선박물류시스템의 블록체인화도 추진되고 있다.

블록체인은 중앙 집중식 서비스가 가지는 문제점을 극복하고, 시스템으로 신뢰를 보장하는 기술이다. 블록체인은 분산데이터베이스 기술을 통해 데이터를 물리적으로 분산시켜 다수의 이용자가 대규모의 데이터베이스를 공유하게 만드는 기술이다. 블록체인은 P2P(peer-to-peer)방식으로 서버나 클라이언트 없이 컴퓨터와 컴퓨터 사이를 연결하는 통신망이다. 연결된 각각의 컴퓨터가 서버이자 클라이언트

* 경인일보 | 2019. 1. 29.

역할을 하며 정보를 공유한다. 블록체인 기술은 기존의 화폐 시스템, 금융시스템을 보완하거나 대체할 수 있으며 공공서비스와 연계할 수도 있다.

블록체인의 기록 분산 저장, 분산원장 기술은 비용은 적게 들고 장애에 강하기 때문에. 국가나 중앙은행과 같은 기관의 도움 없이도 강력한 신용 효과를 얻어 낼 수 있기 때문이다. 궁극적으로 지방정부가 금융과 권력을 탈중앙화하는 혁명적 변화도 가능하다고 한다. 현재 90종 이상의 지역 화폐가 발행되고 있다. 아직 활발한 거래는 이뤄지지 않고 있으나 은행과 같은 중개자 없이 직접 결제가 가능하다. 서울시 노원구는 블록체인 기술 활용 지역 화폐 '노원(NW)' 발행하고 있다. '노원'은 어플과 카드의 QR코드를 통해 노원구 내 가맹점 122개에서 화폐처럼 사용할 수 있으며, 사용자 간 선물과 거래도 가능하다. 또 개인이나 단체가 노원구 내에서 자원봉사, 기부, 자원순환 등의 활동을 할 경우 그 대가로 지역 화폐 노원을 제공하여 적립할 수 있도록 했다.

직접민주주의를 네트워크에서 구현하기 위해서는 신뢰 검증 시스템이 필수적이다. 블록체인 투표시스템은 암호화된 분산원장으로 조작이 불가능한 장점이 있어 해킹이나 조작 우려를 불식하고 신뢰성 높은 블록체인 기반의 전자투표가 가능해진다. 적은 비용으로 신속한 전자투표가 가능하기 때문이다. 지방정부의 경우 지역혁신 동력을 만들기 위해서는 주민자치의 강화를 위해 노력하고 있다. 주민자치는 주민자치회에 권한을 이양하고 의사결정 체계를 혁신하여 주민참여를 유도해야 한다. 블록체인 기술을 전자투표를 통한 주민들의 의견수렴에 활용하면 주민 참여형 직접민주주의를 강화할 수 있으며 자치구, 광역시 단위로 확대하여 사회 전체의 민주주의를 새로운 단계로 발전시킬 수 있을 것이다. 경기도는 블록체인 기반의 전자투표제도인 주민참여 블록체인 심사제를 선제적으로 도입하여 '따복공동체'에 적용하여 실험하고 있다.

중앙정부는 축산물 이력 관리 컨테이너 물류 효율화, 부동산 정보 등의 블록 체인화 시범사업에 투자하면서, 지방정부의 투자도 본격화하고 있다. 서울시는 '2018 코리아 블록체인 엑스포'를 개최하면서, 향후 5개년간 2천억 원을 투자하여 서울을 블록체인 도시로 조성하겠다고 선언하였으며, 강원도는 블록체인을 활용한 스마트도시 조성, 지역 화폐도입 등을 통해 공공서비스를 혁신하고는 지역경제 성장전략에 집중하고 있다. 이처럼 블록체인 기술은 테크놀러지로서 4차산업혁명의 요소인 동시에 사회의 투명성과 초신뢰(utra-trust)를 통한 사회 혁신을 촉진하는 시빅테크(Civic-tech)라는 점에서 인천시와 시민 사회도 한층 적극적인 관심을 가지고 지역의 특성을 고려한 블록체인 도시 전략을 수립해야 할 것이다.

인천의 우유부단

우유부단한 메이비 세대(Generation Maybe)처럼 인천의 정책도 판단보류로 진척이 없는 경우가 적지 않다. 민선 3기부터 시립미술관 건립을 추진해왔지만, 인천은 여전히 시립미술관 없는 광역시로 남아 있다. 선사시대로부터 개항기 문화유산, 근대산업유산까지 다양한 역사문화자원을 보유하고 있지만, 도시를 대표할 킬러콘텐츠는 보이지 않는다. 다양함이 오히려 장애가 되고 있는 것이다. 인천공항과 인천항만, 168개의 섬, 경제특구 등은 자타가 인정하는 가치자원이지만 잠재적 가치이지 아직 이름값을 하고 있는 것은 아니다. 자원이 많아 관심이 분산되니 사업은 나열식으로 흘러 부실이 구조화되는 형국이다. 구슬은 보배가 되지 못하고 늘 구슬일 뿐이다. 그래서 자원이 빈약한 지자체가 오히려 부러워 보일 때가 있다. 보유 자원에 집중투자해서 성과를 내는 확률은 더 높기 때문이다.

인천시는 산업과 경제 국방 측면에서 전략적 지위를 갖는 도시이다. 그 때문에 인천항, 인천공항 등 핵심인프라는 모두 중앙정부가 관리하고 있으며, 도심 곳곳에 군사시설이 자리 잡고 있다. 사업추진 과

---

* 경인일보 | 2018. 7. 31.

정은 지역 내 이해집단보다 정부 각 부처와의 협의가 더 어렵다. '사공이 많은 배'처럼 진로 결정이 어렵고 집행도 더디다. 월미산은 50년 만인 2001년에, 문학산도 50년인 2015년에야 개방되었다. 부평 미군 부대는 이전이 결정되었지만, 아직 미해결과제가 많다.

  내항의 재생과 개방도 인천시 뜻대로 되지 않는다. 해수부와 국토부, 국방부를 설득하려면 시민 사회의 지원이 필요한 데 인천시와 시민 사회의 소통도 원만치 않았던 탓이다. 갈등 양상이 복잡하다 보니 시민 사회의 대응도 쉽지 않다. 굴업도 핵폐기장 반대 투쟁이나 인천대 시립화 과정에서 보여 준 역동성을 기대하기 어렵다. '2009 도시 축전', '2014 아시안게임', '2015 유네스코 책의 수도 사업' 등 국제적인 빅이벤트들이 시민들의 참여보다 우려 속에 치러졌다. 수년간 지속된 재정위기 현상도 이러한 무기력증을 증폭시킨 요인이었다.

  '서 말 구슬의 딜레마'를 넘어서기 위해서는 민관 거버넌스 체계가 튼튼해야 한다. 각종 현안에 대한 지역 내 합의 수준이 높아야 자치분권의 지역적 실현이 가능하다. 시민적 동의와 합의 수준의 깊이가 정부 소관부서나 타 지자체와의 협상 결과를 좌우하기 때문이다. 결정의 지연을 최소화하기 위해서는 시민 사회와의 협력을 강화하여 갈등을 최소화하는 일, 이를 위한 각종 위원회가 재정비가 시급하다.

  시민이 동의하는 도시 비전이 있다면 갈등을 최소화할 수 있다. 도시 비전은 평화특별시와 균형발전을 중심으로 한 민선 7기의 공약을 재점검하는 수준을 넘어서는 일이다. 지금은 대격동의 시기, 우리 사회는 촛불혁명 이후 다중혁명(多重革命)의 단계에 접어들고 있으며, 한반도를 둘러싼 동아시아의 정세 변화도 4차산업혁명도 숨 가쁘다. 가시권에 들어온 한반도 평화체제의 실현을 반영하여 인천의 새로운 꿈을 시민들과 함께 재창안하는 일을 미루지 말아야 한다. 한반도 평화체제의 실현으로 동아시아 화약고로 불리던 인천이 평화도시로 남북교역의 중심도시로 자리 잡아, 동북아와 세계 물류 플랫폼 도시로, 동아시아의 문명 도시로 도약하는 장대한 목표를 구체화하는 전략이다.

블록체인 기술과 문화지형

4차산업혁명을 선도하겠다는 정부가 정작 암호화폐 앞에서 혼선 중이다. 암호화폐의 실체도 제대로 파악하지 않고 거래소 폐지를 공언했던 법무부 장관은 국민들의 항의가 폭주하자 거래 실명제 도입으로 물러섰다. 역기능에 대한 우려 때문인지 유시민 작가도 암호화폐를 두고서는 사회적 기능은 없고 대중을 현혹하는 악으로 '단죄'하기에 급급하다. 암호화폐란 컴퓨터가 연결된 네트워크가 거래내역을 보증되는 온라인상의 가치 교환행위를 말한다. 화폐를 관리하는 기관이 존재하지 않고, 실물이 없다는 점에서는 전통적 화폐와는 다르지만 거래와 지불을 보증하고 있기 때문에 화폐의 기능을 지니고 있다.

현재 거래 중인 암호화폐는 1천여 종이며, 시가총액은 570조 원에 달한다. 10년 내 블록체인 플랫폼이 세계 GDP의 10%에 달할 것이라는 전망도 있다. 블록체인 기술과 암호화폐는 '실체 없는 신기루'라고 비난하나 버블 논란과 무관하게 '실체'이며 대세임을 입증한 것이다. 월마트는 블록체인 기술에 사물인터넷을 결합하여 중국 업체들이 납품하는 돼지고기의 사육과정과 육질, 유통경로와 위생상태를

* 경인일보 | 2018. 2. 6.

완벽하게 관리하고 있다. 무역 거래에서 수출입의 전 과정을 하나의 체인으로 연결하여 실시간 확인 가능한 선박물류시스템의 블록 체인화를 추진하는 나라도 있다.

　블록체인 기술은 문화 콘텐츠 시장의 지각변동을 초래할 것으로 예상된다. 코닥(Kodak)사가 개발 완료한 사진 거래용 암호화폐 '코닥코인'과 블록체인 기반의 사진 거래 플랫폼인 '코닥원'이 대표적이다. 사진가가 코닥원에 사진을 등록하여 지적 재산권을 확보하고 사진 사용에 대한 저작권료를 자동으로 받는 블록체인 시스템이다. 이 기술은 다른 콘텐츠에도 적용될 수 있다. 콘텐츠 저작권 저작물을 등록하면 저작권 정보가 입력된 블록이 형성된다. 등록된 저작물을 소비자가 내려받으면 원작자에게 저작권료가 자동으로 지급된다.

　블록체인 기반의 플랫폼에서 콘텐츠 거래는 극도로 단순화된다. 소비자들은 수수료 없이 콘텐츠를 구입할 수 있으며, 저작자들은 높은 가격으로 대량 판매가 가능하다. 사진이나 영상, 음반 등 디지털 콘텐츠 유통 혁신을 예고하고 있어 제도적 대비가 필요하다.

　블록체인 기술은 지역과 공동체를 활성화할 수 있는 잠재력도 지니고 있다. 중개자나 관리자 없이도 자유로운 거래가 가능하기 때문이다. 블록체인 기반의 지역 암호화폐 거래망을 구축하게 되면 사회적 가치를 경제적 가치로 전환하는 사회적 경제를 활성화할 수 있다. 지역주민의 기부나 봉사활동 결과를 지역 암호화폐 시스템에 입력해 두면 나중에 재래시장이나 지역 가맹점, 문화공연장 등에서 환산한 액수만큼의 상품을 구매할 수 있다. 최근 지역 암호화폐 '노원(NW)'을 발행한 서울시 노원구의 창조적 실험이 성공했으면 좋겠다.

　블록체인 기술에서 보안(security)은 역설적이다. 전통적 보안은 정보를 한곳으로 모으고 타인들의 접근을 봉쇄하는 것이었다. 그런데 블록체인 기술에서 네트워크가 확장되고 분산될수록 보안성도 강화된다. 정보의 공유와 분산으로 더 안전한 거래를 보장하는 블록체인 '기술'에서 민주주의의 새로운 모델을 유추할 수 있다. 정보 독점과 집중으로 비대해진 권력의 폐단을 분산과 개방의 원리로 극복할 가능성 말이다.

개방성과 미래 도시

개방성(openness)은 도시나 사회가 추구해야 할 중요한 가치이다. 제국주의의 시대였던 19세기와 세계대전과 냉전으로 점철된 20세기에 개방성이나 국제주의는 제한적일 수밖에 없었다. 지금은 북한이나 쿠바 같은 체제 수호를 위한 농성(籠城) 국가를 제외한 대부분의 국가와 규모가 큰 도시들은 저마다 글로벌 국가, 글로벌 시티를 표방하며 개방성을 강조한다. 지식과 정보 역시 개방될수록 더 많은 은총을 내린다. 누리꾼들이 만들어가는 위키피디아 백과사전은 공유된 정보를 재가공하거나 보완하면서 다중(多衆)의 집단지성을 실현해나간다. 개방성의 확장은 사회발전의 주요한 방법이자 결과이다. 사회의 민주화도 시민의 참여와 수평적 네트워크를 확장하는 것이므로 개방성의 구현인 셈이다.

개방성은 문화정책에서도 중요하다. 문화 분야에서 개방성이란 시민들이 문화시설이나 프로그램을 쉽게 이용할 수 있고 시설의 운영 및 정책 수립 과정에 자유롭게 참여할 수 있는 환경을 말한다. 이는 향유 가능성 측면에서의 접근성, 과정과 절차라는 측면에서의 공정

---

* 경인일보 | 2014. 6. 17.

성 등을 모두 포괄하는 가치이며, 단순히 물리적 공간에 대한 접근성만을 의미하는 것이 아니라, 문화 사업에 대한 접근성, 시설운영에 대한 접근성, 운영방식과 의식 등까지 포함하는 개념이다. 시민들이 정보의 제약이나 시·공간적 한계, 경제적·심리적 부담 등으로 인해 문화향유에 어려움을 느끼는 환경이라면 개방성이 담보되었다고 볼 수 없는 것이다. 그래서 개방성은 시설과 공간은 물론 프로그램, 조직운영에 이르기까지 관철되어야 할 미션이라 할 수 있다.

도시 공간도 개방성을 지향해야 한다. 고층화 밀집화 현상은 현대 도시의 상징처럼 여겨지고 있지만, 환경과 교통, 안전과 관련된 여러 가지 문제를 야기하고 있다. 도시인들은 고층빌딩이 밀집된 시가지에서 일과를 보내며 주택도 고층아파트인 경우가 많다. 도시인들의 영혼은 위압감과 폐쇄감 속에서 일상적으로 위축될 수밖에 없다. 주말이면 교외로 탈출하는 도시인들이 주로 찾는 곳은 산이나 들판, 해변 옛 마을이나 유적들이다. 이들 장소의 공통점 중의 하나는 개방적 경관으로 폐쇄와 위압의 공간을 벗어나 개방의 공간을 지향하는 것이라고 할 수 있다.

개방성은 도시재생의 수단이자 목표이기도 하다. 쇠퇴일로를 걷고 있던 일본의 전통·산업도시 가나자와시(金澤市)를 일약 창조도시의 성공 모델로 전환시킨 핵심 프로젝트는 가나자와 21세기 미술관, 가나자와시민 예술촌, 우미미라이 도서관 건립 등 문화 기반시설 확충을 들 수 있다. 가나자와 21세기 미술관은 2004년 개관과 공시에 국제적 명소로 떠올랐으며 도시활성화에 크게 기여했다. 넓은 정원 위에 원형 유리벽으로 지어진 이 미술관은 시민들이 외부정원 어디에서나 내부로 들어가 저녁 10시까지 무료로 작품들을 감상할 수 있다. 개관 1년 만에 도시 인구의 3배인 158만 명이 입장할 정도의 명소가 되었는데, 바로 '문도 없고 문턱도 없는' 개방주의 컨셉의 승리라 할 수 있다.

도시 공간의 개방성 구현을 위한 연구 성과는 상당히 축적되어 있다. 건축과 경관 미학에서 개방성은 조망점에서 건축물을 올려다보는 각도인 앙각(仰角), 건축물의 입면적, 그리고 오픈스페이스의 면적 등을 변수로 측정한다. 앙각이 클수록, 건축물의 입면적이 넓을수록 개방성은 감소한다. 반대로 앙각이 작을수록, 입면적이 좁을수록, 오픈 스페이스의 면적이 넓을수록 개방성은 증대한다. 드높은 마천루를 세워 도시의 랜드마크로 만들려는 시도는 안전과 환경, 정서적 측면에서 시대착오적이다. 미래도시는 광장이나 오픈스페이스와 같은 수평적 경관요소를 과감하게 도입하여 도시인들의 무의식까지 상쾌하게 만들어야 한다. 생태하천을 복원하고 방치되어 있는 해변을 친환경적 워터프론트로 바꾸어 나간다면 지역주민은 물론 도시의 방문자들에게도 커다란 기쁨이 될 것이다.

도시 정책의 창의성과 일관성

광명동굴이 한국 최고의 동굴 테마파크의 명소로 탈바꿈하고 있다. 최근 경제적 가치가 1530억 원에 달하는 것으로 나타났다. 광명동굴은 매년 137억 원의 수입을 올리고 59억 원의 순익이 발생하는 것으로 나타났다. 광명동굴의 성공 사례는 지자체가 지속적으로 투자해온 결과이다. 광명시는 2011년부터 2016년 말까지 6년간 토지매입과 주차장 및 진입로 확충 등 기반시설조성에 총 573억 3000만 원을 투입했으며, 경기도와 정부도 총 216억 원을 지원받았다. 지난 6년간 총 775억 원의 막대한 재원이 투자된 것이다. 현재 광명동굴에 대한 초기 투자는 끝난 단계이다. 향후 시설 유지비, 운영비, 콘텐츠개발비 등에 수입의 일부를 재투자한다면 세외수입이 증가하여 흑자경영이 이뤄질 것으로 전망하고 있다.

43억 원에 매입한 폐광산의 자산가치가 37배 증가한 것이다. 2016년 광명동굴의 유료입장객은 142만 명을 돌파해 국내는 물론 국제적 관광지로 떠올랐다. 2017년 문화체육관광부와 한국관광공사는 광명동굴을 선정한 한국의 대표관광지 100선에 포함시켰다. 세외수입이

---

* 경인일보 | 2017. 2. 21.

증가하면 행자부가 지원하는 보통교부세 인센티브도 늘어날 것으로 예상된다. 광명동굴 개발로 자산가치 증가 뿐 아니라 도시브랜드 가치 상승, 지역 특성화와 일자리 창출 등의 유무형 가치 상승도 기대할 수 있을 것이다.

전국의 지자체들도 산업화 시대의 유산인 폐산업자원을 이용한 다양한 도시재생사업을 추진하고 있으나 광명동굴과 같은 성공사례는 흔치 않다. 유럽이나 일본에서 폐산업시설을 문화공간화하여 도시재생사업에 성공한 사례는 많다. 그런 사례에서 발상법을 배워야지 콘셉트까지 모방하다가는 짝퉁이 되고 만다. 정책입안 단계에서 창의성이 사업성을 좌우한다. 창의성은 꼭 기발한 착상에서 비롯되는 것은 아니다. 사물을 보는 관점을 조금만 달리하면 숨겨졌던 가능성을 찾을 수 있다. 폐철도와 인근 부지를 관광자원으로 전환하여 성공한 사례라든가 폐공장을 박물관과 같은 문화시설로 재생시킨 경우가 대표적이다.

약점을 강점으로 바꾸는 역발상도 중요하다. 어둡고 긴 겨울을 지내야하는 북유럽 핀란드의 헬싱키시는 빛 축제인 '바론 보이마트(Valon Voimat)'를 기획하여 세계적 축제로 발전시켰는데, 핀란드의 조명산업도 동시에 활성화하는 효과를 가져왔다. 화천산천어축제도 역발상의 지혜로 시작되어 한국의 대표적 겨울축제로 자리잡은 경우이다. 일본 삿포로의 명물이 된 '모에레누마공원(一沼公園)'도 본래는 버려진 쓰레기 폐기장을 시민들이 예술과 스포츠를 즐길 수 있는 아름다운 생태공원으로 조성한 것이다.

창의적 정책은 아이디어에서 출발한다. 그러나 지자체가 일관성 있게 사업을 추진하지 못하면 창의적 아이디어도 아이디어로 그친다.

특히 단기성과를 의식하면 성공하기 어렵다. 광명시가 광명동굴을 개발하면서 처음부터 민간자본 유치에 의존하지 않고 공공개발 중심으로 추진하여 사업성을 확보한 것은 주목할 만하다. 삿포로 모에레누마의 쓰레기장이 세계적 예술공원으로 탈바꿈하기까지는 무려 17년이 소요되었으며, 삿포로시는 아직도 투자를 계속하고 있다.

인공지능과 인간의 공진화

　인공지능 열풍이 한국에 불고 있다. 게임 인공지능 알파고와 이세돌 9단이 벌인 바둑대결이 가져온 효과이다. 세계인의 이목도 이 빅이벤트에 쏠려 있다. 북한 핵실험과 장거리 로켓 발사로 동북아 정세가 요동치고 있고, 한 달 앞의 총선으로 국내 정치도 연일 대형 뉴스를 쏟아내고 있지만 '세기의 대국'에 대한 관심은 여전히 높다. 마지막 대국은 국내 방송사들이 모두 생중계에 나섰다. 직관과 창의력을 놓고 기계와 인간이 정면승부를 펼치고 있기 때문이다. '생각하는 기계'의 본격적인 등장을 알리는 이 대국은 인류사 혹은 문명사의 변곡점이 될 것이며, 우리에게 던지는 과제도 만만치 않다.

　사실 인공지능의 출현은 인공지능의 시조인 엘런 튜링이 예고한 바 있으며, 상당한 수준의 시제품이 개발되어 이미 활용되고 있다. 1997년 체스 세계챔피언을 꺾은 IBM 인공지능 '딥블루', 2014년 미국 퀴즈쇼 제퍼디의 역대 우승자들을 꺾은 'IBM 왓슨' 등이 대표적이다. 알파고는 바둑처럼 기하급수적으로 늘어난 경우의 수에 대해 신경망 알고리즘을 통해 해결하는 프로그램이라는 점에서 인간과 가

* 경인일보 | 2016. 3. 15.

장 유사한 인공지능이다.

갑자기 출현한 인공지능의 위력에 대한 경계심도 높아졌다. 기상예보용 인공지능의 예측 성능에 대해서는 불평하지만, 유독 인공지능 앞에서는 공포심에 가까운 반응을 보이는 이유는 인간의 고유기능이라고 '믿어 온' 능력과 일을 기계가 가로채지 않을까 하는 두려움일 것이다. 우리가 알파고를 대신하여 바둑을 두고 있는 아자황 박사처럼 되지 않을까 하는 의문 말이다.

인공지능이 초래할 사회적 변화는 혁명적이다. 한 보고서에 의하면 총 702개 직업을 대상으로 조사한 결과 2030년까지 이 직업들 중 거의 절반에 가까운 47%가 인공지능으로 대체될 것이라고 한다. 그중 판사의 경우 사라질 확률이 40%에 달해 인공지능에 의해 대체될 가능성이 가장 높은 전문직종으로 분류됐다. 판결은 법률 조문, 검사가 제출한 공소장과 증거물 등을 바탕으로 유무죄 여부와 형량을 결정하기 때문에 인공지능이 더 공정한 판결을 내릴 수 있다. 두 번째 분야는 의료분야이다. 딥 러닝으로 의료데이터를 읽는 방법을 숙지한 인공지능은 의사보다 암진단이 정확하며 빠르다. 딥 러닝을 이용해 방사선 사진, MRI, CT 스캔, 현미경 사진 등에서 악성 종양이 있는지를 신속 정밀하게 판정할 수 있는 시스템은 이미 완성단계에 있다.

인공지능은 더욱 빠른 속도로 진화하며 미래 사회의 게임체인저 역할을 할 것이다. 인공지능은 가장 전문적인 직업 분야부터 대체해 나갈 것이다. 중요도는 높지만, 시민들의 불신이 크고, 개발에 따른 수익도 보장되기 때문이다. 특히 학습과 교육 혁명의 대비는 눈앞의 과제이다. 지식과 정보의 축적과 처리 방식은 인공지능의 몫이다. 인간은 알고리즘과 같은 문제해결 방법의 창의적 설계자가 되어야 하고 인공지능을 효과적으로 통제할 수 있는 역할을 해야 한다.

 이번 알파고와 이세돌의 대국은 모두의 승리이다. 구글 딥마인드는 인공지능 개발의 성과를 보여주었다. 인간대표 이세돌이 4국에서 보인 묘수는 기계의 신경망을 혼란시켰고, 알파고가 제2국에서 우변 침투 묘수를 보여주었으니 서로 크게 배웠다. 지금까지 인류의 역사가 자연을 이용하고 자연과 함께 진화해온 것이었다면 미래는 인공지능과 인간이 공진화(co-evolution)하며 발전하게 될 것이다. 인류의 미래, 국가 미래의 운명도 좌우할 인공지능 혁명에 대한 한국의 대비는 어떤가? 구글이 인공지능사업에 33조 원을 투입해 왔는데, 향후 300억원을 투자하겠다는 우리 정부의 발표는 참으로 태평스럽기만 하다.

도시브랜드와 도시 거버넌스

서울시가 2016년부터 사용할 새 도시브랜드로 '아이·서울·유(I·SEOUL·U)'를 선정 발표했으나, 곧바로 의미가 모호하다는 비난 여론에 휩싸였다. 서울시는 9억 원을 들여 개발한 새 브랜드에 대한 논란을 새로운 이름에 대한 관심의 표현으로 낙관하고 있지만, 산통치고는 너무 커 보인다. 브랜드 슬로건에 대한 평가는 주관적일 수밖에 없으며, 정치적 이해관계도 암암리에 작동되게 마련이다. 그런 문제는 시간이 해결해 줄 수 있겠지만, 몇가지 문제가 있다는 것은 분명해 보인다. 그래서 새 브랜드를 준비하고 있는 국내 여러 도시들의 고민도 커지고 있다.

서울시의 새 브랜드는 선정 과정과 조어 방식을 보면 혁신적 요소도 많다. 특히 브랜드 선정 과정에서 시민들의 의견을 반영하기 위해 상당한 공을 들였다는 점이다. 새 브랜드는 시민 사전투표, 시민심사단 1000명의 현장투표, 전문가 심사단 현장투표 결과를 합산하는 방식으로 선정되었는데, 이 과정에서 10만 명 이상의 서울 시민이 투표에 참여했다고 하니 거버넌스의 모범 사례라 할만하다. 또 서울시

* 경인일보 | 2015. 11. 11.

의 새 브랜드는 도시명에다 'Dynamic', 'Colorful', 'Fly'와 같은 수식어를 붙이는 종래의 브랜딩 방식을 벗어나 시민('I')을 브랜드의 핵심요소로 도입했다. 이런 명명법은 국제적 트렌드를 반영한 국내 첫 사례라 할 수 있다.

서울시의 새 브랜드가 논란의 대상이 가장 큰 이유 중의 하나는 브랜드가 독자적 의미 전달 능력을 갖추고 있지 못하기 때문이다. 도시 브랜드는 설명 없이도 전달될 수 있어야 한다. 직접적인 환기 효과를 위해 기업이나 도시들은 브랜드 제작에 막대한 투자를 하는 것이다. 뉴욕시의 브랜드 'I ♥ NY'에 무슨 설명이 필요한가. 하트가 뉴욕의 특산물인 사과를 의미한다는 설명이 추가되기도 하지만 이는 디자이너들의 주관적 스토리텔링으로 일종의 덤일 뿐 몰라도 그만이다. 암스테르담의 'I amsterdam'(내가 바로 암스테르담!), 독일 베를린의 'Be Berlin'(베를린이기에!)과 같은 슬로건 역시 단순하며 설명의 여지가 없다. 오히려 단순성 때문에 의미도 풍부해지고 여운도 남는 것이다. 전달력이 떨어지는 브랜드에 '공존'이나 '플랫폼'과 같은 추상적 해석을 덧붙이려하니 네티즌들의 반응은 더 까칠하다. 차라리 설명 없이 브랜드만 내놓은 것만 못하다.

서울시의 새 브랜드는 읽는 맛이 없다. 오히려 '아이.서울.유'는 툭툭 끊어 읽을 것을 요구하고 있다. 베를린의 슬로건 'Be Berlin'은 'Be'를 반복 사용하여 두운 효과를 활용하고 있다. 암스테르담의 'I amsterdam'은 'I am'과 'Amsterdam'을 중복 철자를 축약한 끝말잇기의 즐거움이 들어 있다. 이 같은 음운 효과는 영어 원어민들이 선호하는 표현 관행으로 리듬감과 즐거움을 주며, 기억하기에도 좋다. 코카콜라(Coca-cola)가 탄산음료의 대명사로 자리잡게된 데는 상품명의 기여가 크다는 분석도 있다.

　서울시의 브랜드 제정과정에 시민참여 방식이 이벤트 중심으로 이뤄진 것 아니냐는 의문이 든다. 베를린시나 싱가포르의 브랜드 제정과정은 참고가 될 수 있다. 베를린시는 2008년부터 무려 4년 동안 시민캠페인을 진행하면서, 외국인 참여 이미지 조사와 국제적 홍보를 통해 공감대를 형성하여 성공한 사례이다. 싱가포르의 브랜드 '유어 싱가포르(Your Singapore)'도 본래는 관광청 슬로건이었는데 시민들과 관광객의 호응을 확인한 다음에 공식 도시브랜드로 채택했다. 도시브랜드 제정은 종합예술이자 도시가 가진 거버넌스 능력의 실험이다. 거기에는 디자인과 마케팅 전문가는 물론 언어와 스토리텔링 전문가, 시민과 외국인의 참여가 필수적이다. 각 주체들이 쌍방향으로 소통할 수 있는 실용적인 거버넌스 체계에 대한 집중적 고민이 필요하다.

눈 앞에 온 미래

　설 연휴 마지막 날인 지난 2월 22일에 올해 첫 황사주의보가 발령되었고, 이튿날 서울과 경기도, 인천시에 황사경보가 내려졌다. 하늘을 덮은 흙먼지로 야외활동이 거의 어려운 수준이었다. 일주일만인 3월 2일, 중국 내륙에도 강력한 황사경보가 내려졌다. 연이은 황사경보는 과학영화 '인터스텔라'에 묘사된 지구상황을 보는 듯해서 더 우울하다. 영화 속의 지구는 먼지폭풍이 수시로 불어와 옥수수 재배만 가능한 상태로 묘사되었다. 실내의 그릇도 먼지 때문에 뒤집어 두어야 할 정도의 절망적 일상을 보내야 하는 지구인들에게 유일한 희망은 우주로의 탈출이다. 최근의 미래 보고서에 나타나는 상황은 유토피아가 아니라 디스토피아에 가깝다.

　미래예측 가운데 기후변화 시나리오는 가장 우려스럽다. 2009 코펜하겐 기후정상회의에서는 지구 평균기온 상승폭을 산업화 이전 대비 2℃ 이내로 제한하기로 했지만 탄소배출량 제도는 계획대로 실천되지 않고 있다. 25년 이후인 2041년께 지구 평균기온은 2℃ 상승 한계선을 넘을 가능성이 높다. 건조지대가 확장되고 사막화된 토양

---

* 경인일보 | 2015. 3. 3.

이 늘어나 영화 '인터스텔라'에서처럼 미세먼지 폭풍은 도시를 주기적으로 강타한다. 극지방 빙하가 녹아내리고 해수면이 상승하면 인구가 집중되어 있는 해변 주거지는 사라지게 된다. 한국환경정책평가연구원(KEI)이 밝힌 시나리오에 따르면 지구온난화로 인한 해수면 상승으로 2100년께 우리나라 국토의 4.1%(4,149.3㎢)가 바다에 잠길 수 있다고 한다. 광역지자체별로 보면 전남 34.6%, 충남 20.5%, 전북 14.8%, 인천 11.3%, 경기 7.3%에 해당한다. 지자체 면적 대비 범람 비율이 가장 높은 곳은 인천으로, 도시 전체 면적의 절반에 달하는 45.5%가 바다에 잠기는 것으로 예측하고 있다.

인공지능(AI)의 급속한 발전도 우리가 직면한 도전이다. 정보학자들은 지난해에 일어난 일 중 가장 중요한 사건의 하나로 러시아에서 개발한 '유진'이라는 인공지능이 튜링 테스트를 통과한 '사건'이 있었다. 튜링테스트는 영국의 천재 수학자였던 앨런 튜링이 컴퓨터의 능력을 감별하기 위해 고안한 프로그램이다. 튜링테스트가 고안된 지 65년 만의 일이다. 정보학자들 사이에서는 '유진'이 실제로 우리가 기대하는 인공지능에는 미달한다는 지적도 있으나 인공지능의 능력은 급속하게 확장되고 있다. 미래학자들은 2045년이면 인간을 대신할 수 있는 컴퓨터가 등장할 것으로 예측하고 있다. 그 이전에 무인자동차가 상용화되고 택시와 화물자동차, 대리운전 기사의 일자리를 없앨 것으로 예상된다. 옥스퍼드 대학이 2013년 발표한 연구에 따르면 향후 20년 이내에 현재 직업 중 절반가량이 '로봇' 또는 '컴퓨터'로 대체될 것이라고 한다.

또한, 의료기술과 생명공학의 발전으로 2045년께 인간의 평균수명은 130세를 넘어설 것이라고 예측된다. 유전자의 비밀이 해독되고 줄기세포를 비롯한 다양한 세포재생 기술로 육체의 '불로장생'이 실현되는 것이다. 죽음에서 멀어진 인간이 행복한 것만은 아니다. 초고령사회를 살아가는 개인의 사랑, 가족, 직업, 종교의 의미는 지금과 전혀 다른 모습을 띠며 엄청난 변화를 수반하게 될 것이다.

그런데 미래의 도전이 50년이나 100년 후의 문제가 아니라 당면하고 있는 절박한 현실이자 현안이라는 사실이다. 우리는 황사바람 속에서, 이웃이나 가족보다 스마트폰과 사이버 공간의 네트워크에 더 의존하고 살아가고 있지 않는가? 초고령사회도 이미 도래한 현실이다. 그럼에도 국가나 도시, 개인들의 대처는 미온적이고 더디다. 인공지능보다 윤리적이고 창의적인 삶을 기획하고 실천하지 않을 때 우리는 미래라는 도전의 희생물이 될 가능성이 높다. 우리 눈앞에서 현현하고 있는 미래의 도전 '시나리오'들을 성찰하고 효과적 '프로젝트'로 응전하는 일은 더 이상 미룰 수 없는 과제인 것이다.

3D프린터 시대의 일상과 문화

3D프린터(3D-printer) 혁명이 다가오고 있다. 3D프린터는 그대로 입력된 설계도면 대로 3차원 입체 물건을 찍어내는 기계이다. 이 프린터의 원리는 매우 간단하다. 입력한 디지털 설계도에 따라 플라스틱이나 금속 물질을 노즐로 분사해 켜(layer)를 쌓아올리듯 물건을 만든다. 금형 제작의 단계 없이 물건을 바로 제작할 수 있기 때문에 시간과 비용이 크게 절감된다. 다만 프린터라는 명칭이 가진 고정관념 때문에 관련 분야의 종사자들 외엔 이 혁신적 발명품이 몰고 올 변화상을 아직 짐작하지 못하고 있다. 차라리 입체사출기(立體射出機)라고 불러야 할지 모르겠다.

3D프린터 기술이 제조업의 혁명 혹은 4차산업혁명을 초래할 것이라고 예측하는 것은 전방위적 파급효과 때문이다. 미래학자들은 앞으로 3D프린터의 기술개량과 생산비 절감이 이뤄지면서 전 세계 제조업 지도를 완전히 바꿔 놓을 것으로 예견하고 있다. 시장조사기관에 따르면 2012년 47억 달러였던 3D프린터 시장은 2019년 138억 달러 규모로 키질 것으로 전망하고 있다. 제조업의 혁명으로 불리는

* 경인일보 | 2014. 7. 30.

3D프린터 기술은 이미 우리 일상에 영향을 미치고 있다. 국내에서도 100만원대의 보급형이 판매되고 있을 정도이다. 이미 자동차와 항공기 부품 등 정밀기계에서 3D프린터의 강점이 입증되었다. 의료분야에서는 인공관절과 인공뼈, 인공치아 등을 비롯한 이식용 인공장기를 만들어 환자에게 이식하고 있다.

3D 프린팅 기술이 산업구조 변화는 물론 시민생활과 문화에 미칠 영향을 주목하고 대비해야 할 시점이다. 머지않아 3D 전용 스튜디오가 등장할 것으로 예측된다. 디지털카메라의 보급으로 지금은 사라지고 없는 동네 사진관들이 3D스튜디오로 재탄생하는 셈이다. 스튜디오에서는 고객의 얼굴이나 전신상을 입체상으로 만들어 줄 수 있다. 3D프린터는 시민들의 여가생활 패턴에도 변화를 가져올 것이다. 제작 동호회가 급속도로 늘어날 것으로 전망된다. 3D 프린팅 과정을 통해 개인들은 창의적 물건을 만들면서 창작 욕구를 실현할 수 있다. 또 일상에서 필요한 생활용품이나 기념품을 직접 제작할 수 있기 때문이다.

캐릭터, 인형이나 완구, 장신구, 교육 보조재료 제작이 극히 간편해지게 될 것이며, 가정에서도 생활용품을 직접 제작해서 사용할 수도 있다. 소비생활도 바뀔 수 있다. 지금은 전자상거래로 주문한 물품이 가정으로 배달되지만, 앞으로 물품의 디자인 파일만 구입하고 물건은 집에서 프린트하는 풍경을 볼 날이 멀지 않았다. 이와 관련한 다양한 직업군이 생겨날 것이며, 기술의 특성상 1인 기업의 창업도 급속이 증가할 전망이다. 관광기념품 가게의 변화도 예측된다. 초콜릿이나 캔디를 고객이 원하는 모양으로 즉석에서 제작해 줄 수 있다. 고객의 얼굴이 부조된 기념주화, 관광지를 배경으로 한 입체 인물상이나 부조(浮彫)물이 기념사진을 대체할 가능성이 있다. 화가나 미술인들이 3D프린터를 활용하면 훨씬 창의적이고 매력적인 기념품을 제작할 수 있을 것이다.

그러나 3D프린터가 넘어야 할 장벽은 많다. 범죄 집단이 무기 제작이나 기존상품의 불법 복제에 사용할 우려가 높다. 기술적으로는 프린팅 속도를 높여야 하며, 플라스틱 중심인 프린트 원료를 다양화해야 한다. 그리고 현재 3D프린터는 색채를 표현하지 못하고 있으며 당분간 개선되기 어려울 전망이다. 디자인이나 회화, 조각 등 조형 예술인들의 기술과 창의성이 접목된다면 새로운 예술 장르가 생겨날 수도 있다. 3D 프린팅 기술개발에 투자하여 4차 산업혁명에 대비하는 한편 그 신기술의 보급과 활용, 산업고도화와 일자리 창출에도 관심을 기울여야 할 것이다. 기술개발이 주로 중앙정부와 기업의 역할이라면 활용은 지방정부나 문화산업 분야의 과제가 될 것이다.

해양경영과 인천

해양경영의 성패가 국가의 운명을 가른 적이 많았다. 동아시아 해양경영의 개척자였던 장보고를 권력투쟁의 와중에서 척살한 신라는 곧 패망의 길을 걸었다. 왕건을 비롯한 서해안의 해양 세력에 의해 건국된 고려는 세계에 그 이름을 알린 문화 국가로 발전했으나, 해양봉쇄 정책으로 일관했던 조선은 결국 강제 개항으로 국권마저 침탈당해야 했다. 신라의 청해진이나 고려의 벽란도와 같은 해양 네트워크의 거점을 효과적으로 관리하는 일은 해양경영의 과제이다.

1883년 개항 이래 한국의 근대화와 산업화를 견인해온 해양도시 인천항의 위상이 정부의 정책으로 흔들리고 있다. 정부의 항만정책은 이른바 '투포트(Two-Port)' 정책이라는 부산과 광양 중심의 정책이다. 이 정책의 결과는 수도권 관문항인 인천항의 경쟁력을 떨어트리고, 한국 GDP의 대부분을 차지하는(7천 700억 달러) 수도권의 물류비용을 높여 생산성을 저감시킬 위험을 안고 있다. 해양 인프라를 특정 도시에 집중하게 되면 또 다른 문제가 생긴다. 남해안 중심의 해양 정책은 황해와 경기만의 해양도시를 소외시킨다. 날로 비중이 증

---

* 인하대학신문 | 2014. 3. 16.

대하고 있는 대중국, 대북한 교역과 수도권 물류 소통, 경기만의 해양자원 관리가 방치되는 역차별 현상을 낳고 있다. 해양 인프라의 조성과 운영은 정치 논리로 재단될 것이 아니라 물동량의 변화 추이를 과학적으로 예측하고, 그 전망에 기초하여 투자해야 하는 것이다.

인천은 도시 전략에서 해양과 해양 문화의 중요성을 깨닫고 미래지향적 해양 정신을 갖추는 한편 해양도시로 발전하는 환경을 스스로 조성해야 한다. 미래지향적 해양도시는 해양자원에 기초하되 환경자원의 가치를 최대한 보존하면서 그 가치를 극대화하는 '지속 가능한 해양도시'로 재규정해야 한다. 개펄과 같은 습지가 오염되거나 파괴되면 그 영향은 인접 해역 전체로 확산되어 수자원의 고갈 등 환경재앙으로 이어질 공산이 크다. 서해 연안의 개발 계획은 당연히 해양과 습지보호라는 대전제 아래 수립되어야 한다. 아울러 해양 정책과 기구를 전면적으로 재점검하고, 서해안의 해양자원과 문화를 연구하는 해양연구원이나 해양대학과 같은 연구기관과 고등교육기관의 설립을 서둘러야 한다.

인천항의 인천화도 중요한 과제이다. 인천항의 관리 주체는 인천항만공사(IPA)이다. 항만공사 제도는 과거 항만시설을 국유 국영형태로 운영하다가 생산성과 도시계획 연계성의 부족 등의 비효율적 요소를 극복하기 위해 도입한 공영기업 형식의 운영제도이지만 여전히 중앙정부가 관리 주체인 관계로 항만 자치를 이루지 못하고 있다. 인천시의 중핵적인 도시 인프라인 인천항이 선진항만으로 발전하기 위해서는 중앙정부로부터 관할권을 이양받아야 하며, 인천시의 도시계획과도 긴밀하게 연계하여 운영되어야 한다. 그 점에서 본다면 현재의 항만공사체제는 과도기적 운영체제라 할 수 있다. 인천시가 인천항을 책임지고 운영하는 지방항(Municipal Ports) 제도의 도입을 검토해봐야 할 때이다.

창조사회의 토대와 환경

인류의 문명이 새로운 단계에 진입하고 있다는 징후가 점차 뚜렷해지고 있다. '제3의 물결'이라 칭한 정보화 사회를 넘어 전개되는 우리 시대를 흔히 '창조화 사회'라고 부르고 있다. 창의적인 아이디어가 경제와 사회를 지배하는 시대에 도달하였다고 보는 관점이다. 도시의 비전을 '창조도시'로, 기업 경영의 비전도 '창조'가 강조되고 있으며, 우리 정부도 국정 과제로 '창조경제'를 내세우고 있다.

'창조화 사회'라는 개념은 여전히 논란의 대상이지만 대량생산형 공업사회에서 탈공업사회로의 전환은 선진국의 보편적 현상임은 분명하다. 선진국의 경우 서비스 업종이 차지하는 비중이 늘고, 컴퓨터와 IT관련 직종, 카피라이터, 변호사, 회계사, 연구자 등의 직종이 차지하는 비율이 점차 높아지고 있다. 무엇보다 최근 여러 도시에서 영화와 음악 그리고 애니메이션과 연극, 미디어아트 등의 문화산업이 침체일로에 있는 제조업을 대신하여 지역의 성장과 고용을 견인하는 사례도 많다. 문화산업의 발전은 그 자체로 고부가가치를 생산해내는 원동력이지만, 도시문제에 대한 창조적 해결방식을 제공하는 다양

* 경인일보 | 2014. 2. 12.

한 아이디어의 원천이 되며, 친환경적이며 고유문화를 창조적으로 계승한다는 점에서 '지속 가능한 발전'이라는 점이다.

창조화 사회의 도래를 알리는 몇 가지 사례를 보자. 페이스북 창업자 겸 최고경영자(CEO) 마크 주커버그는 26세의 나이에 불과하지만 소셜 네트워크 프로그램인 페이스북을 개발하여 6년 만에 230억 달러 가치의 기업인 페이스북 닷컴의 최고경영자가 되었다. 현재 주커버그의 개인 재산만 약 7조 8천억 원에 달한다. 해리포터의 작가 조앤 롤링도 신화의 주인공이다. 교사 출신의 가난한 프리랜서 작가였던 롤링은 판타지 소설의 성공으로 일약 1조 130억 원의 재산을 가진 부호가 되었으며 10년 후에 롤링의 재산 총액은 64조 원에 도달한다고 한다. 더 중요한 것은 해리포터 시리즈라는 판타지 서사가 애니메이션, 영화, 캐릭터, 출판 등의 문화산업 전반에 미치는 파생 효과가 무려 300조 원에 이른다는 것이다. 롤링이 영국을 먹여 살리고 있는 셈이다.

우리나라의 경우, 이충렬 감독의 다큐 영화 〈워낭소리〉의 총제작비는 5천만 원이었다. 극장 개봉 후 300만 관객 입장권 매출액만 190억 원이었다. 싸이(Psy)의 '강남스타일'은 현재 유튜브 다운로드 19억 뷰를 기록하고 있는데 이 뮤직비디오의 경제적 파급효과는 1조 원으로 추산되고 있다.

이러한 사례가 몇몇 천재의 신화가 아니라 차츰 사회 전 분야로 확산되고 있다는 점이다. 즐거움과 아름다움을 주는 문화적 창안물이 사회와 경제의 중심이 되는 사회로 이동하고 있다는 사실이다. 이제 모든 것은 '아름다움'으로 통하는 시대, 미학이 삶의 전 영역을 지배하는 시대에 진입한 것이다. 우리는 '아름다움'과 '감동'이 예술이나 취향의 영역이 아니라 개인과 사회, 도시와 국가의 생존 문제로 전환되고 있는 전환기를 살고 있는 것이다.

지금은 창조신화의 토대와 환경이 무엇인가를 논의할 때이다. 황금알을 낳는 거위라고 해서 거위 배를 가를 수 없듯이 창조성의 결과에 집착하는 한 영원히 창조성의 성과를 얻을 수 없다. 최근의 창조적 신화는 전적으로 창조적 인력이 만들어낸 결과라는 점이다. 그렇다면 지금 국가와 지방정부는 창조인력이 활동할 수 있는 여건의 조성과 창조인력을 양성하는 프로그램에 '올인'해야 한다. 따라서 정부가 임기 내에 창조경제의 '열매'를 거두겠다고 서둘러서는 곤란하다. 먼저 학교와 기업이 바뀌어야 하고 정부가 '창조적'으로 진화해야 한다. 사업마다 '창조'와 '창의'를 붙여 놓는다고 창조 사회가 되지는 않는다. 창조성은 새로운 관점으로 보는 것이다. 그러자면 사회는 더 자유롭고 더 다양해야 한다. 사회에 존재하는 다양한 요소들이 자유롭고 유기적으로 연결되고 융합될 때 창의성은 발현될 것이기 때문이다.

사회적 기업과 '마켓 3.0'

사회적 기업이 대안적 과제로 떠오르고 있다. 최근 정부와 지자체들은 사회적 기업을 육성하기 위한 법적 제도적 기반을 마련하는 사업을 다양한 방식으로 추진하고 있다. 현행 「사회적기업 육성법」은 사회적 기업을 지역주민의 삶의 질을 높이는 사회적 목적을 추구하면서 영업활동을 하는 기업으로 정의하고 있다. 그 목적은 취약계층에게 사회서비스와 일자리를 제공하는 것이다. 어딘가 밋밋하지만, 사회적 서비스 확충과 일자리 창출이라는 목적을 동시에 실현시키자는 대안에 사회적 합의가 확산되고 있다는 점은 매우 고무적이다.

실상 사회적 기업이란 말은 동어반복이라 할 수도 있다. 기업은 사회적일 수밖에 없으며 대부분의 기업이 '사회적기여'를 설립 목적으로 표방하고 있기 때문이다. 그 점에서 '사회적 기업'이란 말은 역으로 대부분의 기업들이 추구해야 할 사회적 사명보다 이윤추구에 급급해 왔다는 현실을 되돌아보게 만드는 계기도 된다.

기업의 사회적 성격과 관련된 일련의 지각변동을 불러오는 진앙지가 바로 소비자들의 의식변화라는 점에 주목할 필요가 있다. 이 의

---

* 경인일보 | 2011. 1. 18.

식변화는 기업하는 방식과 일하는 방식, 문화의 방식을 바꾸고 있다. 마켓팅의 아버지로 불리는 필립 코틀러는 새로운 소비자들은 사회적 이슈에 민감하며 사회적 이슈들을 대안적으로 고민하고 있는 기업과 제품을 선호한다는 점을 지적한다. 이제 상품의 기능을 중시한 시장(마켓 1.0), 상품의 감성적 성격을 중시한 시장(마켓 2.0)을 넘어 소비자의 정신과 영혼에 호소하는 가치중심의 시장(마켓 3.0)이 도래했다는 것이다. 소비자는 이제 단순한 상품소비의 대상이 아니다. 환경과 에너지 위기와 같은 공동체의 이해와 관련된 상품, 소비자의 참여와 공유가 가능한 상품, 감정이입이 가능한 '이야기'가 있는 상품을 선택하는 주체로 전환되고 있다는 것이다.

사회적 기업의 성공은 그 주체들이 새로운 시장의 변화가 의미하는 요체를 어떻게 이해하느냐에 달려 있다. 우선 사회적 기업을 바라보는 정부와 지자체의 시각 전환이 필요하다. 사회적 기업을 고용창출의 새로운 수단 정도로 바라보아서는 성공할 수 없다. 사회적 기업의 활성화는 경쟁 중심의 비정한 사회를 지속 가능한 지역 공동체로 전환시키는 지렛대이기 때문이다. 사회적 기업의 활동을 위한 효과적인 토양과 제도가 무엇인지를 고민해야 할 시점이다.

사회적 기업의 존재의의는 기업의 목표로 설정한 사회적 가치이다. 모든 비즈니스는 '위대한 미션'에서 출발해야 한다는 피터 드러커의 말처럼 기업의 목적이 지닌 가치와 진정성이 기업의 성패를 결정할 것이다. 시민들의 이해와 요구를 최우선 가치로 삼고 활동해온 시민단체의 다양한 경험과 정신은 소중한 자산이며, 새로운 기업이 참조해야할 가장 중요한 대목이다. 사회적 기업의 또 다른 자본은 사업 영역과 방법상의 창의성이다. 지금까지 돌아보지 않았던 영역을 찾아내고, 과거와 다른 방식으로 접근하지 않고서는 성공할 수 없다. 예술가와 예술집단의 활동을 관찰해보라. 그들은 동일한 사물도 다른 방식으로 표현한다.

사회적 기업의 터전은 지역이다. 글로벌 기업이 초국적 영토를 대상으로 활동한다면 사회적 기업은 우선 해당 지역에 굳건한 뿌리를 내리는 로컬기업이 되어야 한다. 그러기 위해서는 지역주민의 현실적 요구가 무엇인지를 파악해야 하며, 지역이 지닌 고유한 자원이 무엇인가를 파악해야 한다. 지역이 가진 가장 중요한 자원은 주민들이다. 또 다른 지역 자원은 도시의 문화와 역사가 형성한 고유성이다. 고유성은 고유한 발상으로 바라볼 때 발견되는 것이지 범속한 눈에는 그냥 하나의 유물에 불과하다.

'3.0 마켓'의 도래와 파급효과는 시장의 변화, 소비자 의식의 변화에 국한되는 것만은 아니다. 그것은 페이스북(Face-Book)으로 대표되는 소셜 네트워크의 확산에서 보듯 문화와 사회의 곳곳에서 지각 변동이 진행되고 있다는 점을 시사한다. 그것은 국가나 지방과 같은 커다란 사회는 물론 기업이나 공동체를 움직이는 패러다임의 전환을 요구하고 있는지도 모른다.

김창수 칼럼집

인문도시
도시의 또 다른 미래

초판 1쇄 발행 / 2019년 12월 20일

지은이 / 김창수
펴낸이 / 윤미경
펴낸곳 / 도서출판 다인아트
       출판등록 1996년 3월 8일 제87호
       인천광역시 중구 개항로14 2F
       tel. 032+431+0268 / fax. 032+431+0269
       e-mail. dainartbook@naver.com
마케팅 / 이승희
디자인 / 장윤미

ISBN 978-89-6750-083-2 (03300)

이 도서의 국립중앙도서관 출판예정도서목록(CIP)은 서지정보유통지원시스템 홈페이지
(http://seoji.nl.go.kr)와 국가자료종합목록시스템(http://www.nl.go.kr/kolisnet)에서
이용하실 수 있습니다. (CIP제어번호 : CIP2019051316)

※ 잘못된 책은 바꾸어 드립니다.
※ 이 책의 일부 또는 전부를 재사용하려면 반드시 저작권자와 출판사 양측의 동의를 받아야 합니다.